한국 선교학의 이슈

한국 선교학의 이슈

초판 1쇄 2013년 2월 28일
이후천 지음

발 행 인   김기택
편 집 인   손인선

펴 낸 곳   도서출판 kmc
등록번호   제2-1607호
등록일자   1993년 9월 4일

(110-730) 서울특별시 종로구 세종대로 149 감리회관 16층
(재)기독교대한감리회 출판국
TEL. 02-399-2008 FAX. 02-399-4365
http://www.kmcmall.co.kr

인   쇄   리더스커뮤니케이션

ISBN 978-89-8430-596-0 03230
값 12,000원

한국
선교학의
이슈

이후천 지음

kmc

한국 교회들의 현실은 '성장절벽'에 들어선 듯하다. 교회들의 성장이 끝에 이르렀다는 느낌을 받는다. 교인수가 감소하는 교단도 있는 모양이다. 상황이 이렇다 보니 현장 목회자들의 교회 선교에 대한 질문이 거세다. 갑급하기조차 하다. 교회가 어떻게 선교프로그램을 활성화시켜서 다시 교회를 성장시킬 수 있느냐는 것이다. 선교를 프로그램화하였기 때문에 이러한 결과가 초래되고 있는데, 다시 똑같은 질문을 반복하고 있는 것이다. 교회의 본질은 선교이기에 교회는 선교의 기능일 뿐이라는 사실을 아무리 말해도, 선교를 교회의 기능으로 삼았기에 발생한 결과임을 여전히 깨닫지 못하고 있는 것이다. 그런데도 여기에 대한 그야말로 프로그램화된 대답을 구하고 있으니 답답할 뿐이다. 분명히 말하지만 선교적인 관점에서 이 물음에 대한 답변은 하나밖에 없다. 교회가 선교의 본질을 잃어버렸다는 것이다. 그러므로 이것을 회복하는 것이 유일한 해결책이다.

　이 책은 현재 한국에 나타나고 있는 이러한 이슈들에 대한 하나의 선교학적인 성찰이다. 이 시대에 하나님께서 진정으로 기뻐하시고 바라시는 교회의 모습은 무엇일까? 그것을 우리는 "선교적 교회(missional church)"라 부른다. 복음의 본질은 영원히 하나이지만, 선교의 모습은 상황과 시대에 따라서 달라진다. 그렇기 때문에 선교라는 명사에 "~적"이라는 형용사 어미를 붙인 것이다. 이에 대해서는 이미 수많은 선교적 교회론의 주창자들이 상황화라는 접근을 통해 언급하였다. 이것은 온 세상에 사람들이 살고 있지만, "연대가 정해져 있고, 거주의 경계를 한정하셨으므로" "하나님을 더듬어 찾아 발견하게 하시려고" "우리 각 사람에게서 멀리 계시지 아니하시는"(행 17:26~27) 하나님의 시도들이다. 그렇다고 해서 이러한 선교의 방법이 무조건적으로 허용되는 것은 아니다. 그 넓이가 어느 정도이어야 하고, 그 깊이가 어디까지인지를 헤아리는 것이 바로 이에 대한 선교학적인 성찰이다.

바로 이런 이유 때문에 만약에 교회성장을 여전히 원한다면 교회가 선교적 교회일 때만 그 정점과 종말에 도달할 수 있다고 감히 말할 수 있다. 그렇지 않다면 교회는 성장의 어두운 그림자를 책임져야 하고, 극심한 양극화를 겪을 수밖에 없다. 다시 말해서 교회성장과 선교적 교회와는 아주 밀접한 관계가 있다. 그렇지만 분명한 것은 선교적 교회가 우선이고, 교회성장은 그 성과일 뿐이다. 설혹 선교적 교회를 만들어 나가는 아름다운 과정을 통해 인간이 원하는 교회성장으로 반드시 그 결과가 수적으로 나타나지 않더라도, 그것은 하나님께서 기뻐하시는 하나님 나라의 작은 겨자씨다. 이런 점에서 선교적 교회는 이 시대 탈(脫)교회 그리스도인들과 교회에 전혀 와 보지 않은 사람들을 향한 철저히 교회중심적인 삼위일체 하나님 선교의 사역이다.

한국 교회는 내한 선교사들의 신학과 신앙의 유산을 계승하던 전통적 교회로부터 출발하였다. 1970년대 이후 성령운동을 통한 급속한 교회성장의 시대를 거쳐 여기에 대한 자성론으로 균형 잡힌 목회를 지향하며 소위 건강한 교회론을 통과하고 있다. 여기서 교회성장론이든 건강한 교회론이든, 그 출발점은 교회이고, 방향은 흩어지는 세계선교의 일꾼을 키워내는 것이었다. 하지만 이것들이 교회현장에서는 그 방향과 목적이 다시금 교회로 유턴되는 식으로 귀착되었다. 그 결과 전체적인 그리스도교 교회의 성장을 가져오고 그 성과를 함께 나누는 착한 교회성장 대신에 시스템을 잘 갖춘 특정 교회들만 비대해짐으로써 작은 교회들을 황폐하게 만드는 나쁜 교회성장 패턴을 보여주었다. 오죽했으면 2만여 명 모이는 모 교회 담임목사는 10년 내에 교인들 4분의 3을 다른 교회로 옮기도록 하겠다는 선교적 선언을 다 했을까 싶다.

그러니까 한국의 교회들이 현재의 문제적 상황을 돌파하기 위해서는 전통적 교회론에서 출발하여 교회성장론의 시대와 건강한 교회론의 담론을 거쳐 새로운 선교학의 흐름을 타야 하는데, 이것이 선교적 교회론이다. 이 선교적 교회론을 우리는 교회성장론과 건강한 교회론이 가져다 준 부정적 측면으로서 아름답지 못하게 양극화시키는 교회성장론에 대비되는 착한 교회성장론으로 부를 수도 있겠다. 이와 동시에 이 선교적 교회론은 복음전도 현장에서 복음주의와 에큐메니칼 진영이 대화할 수 있는 장소로도 볼 수 있겠다.

이러한 맥락에서 한국의 선교학은 무엇보다도 전체 그리스도교회의 성장을 살펴보기보다는 개체교회 중심주의에 입각하여 매력적인 내, 외적 선교시스템을 갖추어 놓고 내 교회만 클 수 있다면 남의 교회는 망해도 좋다는 식의 아름답지 못한 교회성장 모델 만들기를 성찰해야만 한다. 그러면서 동시에 한국의 선교학은 철저한 선교적 회심을 통하여 작더라도 하나님 나라를 이루어 나가는 착한 교회성장에 대한 모델 만들기에 전력을 기울여야 한다. 그래서 한국의 선교학이 이제는 한국 교회 선교현장 곳곳에서 나타나고 있지만, 아직 드러나지 않은 착한 교회성장 모델들을 발굴하고, 확산시키는 역할과 사역을 감당해야 한다. 이 책은 바로 이와 같은 두 모델 사이의 중간 지점에 서 있다. 다시 말해서 아직 본격적으로 시도되고 있지 않은 착한 교회성장 모델에 대한 탐구와 확산을 위해 먼저 현재의 교회선교 현실에 대한 성찰이 필요하다.

이러한 동기와 목적을 가지고 그동안 선교학 관련 전문학술지에 실었던 논문들을 모아 놓은 이 책은 총 3부로 구성되어 있다. 제1부는 앞서 언급했던 선교적 교회론이 한국의 상황에서 어떻게 자리 잡을 수 있는지를 다루고 있다. 이것을 위해 그 용어의 뜻과 역사적 태동 그리고 그것이 어떤 영향을 끼칠 수 있는지를 소개하고 있다. 또한 한국의 상황에서 이러한 선교적 교회론이 어떻게 접근되고 있는지, 이것을 다루는 서적들은 어떤 것들이 있는지, 어떻게 그 운동이 확산되고 있는지를 다루고 있다. 또한 칼 바르트의 "하나님의 인간성"에 관한 논문을 중심으로 한국 그리스도인들에 대한 평판을 분석하면서 보다 인간적인 그리스도인에 대해 성찰해 본다. 이어서 토착화신학에 대한 역사적 검토를 통해 본래 그것이 선교현장에서의 이론적 시도였다는 점과 한국에서의 실패할 수밖에 없는 이유 등을 제시하며 선교적 토착화교회를 만들 필요가 있다는 점을 주장하고 있다. 또한 선교적 교회들이 세계복음화에 대한 선교적 과제를 어떻게 이해하고 실천해야 할지에 대한 문제가 포함되어 있다.

제2부에서는 한국의 건강한 세계선교 사역을 위하여 선교와 돈의 문제를 비롯하여 단기선교의 문제, 내한 선교사 스크랜튼 모자의 선교사역에 대한 분석을 통해서 세계선교 사역에 나서는 한국의 선교사들에게 하나의 모범적인 사례를 성찰하려고 시도하였다. 또한 선교적 관점에서 성서 번역의 문제를 다룸으로써 타문화를 고려하는 선교가 어떠해야 하는지 그 일단의 모습을 보여주려고 하였다. 특히 여기서 관심을 가지고 보아야 할 장은 선교와 돈, 그리고 단기선교에 관한 이슈이다. 선교에 돈이 필요하지만, 그것이 어떻게 선교를 왜곡시킬 수 있는지, 그와 동시에 어떻게 선교사들이 그러한 문제를 극복할 수 있는지 조나단 봉크의 저서를 중심으로 성찰하고 있다. 그리고 한국의 대표적인 선교프로그램으로 자리 잡은 단기선교를 개체교회들이 실행함에 있어 생각해야 할 선교적인 문제점들을 살펴보았다.

제3부에서는 한국의 작은 교회들에 선교학적 성찰을 담고 있다. 작은 교회에 관한 기준이나 개념에 대해서는 이미 본인의 「현대 선교학의 이슈들」에서 다루었다. 여기서는 작은 교회에 대한 성서적 접근을 시도하였다. 작은 교회는 결코 무능함의 결과도 아니며, 오히려 하나님 나라를 만들어 가는 하나님께서 사용하시는 겨자씨라는 입장을 보여주고 있다. 그러면서도 성서는 균형 있게 큰 교회와 작은 교회에 맡겨진 각각의 역할이 있음을 강조하고 있다. 또한 한국 교회의 현안 문제로서 절대적 다수를 차지하는 작은 교회의 문제를 해결하기 위해 실천신학의 학과목들이 교단들과 협력하여 어떻게 도울 수 있는지를 모색하고 있다.

선교는 전 세계에 복음화가 완성될 때 그 사명이 완수된다. 그럴 때까지 끊임없이 선교자원이 동원되어 모였다가 흩어져야 한다. 이때 중요한 것은 이에 상응하는 선교학적인 성찰이다. 따라서 한국의 선교적 위상이 세계적으로 확인되고 있는 이러한 때에 한국 교회가 실행하는 선교의 동기와 목적, 방법들을 매순간 성찰함으로써 새로운 선교학적인 모델을 만들어 내고 발굴하여 하나님 나라의 지평을 더욱 확산시켜 나가는 일이 중요하다. 이 일에 조금이라도 보탬이 되기 위해 이것을 정리하였다. 그렇지만 이 작업과 관련하여 독자들의 눈에 왜 눈에 띄는 티끌들이 없겠는가? 여기에서 부족하고 미진한 것들은 모두 본인의 과오이다. 그러한 과제들은 앞으로 또 남은 시간에 다룰 수 있을 것이다.

출판을 허락해 주신 기독교대한감리회 출판국(도서출판 KMC)과 편집실에 깊은 감사를 드린다.

여기에 더하여 본인의 신학자로서 인생여정에서 빼놓을 수 없는 한국교회선교연구소(KOMIS) 이사장 황문찬 목사님을 비롯하여 황병배 교수, 후원이사님들, 그리고 현장목회자연구원 이사장 안정균 목사님과 홍성국 도준순 이현식 구준성 김대봉 박장규 서광원 윤광식 이병일 이중재 차진희 박찬수 최태수 목사님께 충심으로 감사를 드린다.

또한 협성대학의 발전을 위해 긴 호흡으로 인내심을 가지고 기도하며 애쓰고 있는 동료교수들인 김성민 한정애 임영택 서영석 나형석 이세형 서명수 양재훈 이충범 교수님께도 위로와 감사를 드린다. 이 밖에도 수많은 감사한 분들이 있지만, 그 이름들을 더 거명할 수 없다는 사실이 아쉽기 짝이 없다.

끝으로 가족들, 장인과 장모님 그리고 사랑하는 아내와 두 딸에게 이 책을 바친다.

2013년 2월
천천동 서재에서 이후천

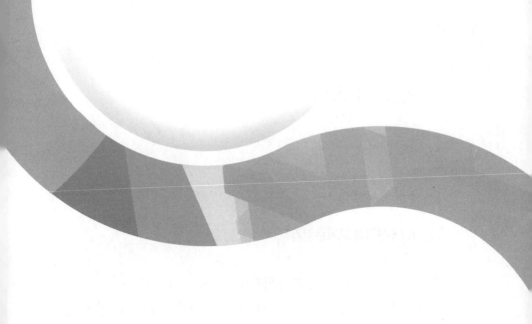

한국의 선교적 교회론을 향하여

1장

'선교적 교회'의 의미

1. 왜 선교적 교회론인가?

오늘날 한국교회는 선교의 차원에서 크게 세 가지 문제가 악화되고 있다. 첫째는 복음주의 진영과 에큐메니컬 진영 사이의 대립인데, 여러 곳에서 통전적이고 공통적인 이해가 진행되고는 있지만 여전히 기구적 차원에서뿐 아니라 신학적 차원에서 대립적 관계가 지속되고 있다. 둘째는 교회들이 초고속, 대형화 성장의 시대 이후 대체로 교세가 평준화될 것이라던 예측과는 반대로 교회성장이 정체되면서 양극화 현상이 더욱 심해졌다는 것이다. 셋째는 개신교 교회가 과연 지역공동체 속에서 지역의 문화를 이해하면서 복음을 효과적으로 전달하고 있는지에 대한 물음이다. 1980년대 이후 가톨릭의 급격한 성장이 사회참여와 토착화에 기반하고 있다는 것은 개신교회의 선교현실과 선교적 과제에 대한 깊은 자기반성을 요구한다.

이런 문제에 직면하기 전에 이미 개신교회는 민중교회와 토착화신학 그리고 최근에는 생명공동체 운동에 이르기까지 선교하는 교회의 모습에 관한 신학적 담론을 발전시켰다. 하지만 그것들은 괄호 안의 신학으로 전락했거나, 소수 현재진행형의 선교현장으로 남아 있을 뿐이다. 또 교회성장 이데올로기를 극복하기 위한 방편으로 건강한 교회론의 담론이 출현하여 처음에는 신선한 도전으로 다가왔지만, 그것조차 오히려 교회들의 양극화를 더욱 강화시키는 역할을 한 것으로 보인다. 사람들은 시스템이 잘 갖춰진 교회로 몰리는 경향이 있기 때문이다.

이런 상황에서 앞서의 문제들을 돌파해 낼 수 있는 선교하는 교회의 모습을 신학적으로 담아내는 선교하는 교회론의 패러다임은 없을까? 좀더 구체적으로 질문하면 다음과 같다. 한국교회가 자리하고 있는 한국의 역사적 경험과 문화의 뿌리를 살펴보고, 지역사회에 토착화할 수 있는 교회를 어떻게 만들어 갈 것인가? 동일한 시기 개신교의 감소와 가톨릭의 수적 팽창은 어떤 역학관계가 있을까? 복음주의와 에큐메니컬 진영이 대립을 종식하고 둘이 손을 맞잡고 공동으로 세상에서 함께 선교과제를 실천할 수 있는 대안적 패러다임은 가능한가? 그러나 무엇보다도 급변하는 사회와 문화의 가치관 속에서 교회는 어떤 선교적 역할과 방향을 통해서 비기독교인과 기독교인 모두에게 복음을 설득력 있게 전달할 수 있겠는가?

이러한 질문과 관련하여 북미에서 선교학적으로 발전시키고 있는 '선교적 교회'에 관한 논의는 한국의 상황에서 선교하는 교회론을 형성하는 데에 매우 유용한 통찰력을 제시해 준다. 그 이유는 북미의 교회들도 현재 우리가 당면한 유사한 문제를 가지고 어떻게 하면 급변하는 지역사회의 문화 속에서 올바로 복음의 뿌리를 내릴지 고민하고 있기 때문이다. 이러한 선교적 교회에 관한 논의는 두 가지 방향에서 전개된다. 하나는 이론적으로 선교학적인 접근이고, 다른 하나는 실천적으로 교회성장의 맥락에서 접근하는 것이다. 여기에서는 두 가지 방향 모두를 다루게 되는데, 특별히 복음과 문화에 대한 복음주의와 에큐메니컬의 신학적 입장이 통전적으로 견지되고 있고, 교회성장 이후 시대에 나타나는 북미 교회들의 문제 상황 및 지역사회 속에서 교회가 어떻게 선교할 수 있는지의 방법론적인 문제들을 다루어야 하기 때문이다.

이러한 맥락에서 한국의 상황에서도 선교적 교회에 관한 주제가 실제로 앞서의 문제점들을 극복할 수 있는 선교학적 대안이 될 수 있는지 검토하려는 것이 이 글의 목적이다. 따라서 우리는 먼저 최형근의 글과 「선교적 교회: 교회의 파송에 대한 비전(*Missional Church: A Vision for the Sending of the*

Church)』을 중심으로 양자의 주장을 비교 분석하면서 선교적 교회의 개념과 등장 배경 그리고 특징을 정리하고,[1] 그것이 교회, 복음, 문화라는 세 주제와 관련하여 한국의 상황에서 가지는 의미에 대하여 앞서 제기된 문제점들의 관점에서 분석 및 검증할 것이다.

2. '선교적 교회'의 용어, 등장 배경 그리고 특징

먼저 선교적 교회에 관한 용어상의 문제부터 정리해 보자. 우리말 '선교적 교회'는 영어의 'missional church'와 'missionary church'를 번역한 말이다. 하지만 엄밀하게 말해서 missionary church는 '선교사적 교회'로 번역하는 것이 더 적합한 것으로 보인다. 선교적 교회를 다루는 여러 책에서 missional은 이론적이고 주로 신학적인 차원에서 교회를 언급할 때 사용되고, missionary 는 교회의 실천적인 정체성을 표현하여 한 사람의 기독교인도, 교회도 하나의 선교사요, 선교사적 공동체임을 말할 때 주로 쓰인다. 하지만 이 두 용어는 많은 경우 혼용되어 표기되고 있다.

다른 한편으로 우리는 선교사적 교회에서 교회만의, 특히 서구의 문명 전파를 복음전파와 동일시하는 교회 중심의 선교이해에서 벗어나 세상을 너무도 사랑하셔서 그 아들 예수를 보내시고, 함께 성령을 보내시며, 또 교회를 보내신다는 차원에서의 선교사 하나님의 선교이해를 보게 된다. 그리고 선교적 교회에는 어찌 되었든 교회가 선교의 중요한 도구라는 인식과 함께 선교는 교회를 통해 이루어져야 한다는 교회의 이해가 담겨 있다. 이런 점에서 보면 선교적 교회에는 하나님 중심적 선교와 교회 중심적 선교라는 양 차원이 포함되어 있다. 그렇기 때문에 여기서 중요한 것은 양자 가운데 하나를 선택하는 문제가 아니라, 선교적 교회라는 용어 속에 이 양 차원을 다 포함하는 것이다. 신학적으로 교회의 본질을 추구하자는 것이요, 실천적으로 교회는 또 하나의 선

---

1) 참조하라, Darrell L. Guder ed., *Missional Church. A Vision for the Sending of the Church in North America* (Grand Rapids, Michigan/Cambridge: William B. Eerdmans Publishing Company, 1998).

교사처럼 절제와 포기 그리고 십자가 정신으로 선교사적이어야 한다는 말이다.

이 용어상의 문제는 선교적 교회론을 구성하는 데에서도 동일하게 적용된다. 선교적 교회는 크게 두 방향에서 전개되는데, 하나는 레슬리 뉴비긴(Lesslie Newbigin)의 영향을 받아 GOCN(the Gospel and Our Culture Network)을 중심으로 하는 선교적 교회론의 이론화 작업이고,[2] 다른 하나는 에드 스테처(Ed Stetzer)와 게리 로마이어(Gary Rohrmayer)와 같은 건강한 교회성장을 추구하는 맥락에서의 교회개척 또는 선교적 교회에 대한 논의이다.[3] 하지만 어떤 방향이든 변화된 상황에서 복음과 문화 그리고 교회의 삼중적 관계 속에서 성서에 기반하는 교회를 추구하고 있다.

한국의 상황에서 용어 '선교적 교회'는 서울신학대학의 선교학 교수 최형근의 글에서 처음 엿보이는데, GOCN의 맥락에서 전개하고 있다.[4] 그는 그의 글 "한국교회를 위한 선교적 교회론(missional ecclesiology)"에서 레슬리 뉴비긴과 폴 히버트(Paul Hiebert)의 모더니티와 포스트 모더니티에 기반한 서구교회에 대한 자기반성을 근거로 한국교회 역시 서구교회의 전철을 되밟지 않기 위해서 교회와 문화, 교회와 복음의 관계를 진단하면서 결국 성서에 근거한 선교적 교회가 되어야 한다는 중요한 방향과 가치를 정리하고 있다.[5] 하지만 그의 글에서 선교적 교회에 대한 정확한 개념규정은 나타나지 않는다. 그보다는 교회가 선교적 교회가 되어야 한다는 당위성이 강조되고 있다. 그에 의하면 선교환원주의와 복음환원주의야말로 교회가 현재 극복해야 할 중요한 이슈이다. 여기서 복음 혹은 구원의 환원주의는 "축소주의 복음"에서 비롯되었는데[6] 교회가 "구원을 개인적인 영역으로 축소하여 관리 가능한 제도와 조직

---

2) 참조하라, www.gocn.org
3) 참조하라, Ed Stetzer·David Putman, *Breaking the Missional Code. Your Church Can Become a Missionary in Your Community* (Nashville, Tennessee: Broadman & Holman, 2006); Ed Stetzer, *Planting Missional Churches* (Nashville, Tennessee: Broadman & Holman, 2006); Gary Rohrmayer, *Next Steps. Leading Missional Church* (Ohio: Church Smart, 2007).
4) 참조하라, 최형근, "한국교회를 위한 선교적 교회론,"「한국선교 KMQ」Vol. 3 (2003/겨울), 26~40.
5) *Ibid.*, 27.
6) 이에 대하여 다음을 참조하라. Darrell L. Guder, *The Continuing Conversion of the Church*, 조범연 역,「교회의 선교적 사명에 대한 신선한 통찰—교회의 계속적인 회심」(서울: 미션툴, 2005), 136~242.

으로" 만들었다는 것이고, 선교환원주의란 선교가 "교회의 한 기능과 과업으로 전락"한 것을 말한다.[7] 이러한 양자의 한계를 극복하는 패러다임이 바로 "선교적 교회론"이라는 것이다. 이런 맥락에서 최형근은 "선교적 교회의 성장과 변화의 열쇠"는 리더십이라고 주장한다. 이때의 선교적 리더십은 "현재의 리더십 모델인 전문가(상담가, 매니저, 전문 기술자)와 같이 신자들의 개인적인 문제해결사로서가 아니라, 성육신적인 겸손으로 복음을 삶으로 실천"하는 것이어야 한다고 강조한다. 그러면서 한국교회가 선교적 교회로 거듭나기 위해서 "어떤 내용과 형태(meaning and shape)를 띠어야 할 것인가를 진지하게 물어야 할 것"이라고 과제를 제시한다.[8]

그런데 그가 한국의 상황에서 선교적 교회론을 위하여 인용하고 분석하는 이 전망과 과제는 모두 서구교회의 성장과 침체의 원인에서 찾고 있는 것을 볼 수 있고, 따라서 바로 거기에서 해답의 열쇠를 찾으려는 시도였음을 발견할 수 있다. "지난 세기 한국교회는 경이적인 성장을 경험했다. 그 원인은 종교적, 문화적, 경제적으로 살펴볼 수 있으나, 중요한 한 원인은 한국교회의 서구화 내지는 미국화와 연관된 기능주의적이고 실용주의적인 교회론에 있을 것이다. 그렇다면 1980년대 말에 시작된 한국교회 성장정체, 더 나아가서는 침체도 큰 맥락에서는 서구교회의 침체나 북미교회의 침체와 북미의 재선교지화의 연관성 가운데서 이해될 수 있을 것이다."[9]

그러면 최형근이 소개하는 북미 상황에서 출현한 선교적 교회론의 등장 배경과 특징은 무엇인가? 이에 관해서 다렐 구더(Darrell L. Guder)가 그의 글 "선교적 교회: 파송하는 데서 파송받는 존재로"에서 잘 설명하고 있다.[10] 그에 따르면 20세기 기독교는 세계적인 운동이 되었고 선교를 통해 팽창하였지만, 북미에서의 기독교는 "우월한 지위를 잃고, 수적일 뿐만 아니라, 사회 내에서의

특히 234.
7) 최형근, "한국교회를 위한 선교적 교회론," 35.
8) *Ibid.*, 36.
9) *Ibid.*, 26; 참조하라, *ibid.*, 29.
10) 참조하라, Darrell L. Guder, "Missional Church: From Sending to Being Sent," *Missional Church*, 1~17.

힘과 영향력을 잃게 되었다."라고 지적하고 있다.[11] 그 위기는 복잡하고 다양한데, 여기에는 "수적 감소, 목회자의 탈진, 젊은 층의 몰락, 교파 시대의 종말, 성서에 대한 무지, 전통적인 예배형식의 탈피, 교인들의 불화, 전자교회와 그의 여러 가지 부패,[12] 전통적 예배형식의 비현실성, 참된 영성의 상실, 예수 그리스도 교회의 목적과 복음에 대한 광범위한 혼란"이 포함된다. 이러한 북미 선교현장의 위기에 대응하여 종교사회학이 붐을 이루면서 다양한 해결책이 쏟아져 나왔는데, 이것들은 서적이나 상담 그리고 세미나와 같은 교육의 형태로 진행되었다.[13] 하지만 그 모든 것이 주로 방법론적인 차원에 머물러 있다는 것에 구더는 실망한다. 그래서 구더는 이러한 위기상황에서 보다 본질적인 해결점을 제시하려고 하는데, 그것은 매우 신학적이고 영적인 차원이라고 주장한다.

이 점에서 구더는 GOCN의 출현을 소개한다. 이 모임은 1980년대 후반 북미에서 시작되었다.[14] 1984년 영국교회 총회를 위해서 레슬리 뉴비긴 감독(1909~98)이 1981년에 쓴 「서구 기독교의 위기」(The Other Side of 1984: Questions for the Churches)를 WCC가 1983년에 출판하면서 촉발시킨 복음과 문화에 대한 논의가 계기였다.[15] 뉴비긴은 1936년부터 1974년까지 인도에서 선교사 대표와 에큐메니컬 운동의 지도자로서 사역한 후 영국으로 귀국하였는데 그때 기독교적 희망 없이 살아가는 서구인들을 마주하고 이 책을 통해 서구 문명의 그늘을 예리하게 분석하면서 변화하고 있는 서구사회의 도전을 비판하였다. 특히 그는 서구교회의 위기 앞에서 효과적인 선교의 전략적 과제들을 지속적으로 질문하고 있다.

---

11) Darrell L. Guder, "Missional Church: From Sending to Being Sent,"1.
12) 여기에서 "전자교회(electronic church)"란 텔레비전이나 라디오 등 전자 미디어를 통해 복음을 전하는 교회를 말한다.
13) *Ibid.*, 2.
14) Darrell L. Guder, *Missional Church*, 3.
15) 참조하라, Lesslie Newbigin, *The Other Side of 1984: Questions for the Churches*, 서정운 역, 「서구 기독교의 위기」 (서울: 대한기독교서회, 1987). 이 밖에도 다음을 참조하라, Lesslie Newbigin, *The Gospel in a Pluralist Society*, 허성식 역, 「다원주의 사회에서의 복음」 (서울: IVP, 1998).

그러면서도 그는 이 작업이 결코 기독교의 "정치적, 사회적 권력을 열망하는" "콘스탄티누스 시대의 복귀"를 위한 것이 아니며,[16] 기독교의 제자도를 추구하기 위함이라고 주장한다. "기독교의 제자도는 예수의 부활한 삶의 힘 안에서 그가 간 길을 따라가는 것이다. 그 길은 순전히 내적인 정신적 순례의 길도 아니고, 새로운 사회질서를 만들어내는 실제 정치의 길도 아니다. 이 세상의 사업과 정치의 핵심에 비타협적이며 비판받기 쉬운 주장을 가지고 뛰어드는 것이 예수가 간 길이다. 그 길은 정의나 평화의 세계를 추구한다. 그러나 그것은 그 자신의 행동의 산물이 아니라, 죽은 자를 살리시고 '없는 것을 있는 것 같이 부르시는'(롬 4:17) 하나님의 선물로 되는 것이다."[17]

어쨌든 구더는 뉴비긴이 서구 선교학에 하나님의 선교(*missio Dei*) 사상이라는 공헌을 남겼다고 강조한다.[18] 그리고 이러한 선교학적 성과는 지난 300년 간 서구 기독교 팽창의 역사를 성찰하면서 얻은 결과라고 주장한다. 특히 복음의 전파를 서구의 문명과 서구교회의 이식과 일치시키는 유럽 교회 중심의 선교는 "기독교 왕국(Christendom)"과 같은 서구교회의 전통을 낳았다는 것이다.

그러나 이러한 교회 중심적 선교이해는 곧 신 중심적 선교이해로 대치되는데, 선교는 교회의 활동이 아니라 세상 속에서 치유하고 회복하시는 하나님의 활동이 강조되며, 이것은 십자가와 부활을 통해 인류를 구원하시는 성육신 사건을 통해 구체화된다는 것이다.[19] 바로 이 점에서 선교는 파송으로 이해되고, 하나님은 "선교사 하나님(missionary God)"이 되신다. 그래서 하나님께서는 아들을 보내시고, 하나님과 아들은 성령을 보내시고, 더 나아가 아버지와 아들과 성령은 교회를 이 세상에 파송하신다는 것이다. 이러한 삼위일체론적, 기독론적, 성령론적, 교회론적 선교이해가 교회 중심적인 선교이해를 대치하

---

16) *Ibid.*, 47.
17) *Ibid.*, 54.
18) Darrell L. Guder, *Missional Church*, 3f.
19) *Ibid.*, 4.

게 되어 교회는 하나님 선교의 도구가 된다는 것이다.[20] 따라서 교회는 "복음의 목적이 아니라, 도구"이다. 그리고 요한복음 3장 16절의 말씀처럼 "하나님께서 너무도 사랑하신 이 세상," 즉 모든 피조물이 하나님 선교의 내용을 구성한다.[21]

구더는 뉴비긴 및 다른 신학자들의 이러한 성서적인 하나님의 선교 신학을 통해 현재 "서구 전통의 신학과 구조도 결코 선교적이지 않으며, 기독교 왕국을 전수받았다."라고 진단하면서 "예수 그리스도의 교회인 우리로 하여금 우리가 살아가는 우리 자신의 사회와 문화 속에서 선교사적인 교회(missionary church)가 되도록 부르시고 파송하신다."는 것을 강조한다.[22] 이런 맥락에서 구더는 선교를 단지 교회의 프로그램으로 전락시키는 교회 중심적이고 교파주의적인 태도에서 벗어나 하나님의 선교에 그리스도의 몸을 정향시키는 선교적 사고를 가져야 한다고 주장한다.[23] 그래서 북미 상황에서 교회를 하나님의 선교의 도구로서 이해하는 선교적 교회론을, 교파를 초월하여 정립할 것을 제안하는데, 그것이 바로 GOCN의 출현이다.[24] 결국 선교적 교회론의 등장은 GOCN의 출현과 밀접한 관계가 있으며, 북미의 변화된 상황에서 교회의 특권을 주장하지 않으면서 교회의 본질인 선교를, 특히 하나님의 선교의 맥락에서 성서에 기초하여 에큐메니컬적으로 추진하려는 하나의 시도라고 볼 수 있다. 이러한 경향성은 다음과 같은 GOCN의 선교적 교회론을 정립하기 위한 기본적인 신학적 특징에서도 나타나고 있다.[25] 거기에 따르면, 선교적 교회론은 먼저, 성서적이라고 주장한다. 두 번째는, 역사적임을 강조한다. 세 번째는, 상황적이다. 네 번째는, 종말론적이다. 다섯 번째는 실천될 수 있어야 한다고

---

20) *Ibid.*, 4f. 서방의 *filioque*와 비교하여 동방정교회의 전통은 하나님께서 아들과 성령을 보내신다는 것을 강조한다. 교회 중심의 선교(missions)가 하나님 중심의 선교(mission)로 전환한 것에 대해서는 다음을 참조하라. Davis Bosch, *Transforming Mission: Paradigm Shifts in Theology of Mission* (Maryknoll, NY: Orbis, 1991), 390.
21) Darrell L. Guder, *Missional Church*, 5.
22) *Ibid.*
23) *Ibid.*, 7.
24) *Ibid.*, 8.
25) Darrell L. Guder, *Missional Church*, 11f.

주장한다. 이 특징들에서 우리는 소위 복음주의의 특징과 에큐메니컬 진영에서 강조하는 것들이 함께 나타나 있음을 볼 수 있다.

그런데 여기서 우리는 왜 하필이면 뉴비긴의 '하나님의 선교' 신학에 대한 이해가 GOCN의 선교적 교회론 정립 시도에 영향을 주었느냐는 것에 의문을 가지게 된다. 사실 하나님의 선교라는 용어가 이미 하르텐슈타인에 의해서 처음 사용된 이래 그 해석과 실천의 차이 때문에 WCC권에서 비체돔과 호켄다이크의 논쟁이 불거졌고, 나아가서는 이 논쟁이 있은 이후 오늘날 복음주의와 에큐메니컬 진영으로 나뉘게 되었음은 주지의 사실이다.[26] 그렇지만 하나님 선교에 대한 이해를 가지고 있는 수많은 선교학자들 가운데 왜 뉴비긴의 이와 같은 이해가 도전을 주었는지 구더의 입장에 대해서는 명확하지 않다. 다만 구더가 복음주의와 에큐메니컬 입장의 통전적 태도를 어느 정도 견지하고 있는 레슬리 뉴비긴의 영향을 받았기 때문이 아닌가 하고 추측할 뿐이다.

지금까지 우리는 선교적 교회론의 용어와 등장 배경 그리고 특징을 소개하면서 한국교회가 배워야 할 새로운 선교학적 패러다임으로 최형근이 소개하는 선교적 교회론과 GOCN에서 시도하는 선교적 교회에 대한 논의를 비교, 정리하였다. 그런데 한 가지 짚고 넘어가야 할 것은 최형근이 주장하듯이 한국교회 성장과 침체의 과정이 그대로 서구교회의 길을 걷게 될 것인지의 문제이다. 한국교회가 북미교회의 실용적이고 기능적인 모습을 닮고 있으니, 한국교회도 그대로 침체의 길을 갈 것이라는 예측이 가능하냐는 것이다. 다시 말해서 서구교회 몰락의 패러다임이 그대로 한국교회에 적용될 것인가의 문제이다. 한국교회의 성장 이면에 미국식의 서구교회 패러다임이 깊숙하게 영향을 주었다는 점을 인정하더라도, 유럽과 북미 교회를 침체의 늪에 빠뜨린 복음환원주의와 선교환원주의가 한국교회에서도 유사하게 발생할 것인지 추론하려면 좀 더 구체적인 데이터가 필요하다. 만약에 한국교회가 침체한다면 거기에는 서구와는 다른 내적, 외적 요인이 있을 수 있다는 가정이다. 다시 말해

---

26) 참조하라, 김은수, 「현대선교의 흐름과 주제」(서울: 대한기독교서회, 2001), 101~142.

서 한국 교회는 서구의 교회처럼 교회 중심적 복음이해와 선교를 전도프로그램으로 이해하기 때문에 몰락하지는 않을 것으로 보인다는 점이다. 한국에서는 그와는 정반대로 오히려 그런 교회들이 더욱 성장하고 있는 형편이기 때문이다.

이런 점에서 서구교회의 성공과 실패가 한국에서도 유효하게 적용될 것이라는 가정이 성립하기 위해서는 어떻게 성공의 원인이 동시에 침체의 원인이 될 수 있는지 먼저 규명되어야 한다. 말하자면 서구교회의 침체 과정과 한국교회의 침체 원인 사이에 어떤 연관성이 있는지 더욱 구체적인 검증과 연구가 시도되어야 할 것이다. 최형근이 파악하는 것처럼 그런 연관성 속에서 선교적 교회론을 대안으로 모색하는 것이라면 선교적 교회론이 가지는 가치는 달리 평가될 수밖에 없다. 왜냐하면 한국에서는 적어도 실용주의적이고, 기능적이며, 시스템으로 움직이는 교회들이 여전히 성장하면서 양극화를 가속화하기 때문이다. 한국의 상황에서 교인이 늘지 않는 교회들은 오히려 어떤 의미에서 상황과 복음에 충실한 그야말로 선교적인 작은 교회들이다. 그렇기 때문에 한국교회의 성장과 침체의 원인과 관련하여 선교적 교회론을 하나의 당위적 대안으로만 논의할 것이 아니다. 대신에 우리는 선교적 교회론을 통해 교회가 상황을 분석하고, 사회의 변화를 읽어 내는 기술, 그리고 복음에 입각하여 하나님의 선교를 실천하는 신학적 교회론의 정립과 같은 방법론적이고 선교학적인 차원의 모델을 완성해야 한다.

선교적 교회론에서는 분명히 이 패러다임이 방법론적이 아니라, 신학적이며, 영적이라는 점을 강조한다. 하지만 우리에게는 그것이 선교, 교회, 복음, 문화의 상관관계 속에서 현안의 문제들을 해결하기 위한 접근 방법으로 나타난다. 서구에는 그것이 신학적이고 영적인 대안일 수 있겠지만, 우리에게는 방법론적이고, 하나의 모델로서 이해되는 것이다. 현재 한국교회가 경험하고 있는 사회의 변화와 전통이 서구교회가 직면했던 위기의 내용과 본질상 그리고 형식적으로도 똑같을 수 없기 때문이다. 서구의 교회가 몰락하는 한편으로 제3세계의 교회들이 성장하고 있는데, 비록 현재 침체되어 있지만 한국도 그 가운데 하나이기 때문이다. 달리 말해서 한국교회 침체 과정의 중요한 한 이유가 실제로 북미의 실용적이고 기능적인 것과 연관되어 있다고 볼 만한 분명한 근거는 없다는 것이다. 따라서 선교적 교회론은 한국의 상황에서 사회의 변화를 어떻게 읽고, 분석하며, 대응할 것인지에 대한 방법론적 모델이 되는 것이다. 서구교회가 이미 몰락의 길에서 교회의 새로운 존재방식에도 불구하고 생존이 문제라서 대안이 필요하지만,[27] 한국교회는 현재의 침체기를 가져온 역사적 과정을 살펴보면서 수적 성장보다는 보다 선교적 본질에 충실한 교회론을 정립하는 것이 중요하기 때문이다. 따라서 선교적 교회론에 대한 방법론적 이해와 접근은 한국의 문화이해, 다종교적 상황, 교회의 양극화, 복음주의와 에큐메니즘의 대립 등 가톨릭에 비하여 개신교회의 상황 읽기의 경직성에 대한 문제를 해소하는 데 상당한 도움이 될 것으로 보인다. 이와 관련하여 우리는 북미문화라는 선교적 상황을 읽고, 또 그 속의 교회를 이해하는 구체적인 방법들을 살펴보면서 한국의 상황에서는 그것들이 어떻게 응용될 수 있는지 그 의미와 과연 GOCN이 추구하는 바대로 현재의 교회들이 직면한 문제들을 극복하는 대안이 될 수 있는지 검토해 보기로 한다.

3. 한국의 상황에서 '선교적 교회'가 갖는 의미

1) 복음주의와 에큐메니즘이 함께 필요하다는 균형 잡힌 시각 제공

선교적 교회의 과제를 도출하기 위해 북미교회의 역사적 발전 과정을 정리하면서 무엇을 도전받고 있는지를 살펴보고, 교회가 어떤 방식으로 존재하는지를 이해하려는 시도는 한국의 상황에서 선교적 교회가 가지는 의미를 파악하는 데 유용한 도움이 된다. 교회의 역사적 발전 과정에 대한 이해를 통해서 우리는 북미교회의 선교적 도전과 상황 또는 현재의 모습을 이해할 수 있다. 북미에서의 교회의 존재방식에 대한 분석은 크레이그 반 겔더(Craig

---

27) Alister E. McGrath, *The Future of Christianity*, 박규태 역, 「기독교의 미래」 (서울: 좋은씨앗, 2005), 141, 143.

Van Gelder)의 것이 유용하다. 그는 "선교적 도전: 북미의 교회이해(Missional Challenge: Understanding the Church in North America)"에서 북미의 교회들이 "교회화된 문화로서 기능적 기독교세계(functional christendom as churched culture)"를 구축하는 과정과 교파주의의 역사적 발전 과정 그리고 현재 지역 교회와 파라처치(parachurch)의 공존이 선교적 교회를 구성하는 데 어떻게 기여하는지를 논구한다.[28] 반 겔더에 따르면 기독교가 4세기 로마 제국으로부터 국교의 지위를 획득하여 자신의 특권은 물론이고 사회에 도덕적 영향력을 끼친 이래로 식민지 시절 북미 역시 그러한 콘스탄티누스적 위치를 누렸지만, 식민지 시대가 끝남으로써 교회와 국가의 분리는 기독교를 기능적으로만 존재하도록 만들었다고 주장한다. 말하자면 북미에서 처음 얼마간 교회는 국가교회가 되기 위해 애를 썼지만, 200년 동안 문화의 변화로 말미암아 결국 교회의 비국교화(disestablishment)가 세 단계에 걸쳐 진행되었다는 것이다.[29]

첫 번째 단계는 교회와 국가의 분리로서 17세기 중반 이래로 북미에서 종교의 자유에 대한 열망은 제퍼슨의 영향으로 헌법에까지 영향을 미쳤고, 19세기에도 여전히 각 개인은 국가의 간섭 없는 종교의 자유를 누릴 수 있었다. 이것이 교회로 하여금 사회에서 특권적 위치를 지니게 하여 사회의 질서를 형성하는 데에서 주도적 역할을 하도록 기대하게 만들었는데, 바로 이러한 기대가 '기능적인 기독교세계'를 형성하도록 하였다는 것이다. 그리고 이러한 교회와 국가의 분리가 교회의 국교제를 폐지하는 쪽으로 방향을 잡았다는 것이다. 그 결과 특별히 개신교회는 종교의 자유를 누리면서, 국가의 정책에 자신의 목소리를 반영하도록 애를 썼다. 이것을 효과적으로 진행시키기 위해 교회들은 연합체를 구성하였고, 사회참여에 열심을 내었다. 하지만 노예제도를 둘러싸고 교회의 입장은 둘로 나누어지고, 급속한 사회의 변화와 산업혁명의 여파로 이민자들이 늘어나게 되었으며, 개신교회는 더는 사회의 도덕을 지배할 수 있는

---

28) Craig Van Gelder, "Missional Challenge: Understanding the Church in North America," in Darrell L. Guder, ed., *Missional Church*, 46~76.
29) *Ibid.*, 49.

영향력을 잃게 되었다는 것이다. 30)

여기에서 북미에는 비국교화의 두 번째 단계가 발생하는데, 그것은 개신교 외에도 가톨릭과 유대교와 경쟁해야 한다는 것이다. 19세기 말과 20세기 초에 유럽 각지로부터 북미로 대규모 이주가 이루어지면서 개신교의 주도권을 위협하기 시작하였는데, 가톨릭은 물론이고 유대교와 동방정교회 등과 종교적 다원주의를 구성하게 되었다.

세 번째 비국교화 단계는 사회의 개별화와 관련되며 1960년대 이후 일어난 현상이다. 평등운동, 여성운동, 환경운동, 흑인민권운동 등의 다양한 운동이 등장함으로써 교회에 더는 기대할 것이 없어져 버렸고, 북미 사회에서의 도덕적 가치들이 세속화되거나 상대화됨으로써31) 다양한 교파주의(denominationalism)가 확산되는 계기를 마련한 것이다. 32) 러셀 리치(Russell Richy)에 따르면, 이 교파주의는 17세기 초반 유럽에서 이주해 온 다양한 인종들이 자발적으로 구성하여 마을 중심에 교회를 설립함으로써 이루어졌고, 다음에는 이주민들이 좀더 늘어나면서 여러 마을이 형성되자 그곳에 선교를 목적으로 교회들을 개척하면서 다양한 교파가 생겨났다. 19세기 중반 이후에는 교회들이 시골에서 도시로 이동하면서 조직과 표준화된 프로그램을 갖추고 교회운동을 펼쳤던 교파주의가 일어나고, 이것들은 경영기법을 통해서 교파 내의 전체 교회를 행정적으로 관리하는 본부를 두어 전문적인 사역을 진행시키는 단계를 거친다. 그리고 1960년대 이후 교회성장이 감소하면서 규제하는(regulatory) 교파가 형성되었다. 33) 이러한 상황에서 지역의 교회들이 소홀히 하는 프로그램을 채워 주는 파라처치가 등장하는데, 이것이 1985년경에는 800여 곳 이상이 된다. 34) 이와 동시에 북미에서의 파라처치(parachurch 혹은 paralocal) 역시 북미 선교조직들의 특징을 이루면서 북미 사회가 직면한 현안

---

30) *Ibid.*, 50~52.
31) *Ibid.*, 52~54.
32) *Ibid.*, 61ff.
33) *Ibid.*, 64~66.
34) *Ibid.*, 74.

문제들을 다루는 하나님의 선교에 공동으로 참여하고 협력하고 있다.[35]

이처럼 기능적 기독교세계를 이루면서 교파주의와 파라처치로 특징지어지는 북미교회들이 공존하는 존재방식의 기원에 대한 역사적 검토를 통해 선교적 교회의 과제와 전망을 제시하려는 방법은 한국교회의 선교적 과제를 도출하는 데 중요한 기반을 제공해 준다. 한국의 상황에서도 교파주의 교회들과 선교회 조직들 간의 소원한 관계가 북미에서의 교회의 상황과 유사하기 때문이다. 더 나아가 이러한 관점은 복음주의와 에큐메니컬 진영 사이의 상호이해와 상호보완적인 관계에 대한 인식을 새롭게 깨우쳐 준다. 북미에서의 선교적 교회에 대한 이해는 사회 속에서 교회의 역할이 주어져 있음에도 불구하고, 분열된 교회들이 어떻게 하나님의 선교에 참여할 수 있는지에 대한 분명한 선교적 통찰력을 주고 있기 때문이다.

이런 점에서 GOCN의 선교적 교회를 형성하기 위한 역사적 접근 방식은 한국의 상황에서 교회연합운동에 대한 역사적 전 과정을 이해할 수 있는 구조를 보여주며, 그에 대한 선교적 과제를 인식하도록 도와준다. 예컨대, 초기 한국의 교회는 북미 선교사들이 다양한 교회를 설립한 이후 오늘날처럼 그렇게 분열의 모습을 보여주지 않았다. 일본의 식민지 시절에도 교회의 분열상은 크지 않았다. 종교들 간의 협력이 3·1운동을 통해서 공동으로 준비되고 실현될 정도였다. 그리고 해방 이후 열강의 틈바구니 사이에서 일어난 6·25한국전쟁 때에도 교회들 간의 신앙적 갈등은 보이지 않았다. 그러나 1960년대 초 쿠데타에 의한 군사독재정권의 장기집권으로 경제적 기반을 갖기 시작하면서 인권이 침해당하고, 산업발전으로 한국 사회가 급속한 변화를 겪으면서 복음주의 진영과 에큐메니컬 진영으로 나누어지기 시작한 것을 볼 수 있다. 물론 이미 그 이전에 미국으로부터 교파주의의 이식이 심화되었지만, 교파들 간의 갈등보다는 정치현실에 대한 이념상의 분리가 발생하였다는 점이다. 다른 한편으로 이념과는 관계없이 교회와 대학선교회 같은 파라처치들 간의 소원한 관

---

35) *Ibid.*

계가 거의 동시적으로 발생하였다. 어쨌든 흥미로운 것은 복음주의 진영과 에큐메니컬 진영이 정작 기구적으로 나누어진 것은 어려운 시기가 지나고 민주화 시대의 싹이 보이기 시작한 1989년으로 그때 한국기독교총연합회(한기총)가 창립되었다는 점이다.[36] 말하자면, 인권문제 등과 같은 교회의 사회참여 방식을 둘러싸고 한기총이나 한국기독교교회협의회(KNCC)로 나누어진 것이다. 이것은 전 세계의 보수화와 맞물리며 KNCC의 역할이 축소되면서 일어난 현상이라고 볼 수 있다. 어쨌든 교회들 간의 교리적 차이는 더는 중요하지 않고, 이념상으로 분열되었던 것이다. 또한 교회의 위세에도 불구하고 대학선교회 출신들이 목회현장에서 성공사례로 소개되면서 선교회의 역할이 상당히 강화되고 있는 추세이다.

이상에서 문제는 현재의 한국교회가 직면한 다양한 선교적 과제 앞에서 교회 내의 이러한 분열이 주는 도전은 외부로부터의 도전보다도 훨씬 더 심각한 선교의 내적 장애물이라는 것이다. 교회성장이 침체되어 그것을 극복하기 위해 선교자원을 동원하고 효과적으로 배치해야 하는 이때에, 이념상으로 분열된 모습을 가지고는 교회의 이미지 고양은 물론이고, 교회가 가지고 있는 선교의 본질을 올바로 수행할 수 없기 때문이다. 이 점에서 선교적 교회가 주는 의미는 교파 조직과 파라처치 조직 그리고 복음주의와 에큐메니컬 진영이 각자가 서로 세상을 섬기는 하나님의 선교적 도구로서 필요한 존재라는 균형 잡힌 시각을 제공해 준다는 데 있다. 왜냐하면 선교적 교회에 대한 담론이 현재 한국 사회가 직면하고 있는 복음 전도, 평화통일, 생명운동의 문제 등 산적한 현안 문제들 앞에서 한국교회의 존재방식을 분명하게 읽어 내고, 선교의 이름 아래서 연합운동의 물꼬를 트기 위한 시도로서 작용할 수 있기 때문이다. 교파 교회와 파라처치가 그리고 복음주의와 에큐메니컬 진영이 현안 앞에서 방법의 문제를 가지고 다툴 것이 아니라, 각각의 선교이해와 선교방식을 수행하게 되면, 그것이 바로 각자의 방식대로 하나님의 선교를 수행하는 것이기 때

---

36) 참조하라. www.cck.or.kr

문이다. 하나님의 선교는 한 가지 방식이 아니라, 다양한 형태와 모습으로 균형 있게 이루어지기 때문이다.

2) 교회성장과 건강한 교회 패러다임의 교회론 극복

한국의 상황에서 선교적 교회론은 교회성장과 건강한 교회론의 관점을 극복하는 유용한 방법론을 제공해 준다고 볼 수 있다. 왜냐하면 교회성장론과 건강한 교회론의 담론이 한국에서는 교회의 수적 양극화를 강화 내지는 더욱 가속화하였는데, 선교적 교회론을 그에 대한 하나의 대안 모델로 제시하기 때문이다. 이러한 경향은 앞서 우리가 보았던 GOCN과는 다른 선교적 교회에 대한 차원이라고 할 수 있다. 이것은 주로 교회성장 패러다임의 맥락에서 전개하는 실제적인 접근이다. 그리고 에드 스테처와 같은 교회개척 연구자에게서 발견된다. 물론 GOCN 내에도 반 겔더처럼 북미가 근대로부터 근대이후로 접어들면서 문화적 상황과 인간 이해를 철저하게 분석하며 교회가 어떻게 자리매김할지를 선교적 교회의 관점에서 제시하려는 학자도 있고,[37] 로마이어처럼 선교적 교회의 형성을 위해 슈바르츠(Christian A. Schwarz)의 NCD에 기반하여 구성하려는 사람도 있다. 그렇지만 여기서는 단지 스테처의 선교적 교회론이 교회성장형 모델이나, 건강한 교회 모델과 어떻게 차이 나는지를 살펴보려고 한다.

그런데 사실 교회성장과 건강한 교회라는 두 개념은 자칫 시간적 간격을 두고 발전된 것으로 이해되기도 한다. 하지만 교회성장론 내에 이미 교회의 건강성에 대한 이해가 있었던 것이 분명하다는 점에서 교회의 성장론과 건강한 교회론은 같은 맥락에서 발전된 것으로 보아야 한다. 어찌 되었든 스테처에 따르면 교회성장론과 건강한 교회론을 선교적 교회론이 배격해서는 안 된다고 주장한다. 각 이론이 가지고 있는 가치들이 있다는 것이다. 예컨대, 교회성장론은 잃은 자를 주목하고, 건강한 교회론은 교회의 통전적(holistic) 구조

---

37) 참조하라, Craig Van Gelder, "Missional Context: Understanding North American Culture," in Darrell L. Guder ed., *Missional Church*, 18~45.

를 강조한다는 것이다.[38] 그것을 스테처는 다음과 같은 비교 도표로 보여준다.[39]

교회성장(church growth)	교회건강(church health)	선교적 교회(missional church)
초청자로서 교인	목회자로서 교인	선교사로서 교인
회심/세례	제자도	선교적 삶
전략적 계획	성장 프로그램	사람을 세움
스태프 주도	팀 리더십	개인적 선교
계획 중심적	공동체 중심적	공동체 변화
집회	훈련	해방
증가	내적 그룹 배가	교회개척 배가
단일성	다양성	조화
인간 중심적	교회 중심적	신 중심적
선교대명령(마 28:19~21)	대계명(마 22:27, 39)	하나님의 선교(Missio Dei)

이 도표가 보여주는 것처럼 선교적 교회론은 교회성장론과 건강한 교회론과는 다른 패러다임을 보여주고 있다. 이 패러다임은 전체적으로 프로그램에서 과정(processes)으로, 인구통계에서 분별(discernment)로, 모델에서 선교사역으로, 주의를 끄는 데서 성육신적으로, 단일성에서 다양성으로, 전문적인데서 열정적으로, 정착시키는 데서 파송하는 것으로, 결단에서 제자로, 첨가하는 데서 기하급수적으로, 기념비적인 업적에서 운동(movements)으로 이동하도록 하는 사고의 전환을 가져야 한다는 것이다.[40] 왜냐하면 교회성장론이 1960년대 처음에는 선교운동에서 시작되었지만, 잃은 자에 대한 사역에 몰두하다 보니 선교사역보다는 때때로 너무 많이 프로그램이나 모델 그리고 방법에 치중하게 되었다는 것이다. 그리고 하라는 대로 하기만 하면 교회성장이 보장된다는 모든 약속이 그대로 발생하지 않게 되자 교회성장론은 영향력을

38) Ed Stetzer · David Putman, *Breaking the Missional Code*, 50.
39) *Ibid.*, 49.
40) *Ibid.*, 48, 59~71.

잃기 시작하는데, 1990년대에 들어서 릭 워렌(Rick Warren)이나, 빌 하이벨스 (Bill Hybels) 그리고 스티브 쇼그렌(Steve Sjogren) 목사 등과 같이 작은 교회에 서 대형 교회로 성장시킨 목회자들을 바라보게 되었다는 것이다. 바로 이들이 컨퍼런스를 열어서 교회성장이 아니라, 핵심적인 가치와 잃은 자에 대한 열정 이 교회의 건강성을 회복할 수 있다고 주장하기 시작했다는 것이다. 그러나 그것이 맞는 경우도 있지만, 다른 어떤 지역에서는 맞지 않는 수도 있었다.[41] 말하자면 자신의 상황에서 자신의 교회에 적합한 하나님의 독특한 비전을 발 견해야 한다는 것이다.[42] 바로 이것이 선교적 교회론의 핵심이다. 쉽게 말해 서 교회가 선호하는 것을 수행하는 것이 아니라, 특정한 문화에 복음을 전하 기 위해서 교회는 상황에 적합한 최선의 형태를 갖추어야 한다는 것이다.[43] 그러니까 스테처는 교회성장론과 건강한 교회론이 각기 그 당시에는 의미가 있었지만, 새로 변화된 상황에서 선교적 코드를 읽어 내기에는 부족하다는 것 이다. 그는 이런 맥락에서 교회성장론이나, 건강한 교회론이 쌓아 놓은 국내 선교의 성과를 포함하면서 지역의 문화를 읽어 내고 지구적인 차원에서 땅 끝 까지 선교를 수행해야 한다는 선교적 교회의 패러다임이 나타나게 되었다고 말한다.[44]

한국의 상황에서 이와 같은 선교적 교회론의 패러다임은 교회성장과 건강 한 교회론의 담론으로 오히려 양극화가 훨씬 더 벌어진 상황에서 중요한 의미 를 발견하게 한다. 첫째로, 교회의 선교적 본질에 대한 실제적인 추구를 보여 준다. 선교적 교회론은 교회성장과 교회의 건강성과 함께 교회의 본래적 목적 이 선교라는 사실을 다시금 깨우쳐 주면서 선교적 교회를 형성하기 위한 구체 적인 방법론을 제시한다. 두 번째는, 상황 혹은 지역 문화에 대한 근본적인 접 근이 중요함을 알려준다.[45] 선교적 교회론은 교회 자신의 논리보다도 복음에

---

41) *Ibid.*, 46f.
42) *Ibid.*, 48.
43) *Ibid.*, 50.
44) *Ibid.*, 48f.
45) 참조하라, Alan Hirsch, *The Forgotten Ways. Reactivating the Missional Church* (Grand Rapids, Michigan: Brazos Press, 2006), 142ff.

근거하여 상황 우선적인 교회론을 말한다. 그래서 지역사회가 가지고 있는 특수한 역사적 경험과 정황을 읽어 내는 방법을 탐구하는 것이다. 이런 점에서 선교적 교회론은 한국교회가 근대와 근대 이후 시대의 문화적 속성에 성육하면서 교회의 구조를 선교적으로 만들기 위해 상황화와 전략을 마련하고, 목적에 합당한 영적 본질을 추구하며 협력하는 선교적 사역을 하도록 도와준다. 따라서 선교적 교회론이 한국의 상황에서 가지는 의미는 교회의 선교적 본질을 회복하고, 교회가 위치해 있는 지역사회를 보다 중시하는 태도를 가지도록 해준다는 데 있다고 볼 수 있다.

4. 선교적 교회론은 한국 교회들의 위기 돌파를 위한 하나의 대안

세계화가 진행되고, 급변하는 한국 사회 속에서 복음과 문화 그리고 교회의 삼중적 관계는 어떻게 규정될 수 있는가? 현재 한국교회의 세 가지 도전, 복음주의와 에큐메니컬 진영의 갈등, 교회 사이즈의 양극화, 교회가 복음을 지역 문화에 얼마나 적절하게 적용하고 있는지의 문제에 대한 대안은 없는가? 이러한 문제의식을 가지고 지금까지 우리는 선교적 교회에 대한 내용을 살펴보았다.

이상을 통해서 우리는 선교적 교회론이 첫째로, 아직 형성 중에 있는 선교학적 새로운 패러다임이라는 것을 확인하였다. 그 용어와 개념은 더욱 구체적으로 정의 발전되어야 한다. 둘째로, 선교적 교회론의 접근 방식이 현재까지는 크게 두 가지 차원에서 진행되는데, GOCN을 중심으로 하는 이론적인 접근과 에드 스테처와 같이 현장에서 선교적 교회를 개척하기 위한 실천적인 작업으로서의 선교적 교회에 대한 전개가 있다. GOCN을 중심으로 하는 선교적 교회론의 정립 과정은 주로 포스트모던 시대의 북미 상황에 국한되지만,[46] 이

---

46) 참조하라, George R. Hunsberger·Craig Van Gelder ed., *Church between Gospel & Culture. The Emerging Mission in North America* (Grand Rapids, Michigan/Cambridge, UK: William B. Eerdmans Publishing Co., 1996).

것은 전 세계적으로 교회의 본질을 추구하는 집단에 영향을 준다. 그래서 선교적 교회론의 기본 요소로서 신학적인 범주들이 제시되는데, 현장 분석 기술과 교회 구조 및 리더십 등이 탐구된다. 그리고 스테처와 같은 사람은 주로 교회성장론과 건강한 교회론이 가지고 있는 한계를 극복하는 패러다임으로서, 특히 지역문화를 선교적 상황으로 읽어 내는 시도를 통해서 선교적 교회론을 소개한다. 이 두 가지 접근방식은 모두 하나님의 선교(Missio Dei) 신학에 기반하는 성육신적 사역(incarnational ministry)을 중시하고 있다는 사실이다.

이러한 선교적 교회론이 한국의 상황에서 가지는 의미는 지역교회와 파라처치로 구분되는 차이가 선교적 교회론에서 상호 보완되고 통전될 수 있는 대안으로 가능하다는 점을 제시하였다. 이것은 복음주의 진영도, 에큐메니컬 진영도 하나님의 선교를 실행하는 데에서 균형적으로 중요한 일부분이라는 사실을 인식하는 중요한 근거가 되었다. 다음으로, 프로그램과 방법 중심의 교회성장과 건강한 교회론을 통해서 양극화된 한국교회의 현실에서 지역문화 읽기에 보다 치중함으로써 교회가 선교적 본질을 추구하는 계기를 마련할 수 있다는 점을 살펴보았다. 말하자면 교회도 엄연히 또 한 명의 선교사로서 이해되어야 한다는 것이다. 이것이 성서적이고, 초대교회의 모습이라는 것이다.[47] 결국 이런 토대 위에서 한국의 상황에 적합하면서도 지구적 차원에서 공유될 수 있는 선교적 교회에 대한 모델이 나와야 하는 것이 앞으로 한국교회 앞에 놓여 있는 과제라 할 것이다.

통계청은 2009년 5월 4일 "2009 청소년 통계"를 발표하였는데, "올해 초등학교에서 대학까지의 학령인구는 1,006만 2,000명으로 전년보다 1.6%(15만 9,000명) 감소했다."면서 "학령인구가 가장 많았던 1980년(1,440만 1,000명)에 비해 30.1%(433만 9,000명)나 줄어들었다."고 밝혔다.[48] 이처럼 인구가 감소하는 상황에서 한국교회도 서구교회와 마찬가지로 성장기를 지나 당연히 쇠퇴

---

47) 성서적 입장에서 교회의 선교적 본질을 살펴보기 위해서는 다음을 참조하라. Johannes Blauw, *The Missionary Nature of the Church*, 전재옥·전호진·송용조 역, 「교회의 선교적 본질」(서울: 한국장로교출판사, 1988).
48) www.nso.go.kr

할 것인가? 채수일은 알리스터 맥그래스(Alister E. McGrath)의 통찰을 빌려 서유럽교회가 당면하고 있는 다양한 도전에 대해 현실적인 수치를 제시하면서 교회가 진정 어떠한 방향으로 나가야 할지 단초를 제공하고 있다. 그는 서구 기독교가 '소수자 종교'로 전락하는 원인을 "빠른 사회적 변화를 수용하면서 시대의 도전에 적극적으로 응전하지 못하도록 고삐를 잡고 있는 오랜 전통, 특히 국가종교로서의 그리스도교가 가지는 관료성에 있다."고 보면서, "'생명의 미래를 책임지는 그리스도인의 실천적 참여'와 그 경험에 기초한 '소통 능력 있는 새로운 신학 하기'에 희망의 징표가 있다."고 결론지었다.[49] 이런 점에서 선교적 교회론은 한국의 교회가 서구의 교회처럼 몰락하지 않으면서, 오히려 인구감소에도 불구하고 교회가 문화와 소통하는 복음을 제시함으로써 선교적 본질을 회복하는 중요한 모델이 될 수 있다.

---

49) 채수일, "오늘의 서유럽 교회, 어디로 가고 있나?"「선교신학」제18집 (2008), 210~212.

2장

선교적 교회론에 대한 접근 유형

1. 선교적 교회론과 한국의 수용

1998년 세계선교신학계에 '선교적 교회(missional church)'라는 용어
가 서적을 통해 등장한 지 올해로 15년이 흘렀다.[50] 이 용어의 출현은 잘
알려진 바대로 1980년대 후반 북미의 일단의 교회지도자들과 신학자들
이 GOCN(the Gospel and Our Culture Network)을 구성하면서부터였다.
이들은 "교회들이 세상에서 그리고 세상을 위해서 하나님의 선교를 언
급하는 성서 본문을 다루지 않을 뿐만 아니라, 하나님 나라라고 하는 성
서의 중심적 주제가 교회의 설교와 교육에서 사라졌음을 염려하면서 지
나칠 정도로 개인주의와 소비주의에 빠져 버린 그 이유와 과정"을 분석
하기 시작하였다.[51] 이러한 비전은 교회와 복음 그리고 문화라는 세 방
향의 영역을 상호 소통시키려는 하나의 운동이 되어 그동안 수십 권의
서적과 촉진 웹사이트와 관련 기관을 설립하기에 이르렀다.

선교적 교회 운동의 특징은 무엇보다도 하나님의 선교(*Missio Dei*) 개
념에 대한 이해에 있어서 레슬리 뉴비긴의 선교학에 기초하여 전형적인

---

50) Darrell L. Guder ed., *Missional Church, A Vision for the Sending of the Church in North America* (Grand Rapids, Michigan/Cambridge: William B. Eerdmans Publishing Company, 1998).

51) Alan J. Roxburgh and M. Scott Boren, *Introducing the Missional Church, What it is, Why it matters, How to become one* (Grand Rapids, Michigan: Baker Books, 2009), 9f.

복음주의적 신학적 경향을 견지하고 있다는 점이다. 그러면서도 상황화에 대한 강조점이 훨씬 이전의 복음주의 경향과 다르다고 볼 수 있다. 이것은 동시에 복음주의 진영의 교회 중심적이라는 전통적인 선교이해에 대한 한계를 극복하고 지역사회와 함께 존재하는 통전적 선교를 지향한다.

그런데 문제는 이 선교적 교회에 대한 역사적 발전과 그 당위성을 충분히 이해하고 공감하면서도 그 개념의 불확정성과 여기에 대한 성과를 현재로서는 파악할 수 없다는 것이다.[52] 이것은 마이클 그린(Michale Green)이 말한 대로 초대교회의 복음전도 성공 여부를 측정할 수 없는데, 그 이유로 " '그들의 성공'을 그들의 '실패'와 견줄 수 있는 수단이 없기 때문[…] 하나님이 인간의 협력을 얻어 사람들의 삶 속에서 수행하는 그분의 일이기 때문"이다.[53] 다시 말해서 이것은 초대교회의 복음전도 운동처럼 서구 교회성장의 한계에 직면하여 이제 막 출현한 새로운 운동이기 때문에 '견줄 수 있는 수단이 없으므로' 이에 대한 평가를 정확히 내릴 수 없다는 것이다.

또한 북미의 상황에서 등장한 이것이 과연 한국의 상황에서는 어떻게 유효하게 적용될 수 있는지 등도 검증되어야 할 과제이다. 더 나아가 이것이 그 이론적 근거들을 실제 목회현장에 적용하려는 운동인지, 혹은 기존의 선교적 의도를 가진 지역교회들의 사례들을 정리해서 선교적 교회라 칭할 수 있는 것인지도 밝혀 주어야 한다. 왜냐하면 선교적 교회의 영어 표현인 missional church에서 형용사 어미 '~al'에 대한 이해가 GOCN의 독점적 이론에 해당하지만, 여기서 발생하는 다양한 해석의 가능성이 어느 곳에서든 가능하기 때문이다.

뿐만 아니라 이 운동이 '진퇴'를 거듭하는 기독교 역사에서 이제는 그 중심부로부터 주변부로 전락한 서구 기독교 왕국을 재건하려는 재진격인지의 여부에 대해서도 확증할 수 없다.[54] 분명한 것은 이 선교적 교회 운동이 현 단계

---

52) *Ibid.*, 31ff.

53) Michale Green, *Evangelism in the Early Church*, 홍병룡 역, 「초대교회의 복음전도」(서울: 복있는사람, 2010), 467.

54) Andrew F. Walls, "선교의 재고: 새로운 세기를 위한 선교의 새로운 방향," 「선교와 신학」 제8집

선교의 위기에 대하여 논의하고 있는 한국교회의 선교현실에서 그래도 하나의 대안이 될 수 있지 않을까 하는 기대치를 높여 주고 있다는 점이다.

이런 상황에서 이 글의 목적은 엄밀하게 말해서 GOCN의 선교적 교회 운동이 한국에서 어떻게 접근되고 있는지 그 방법을 살펴보며 이에 대한 선교학적 성찰을 하려는 데 있다.

2. 선교적 교회론의 접근 방법에 대한 유형

한국에서 GOCN과 연관된 용어 '선교적 교회'의 접근 방법은 주로 선교신학자들을 통해 크게 세 가지 방향에서 전개되고 있다. 첫째로, 이 용어의 이론적 배경과 특징 및 내용 소개를 논문으로 정리해서 발표하고 연구소 등을 설립하여 이와 관련된 번역을 하거나 세미나를 시도하는 흐름이 있다. 둘째는, 이 선교적 교회와 관련된 서적의 번역 활동을 통하여 선교적 교회 운동에 기여하는 흐름이다. 세 번째는, 실제로 교회현장에서 이 선교적 교회의 이론을 적용해서 실천하려는 흐름이 있다.

1) 선교적 교회론을 소개하는 연구 활동

먼저, 한국에서 처음으로 선교적 교회에 대한 이론이 소개된 것은 2003년 말 서울신학대학교의 최형근의 글에서 나타난다.[55] 그는 "한국교회를 위한 선교적 교회론(missional ecclesiology)"에서 레슬리 뉴비긴과 폴 히버트의 서구교회에 대한 문제점을 제시하는 한편 한국의 교회와 문화, 교회와 복음의 관계를 살펴보면서 지나친 개인구원을 강조하고 선교를 단지 교회의 한 기능으로서 그 역할을 축소한 것에 대한 대안으로 성서에 근거한 선교적 교회를 주장하고 있다.[56] 하지만 이 글에서는 선교적 교회론에 대한 신학적 소개나 용

(2001/가을), 15.
55) 참조하라, 최형근, "한국교회를 위한 선교적 교회론," 「한국선교 KMQ」 Vol. 3 (2003/겨울), 26~40.
56) *Ibid.*, 27.

어에 대한 개념정리 혹은 그 이론에 대한 정체를 규명하려는 작업은 나타나고 있지 않다.

최형근은 이어서 2005년 "레슬리 뉴비긴의 선교적 교회론(Missional Ecclesiology of Lesslie Newbigin)"을 통해 보다 적극적으로 복음주의자 뉴비긴의 삶과 그의 선교적 교회론에 대하여 소개한다.[57] 앞서의 글에서처럼 그는 이 글에서도 서구 사회가 이미 상당부분 이교적 사회로 변질되었음을 안타깝게 여기면서 뉴비긴을 서구 문화 속에서 교회선교의 문제를 확산시키기 위해 헌신한 인물로 평가하고 있다. 그에 따르면 뉴비긴의 선교적 교회론은 그의 삶과 떼어 놓고 생각할 수 없으며, 조지 헌스버거(George Hunsberger)의 평가를 인용하여 말하길, 그 핵심은 "교회의 선교적 행위가 세속화해 가는 문화에 대해 철저하고 확고한 복음의 도전을 하는 것"이라고 주장한다.[58] 하지만 우리는 앞서의 선교적 교회론에 대한 글과 비교할 때, 이 글에서 새로운 정보를 제공하고 있다는 사실을 발견할 수 없다.

2011년 2월에 최형근은 "선교적 교회론의 실천에 관한 연구"라는 글을 통해서 세 번째로 선교적 교회론을 다루고 있다.[59] 다소 늦었지만 여기서 비로소 선교적 교회론의 태동과 등장배경에 대해 구체적으로 소개하고 있다. 그는 1980년대 영국에서 복음과 현대문화 사이를 연관시키고자 GOC(the Gospel and Our Culture Conversation) 운동이 등장하였으나 1998년 뉴비긴의 죽음으로 종언하였는바, 이것이 미국에서 헌스버거를 통해 GOCN으로 재출발하게 되었다고 주장한다.[60] 헌스버거는 뉴비긴의 선교학 계승자로서 하나님의 선교 신학이 호켄다이크를 통해 세속화와 인간화에 초점을 맞춰짐으로 교회론의 상실을 가져왔다는 점에 문제를 제기하며, 교회를 강조하는 선교적 교회론을 강조하게 되었다는 것이다.[61] 이 글에서 최형근은 선교적 교회의 지표와

57) 최형근, "레슬리 뉴비긴의 선교적 교회론(Missional Ecclesiology of Lesslie Newbigin)," 「신학과 선교」 31집 (2005), 369~389.
58) Ibid., 385.
59) 최형근, "선교적 교회론의 실천에 관한 연구," 「선교신학」 제26집 (2011), 241~271.
60) Ibid., 244.
61) Ibid., 245ff.

선교적 리더십을 통한 새로운 공동체를 논의한다. 하지만 실제로 이 선교적 교회론이 미국에서 어떻게 실천되고 있는지는 구체적인 실례를 보여주고 있지 않다.

다음으로, 선교적 교회론이 한국의 상황에서 어떤 의미를 지닐 수 있는지를 검토한 글로서 2009년 7월 「선교신학」에 실린 필자의 "한국적 상황에서의 '선교적 교회(missional church)'가 갖는 의미 연구"를 들 수 있다.[62] 필자는 이 글에서 '하나님의 선교' 신학에 기반하고 있는 선교적 교회를 현 시기 교회 중심적 복음주의와 세상 중심적 에큐메니컬 진영을 통전시킬 수 있는 접촉점으로 파악하고 있다. 이와 함께 교회성장 신학과 소위 건강한 교회론이 가지고 있는 한계점을 지적하며 하나의 대안으로서 선교적 교회론을 다루었다. 교회성장 신학은 성장 이데올로기에 사로잡혀 있고, 건강한 교회론은 그 시스템 특징상 작은 교회들을 흡수하게 된다는 진단을 하였다. 필자는 이러한 한국교회의 현상을 짚으면서 그 대안으로서 선교적 교회론의 등장 배경과 가치를 선교학적으로 평가하려고 시도하였다. 하지만 이 글 역시 선교적 교회라는 용어가 가지고 있는 정확한 개념 정립과 소개 그리고 정체성 규명에는 미진하였다고 볼 수 있다.

더 나아가 선교적 교회론 자체를 이해할 수 있고, 그 이론을 긍정적으로 받아들이면서도 그 이론에 대한 비판적 인식을 가지고 접근하는 유익하고 주목할 만한 최근의 연구로 서울신학대학교 최동규의 "GOCN의 선교적 교회론과 교회성장학적 평가"와 "선교적 교회개척의 의미와 신학적 근거"를 들 수 있다.[63] 이 논문들은 선교적 교회론에 대한 충분한 이해와 비판적 안목을 제시하고 있다는 점에서 높이 평가받을 만하다. 우선 "GOCN의 선교적 교회론과 교회성장학적 평가"는 선교적 교회론에 관한 기본적인 이해, 즉 선교적 교회론의 역사, 그 구성과 방법론, 근본 주제, 그 의미를 잘 설명하면서 그 정체성

---

62) 이후천, "한국적 상황에서의 '선교적 교회(missional church)'가 갖는 의미 연구," 「선교신학」 제21집 (2009), 81~107.
63) 최동규, "GOCN의 선교적 교회론과 교회성장학적 평가," 「선교신학」 제25집 (2010), 231~261; 최동규, "선교적 교회개척의 의미와 신학적 근거," 「선교신학」 제28집 (2011), 263~290.

과 개념에 대한 정보를 소상하게 소개하고 있다. 물론 '선교적'이라는 용어와 '선교적 교회'의 특징에 대한 소개도 빼놓지 않고 있다. 예컨대 선교적 교회의 12가지 지표를 다음과 같이 소개하고 있다. "(1) 선교적 교회는 복음을 선포한다. (2) 선교적 교회는 모든 구성원이 예수의 제자가 되기 위한 배움에 참여하는 공동체이다. (3) 성서는 선교적 교회의 삶에서 규범적인 역할을 한다. (4) 이 교회는 주님의 삶, 죽음, 부활에 참여하기 때문에 자신을 세상과 다른 집단으로 생각한다. (5) 이 교회는 하나님께서 공동체 전체와 그 공동체에 속한 모든 구성원에게 주시는 구체적인 선교적 소명을 식별하려고 노력한다. (6) 선교적 공동체는 그리스도인들이 서로를 향해 행동하는 방식에 의해 드러난다. (7) 그 것은 화해를 실천하는 방식에 의해 드러난다. (8) 이 공동체에 속한 사람들은 서로를 사랑해야 할 책임을 지닌다. (9) 이 교회는 환대를 실천한다. (10) 예배는 이 공동체가 기쁨과 감사로 하나님의 임재와 하나님께서 약속하신 미래를 경축하는 핵심적 행위이다. (11) 이 공동체는 생생한 공적 증거를 행한다. (12) 교회 자체는 하나님 나라의 불완전한 표현임을 인정한다."[64]

최동규는 이러한 선교적 교회론에 대한 이해 위에서 교회성장학적 관점을 가지고 선교적 교회론을 평가한다. 그러니까 일반적으로 선교적 교회론이 교회성장학을 비판하면서 등장하였다고 평가하는 상황에서 역으로 GOCN의 선교적 교회론을 교회성장학적 관점에서 평가하고 있는 것이다. 바로 이러한 점 때문에 최동규의 선교학적 위치를 추론할 수도 있겠으나, 나름 근거를 가지고 평가하고 있다는 점이 그 의미성을 획득한다고 볼 수 있다. 그는 " '거룩한 실용성'은 불가능한가?"라고 묻는다.[65] 그는 선교적 교회론이 주장하는 교회성장학에 대한 비판을 수용하면서도 교회성장학이 지니고 있는 가치와 장점을 활용할 수는 없는 것인지 변호하고 공격한다. 예컨대 그는 반 겔더의 선교적 교회와 시장주도적 교회의 구분이나, 록스버러와 보렌의 끌어모으는 교

---

64) 최동규, "GOCN의 선교적 교회론과 교회성장학적 평가," 246f. 이에 대한 각주를 통해 최동규는 마이클 프로스트와 앨런 허쉬의 추가된 3가지를 소개하는데 그것은 "교회론의 측면에서 성육신적이고, 영성의 측면에서 메시아적이며, 리더십의 측면에서 사도적"이라는 것이다(참조하라, *ibid.*, 247, 각주 36).
65) *Ibid.*, 251ff.

회와 선교적 교회의 이분법적 구분이 모두 동일한 유형학에 속한다고 보면서, 교회성장학을 부정적 모델로 평가하기보다 하나님 나라의 관점에서 그 실용성과 효율성의 가치를 활용할 수는 없는지 묻는 것이다. 그러면서 오히려 "비슷한 점이 더 많다고 볼 수" 있는 양자가 협력해야 할 파트너임을 강조한다.[66] 이와 동시에 그는 GOCN의 문제점으로 "선교적 삶이 구체적으로 무엇인가?"를 묻는다. 이것은 개인의 회심을 소홀하게 여길 수 있는 비현실적 교회론이라는 것이다.[67]

최동규는 그의 두 번째 글에서 교회개척과 관련하여 자연적인 증식과 교회의 내적 역동성을 강조하는 유기체적 교회론, 교회의 사회적 실천을 위하여 선교적 교회론을 동반하여야 한다고 주장한다. 이 글도 앞서의 논문에서처럼 기존의 선교적 교회론에 대한 나름의 소개 및 가치를 부여하면서도 문제점을 지적하는 것을 볼 수 있다. 예컨대 그는 스튜어트 머레이(Stuart Murray)의 견해를 빌려 앨런 록스버러(Alan Roxburgh)와 스코트 보렌(Scott Boren) 같은 사람들이 교회성장형 "끌어모으는 교회(the attractional church)"와 세상에서 성육신적 삶을 실천하기 위해 흩어지는 "선교적 교회"를 대립시키는 이원론적 구도를 가지고 있다고 평가한다.[68] 그렇지만 "끌어모으는 교회가" 그것이 고립을 자초하지 않는 한 왜 문제가 되느냐는 입장이다. 이러한 견해들은 앞서의 교회성장학적 관점과의 협력이 필요하다는 주장에서처럼 교회성장학을 시대에 뒤진 폐기되어야 할 대상이 아니라, 서로를 보충해야 할 관계임을 보충해서 입증하려는 것으로 보인다. 말하자면 이미 교회성장학에서 문제점으로 인식하고 있는 것들이 선교적 교회론에서 마치 새로운 관점에서 문제를 제기하고 있는 것으로 비쳐지는 것을 안타까워하고 있는 것으로 보인다.

이 밖에도 선교적 교회론을 언급하는 두 편의 논문을 살펴볼 수 있는데, 하나는 김주덕의 "선교적 교회 목회자 만들기"인데, 이것은 GOCN의 선교적 교

---

66) *Ibid.*, 254.
67) *Ibid.*, 254f.
68) *Ibid.*, 282.

회론과 무관한 것으로 보인다.[69] 다른 하나는 이길표의 "전통적 교회에서 선교적 교회로: 북미 한인 디아스포라 교회를 위한 전환과정 연구"가 있는데, GOCN의 선교적 교회론 신학자들을 인용하고 있지만, 선교적 교회론에 대한 주요 근거로서 그들의 이론을 소개하고, 그 이론의 기초 위에서 자신의 연구를 진행한 것으로 보이진 않는다.[70]

다른 한편으로 연구하는 활동 외의 영역에서 연구소 운동과 실제적 현장 리서치에 대한 탐구가 있다. 먼저 필자와 황병배가 운영하는 한국교회선교연구소(KOMIS)를 들 수 있다. 이것은 2010년 1월에 개소되었다. 이 연구소의 목적은 한국교회에 선교적 교회에 대한 이론을 소개하고 번역하며 그 사례들을 정리하는 데 있다고 그 분명한 의지를 천명하고 있다. 현재 두 차례의 세미나와 두 권의 양서를 번역한바, 그중 하나가 선교적 교회에 관한 에드 스테처와 데이비드 푸트만의「선교암호 해독하기」이다.[71]

선교적 교회 모델 발굴과 선교적 교회 이론의 접목으로 장로회신학대학교(장신대) 한국일의 탐구활동을 들 수 있다. 2011년 4월 18일 장신대에서 개최된 제13회 소망신학포럼에서 한국일 교수는 세계선교연구원의 공동연구 책임자로서 남정우, 손신, 정기묵, 이영호 목사들과 함께 "하나님 나라를 위한 성도의 은사 및 사역 개발: 지역사회의 봉사활동에 지역교회 성도 참여 활성화를 위한 사역 및 은사 개발을 통한 선교전략 연구"를 발표하였다. 여기에서 이 공동연구팀은 선교적 교회론의 소개와 한국교회의 성격을 규정하면서 한국의 상황에서 선교적 교회의 사례로 기독교대한감리회의 충남 아산시 소재 이종명 목사의 송악교회, 대한예수교장로회(통합)의 전남 완도군 소재 정우겸 목사의 성광교회, 예장 통합의 서울 한남동 소재 오창우 목사의 한남제일교회를 소개하고 있다.[72] 이것은 직접적으로 현장 교회를 방문하여 실제적 사실을

---

69) 김주덕, "선교적 교회 목회자 만들기,"「선교신학」제25집 (2010), 263~284.
70) 이길표, "전통적 교회에서 선교적 교회로: 북미 한인 디아스포라 교회를 위한 전환과정 연구,"「선교신학」제28집 (2010), 149~176.
71) Ed Stetzer·David Putman, *Breaking the Missional Code*, 이후천·황병배 공역,「선교암호 해독하기」(서울: 한국교회선교연구소, 2010).
72) http://www.pcts.ac.kr/pctsrss/

검증하며 채록한 중요한 성과라고 볼 수 있다.

2) 선교적 교회론을 다룬 원서의 번역 활동

한국에서 교회와 선교의 상관관계 맥락에서 선교적 교회론을 소개하고 발전시키기 위해 그 이론과 관련하여 번역된 서적들의 수는 아직 그렇게 많지 않다. 이에 대한 번역서로는 본래 1991년 출판되었지만 1994년에 번역된 찰스 반 엥겐(Charles Van Engen)의 「모이는 교회 흩어지는 교회」를 들 수 있다.[73] 다음으로 요하네스 블라우(Johannes Blauw)의 「교회의 선교적 본질」을 들 수 있다. 이 책은 본래 1962년도에 출판되었지만, 40년이 지난 2002년에 번역되었고, 선교와 교회의 관계에 대한 관계설정을 본격적으로 다루었다고는 볼 수 없다.[74]

GOCN 선교적 교회론의 학자군에 속하면서 그 이론의 상황적인 측면을 다룬 서적이 가장 먼저 번역 출판되었는데, 그것은 크레이그 반 겔더(Craig Van Gelder)의 「선교하는 교회 만들기」이다.[75] 이 책의 본래 제목은 "교회의 본질"이지만, 이것을 "지역교회를 향한 도전, 선교하는 교회 만들기"로 번역하였다. 내용은 북미 교회현장에서의 선교적 본질을 회복하기 위한 성서적, 역사적, 상황적 근거를 제시하고 있다. 이 책에서 보여주는 특징은 지역교회뿐만 아니라 유동적(mobile) 선교구조를 상호 보완하는 동반자적 관계로 설명하고 있다는 점이다.

본격적인 GOCN의 선교적 교회론의 이론적 배경과 내용을 다룬 번역서는 다렐 구더의 「교회의 선교적 사명에 대한 신선한 통찰」이다.[76] 이 책은 본래

---

73) Charles Van Engen, *God's Missionary People*, 임윤택 역, 「모이는 교회 흩어지는 교회」(서울: 두란노, 1994).
74) Johannes Blauw, *The Missionary Nature of the Church*, 전재옥 역, 「교회의 선교적 본질」(서울: 한국장로교출판사, 2002).
75) Craig Van Gelder, *The Essence of the Church*, 최동규 역, 「선교하는 교회 만들기」(서울: 베다니출판사, 2003).
76) Darrell L. Guder, *The Continuing Conversion of the Church*, 조범연 역, 「교회의 선교적인 사명에 대한 신선한 통찰교회의 계속적인 회심」(서울: 미션툴, 2005).

2000년에 출판되었지만, 2005년에 번역되었다. 이 책은 머리말에서부터 복음 전도가 교회의 본질적 사명이며, 이 사명은 문화와의 상호 작용을 통해 이루어진다는 점을 명백히 밝히고 있다. 또한 이 책을 쓰게 된 동기와 관련하여 레슬리 뉴비긴과의 관계 및 GOCN의 맥락 안에서 서술하게 된 것을 밝히고 있다.[77] 이 책은 역사적으로 교회가 세상과 타협하며 통제하기 위하여 복음과 구원 그리고 선교의 이해를 어떻게 개인주의적으로 축소시켰는지를 다루고 있다. 그래서 원래의 제목에서처럼 지역의 교회는 계속적인 회심이 필요하다는 점을 강조한다.

이 두 권의 번역서 이후부터는 대체로 선교적 교회론에 대한 매우 실제적인 저서들이 번역되었는데, 여기에는 앨런 록스버그, 마이클 프로스트, 앨런 허쉬, 에드 스테처, 데이비드 푸트만과 같은 대중에게 널리 알려진 선교학 관련 학자들이 포함된다. 2009년 한 해에만 세 권의 번역서가 출간되었는데, 먼저, 3월에 출판된 마이클 프로스트와 앨런 허쉬가 공동 저술한 「새로운 교회가 온다」가 있다.[78] 이 책의 원서는 본래 2003년에 출판되었다. 이 책이 주로 강조하는 것은 앞서 최동규가 인용한 것처럼 GOCN의 12가지 특징 외에 세 가지 원리로서 끌어모으는(attractional), 이원론적(dualistic), 계급적(hierarchical)에 대비되는 선교적 교회의 성육신적(incarnational), 메시아적(messianic), 사도적(apostolic) 특징이다.[79] 여기서 성육신적이라 함은 비그리스도인들을 향하여 그리스도처럼 흩어져 감을 뜻한다. 메시아적이라 함은 성과 속을 구별하지 않고 그리스도처럼 세상과 교회를 통전적으로 이해한다. 사도적이라 함은 에베소서 4장 11절에 나타나 있는 오중사역 모델 중에서 사도직, 예언자직, 복음전도직을 이 시대에 구현해내며 수평적으로 이해하는 것을 말한다.

다음으로, 2009년에 번역 출간된 앨런 록스버그의 「길을 잃은 리더들」이 있

---

77) Ibid., 5~20.
78) Michael Frost and Alan Hirsch, The Shaping of Things to Come, 지성근 역, 「새로운 교회가 온다」(서울: IVP, 2009).
79) Ibid., 33f.

다.[80] 이 책의 원서는 본래 2005년에 출판되었다. 록스버그는 이 책에서 교회의 변화와 관련하여 안정, 불연속, 이탈, 과도기, 재형성과 같은 5단계를 설정하면서, 과도기에 있어서 이머전트(emergent)와 리미널(liminal)의 대화를 시도한다. 이머전트는 제도권 밖을 지향하고, 리미널은 기존의 제도권에 머물려는 속성을 지니는바, 록스버그에 따르면, 이러한 과도기 때에 리더십은 "성서와의 대화를 통해서" 과감하게 경계성에 진입하는 것을 뜻한다.[81] 이 책은 바로 이때 필요한 것이 안정을 희구하는 커뮤니티가 아닌, 모험적으로 "불연속적 변화를 함께" 겪는 커뮤니타스(communitas) 공동체로서 이 선교적 공동체가 변혁기의 교회를 건강하게 이끌 수 있다는 점을 보여준다.[82]

세 번째의 다소 두꺼운 번역서로서 마이클 프로스트의 「위험한 교회」를 들수 있다.[83] 이 책의 원서는 본래 2006년에 출판되었다. 이 책은 이스라엘이 바벨론에 '유수(exile)'된 것을 빗대어 오늘날의 교회와 그리스도인들이 바로 그러한 상황에 있음을 은유적으로 표현한다. 이를테면 이 책은 오늘날 서구의 교회가 그 중심부의 위치를 상실하고 주변부로 밀려난 상태에서 선교적 커뮤니타스를 통해 위험한 기억(dangerous memories), 위험한 약속(dangerous promises), 위험한 비판(dangerous criticism), 위험한 노래(dangerous songs)를 실천할 것을 주문한다. 위험한 기억이란 당시 세상을 흔들어 기존 질서에 도전한 예수 그리스도에 대한 기억이다. 그래서 이 기억은 당시 사람들로 하여금 성육신 그리스도의 제자가 되어 세상 속에서 새로운 세상을 꿈꾸게 하였고, 새로운 세상을 향해 정직하게 나아가도록 하는 동기가 되었다는 것이다. 프로스트는 이러한 그리스도를 따르는 것이 쉽지 않기 때문에 위험한 기억이라 부른다.[84] 위험한 약속이란 정의와 평화에 대한 약속이다. 위험한 비판이

---

80) Alan Roxburgh, *Sky is Falling?!*, 김재영 역, 「길을 잃은 리더들」(서울: 국제제자훈련원, 2009).

81) *Ibid.*, 113.

82) *Ibid.*, 132. 록스버그는 이에 대한 성서의 사례로 출애굽, 사사, 룻, 유배, 베드로, 바울을 들고 있다 (*Ibid.*, 146~167).

83) Michael Frost, *Exiles: Living Missionally in a Post—Christian Culture*, 이대현 역, 「위험한 교회: 후기 기독교 문화에서 선교적으로 살아가는 유수자들」(서울: SFC, 2009).

84) *Ibid.*, 35.

란 현실 삶에 동화되거나 절망하지 않으면서 약자들의 편에서 종교적이고 정치적인 비판을 하는 것이다. 위험한 노래란 축소지향적인 설교와 노래 대신에 현실에 혁명을 가져올 만한 평화와 진리가 담긴 노래를 말한다. 결국 프로스트는 이 책을 통해서 복음적이면서도 에큐메니컬 진영의 하나님 선교에 대한 이해를 가지고 선교적 교회에 대한 인식을 확대, 강화시키고 있음을 볼 수 있다.

선교적 교회론에 관한 책으로 가장 최근에 번역된 서적은 에드 스테처와 데이비드 푸트만 공저의 「선교암호 해독하기」를 들 수 있다. 이 책의 원서는 본래 2006년에 출판되었다. 이 책은 지역의 목회현장에서 선교적 교회로 전환하거나 개척하기 위한 이론적이고 실천적인 내용을 담고 있다. 먼저, 이론적 차원에서는 교회성장형 모델과 건강한 교회 모델을 선교적 교회의 모델과 비교하면서 선교적 교회의 특징을 보여준다. 여기서 선교적 교회론이 기본적으로 교회성장형 모델과 건강한 교회 모델이라는 개념 위에 세워졌음을 밝히고 있다.[85] 실천적 차원에서는 상황화를 위하여 지역사회를 분석하는 사례들을 보여주고 있다. 저자들은 이것을 선교암호라 칭하며 이것을 해독해 나가는 과정을 선교적 교회의 과제로 간주한다.

3) 선교적 교회론을 실천하려는 교회들의 활동

한국교회 현장에서 GOCN의 분명한 신학적 이해 아래 선교적 교회론을 실천해 나가고 있는 교회를 발견하기는 어렵다. 앞서 언급한 한국일 박사 연구팀이 GOCN의 맥락에서 한국의 선교적 교회 모델로 해석하고 발굴하여 소개한 사례들 외에 스스로를 GOCN의 계승자로서 실천하려 한 선교적 교회를 아직 발견할 수 없다는 말이다.

다만 소위 '건강한 교회' 담론으로 유명한 온누리교회가 창립 25주년을 기념하여 '선교지향적 교회(mission-oriented church)'를 넘어서 '선교적 교회

---

85) Ed Stetzer·David Putman, 이후천·황병배 공역, 「선교암호 해독하기」, 75.

(missional church)'로 전환할 것을 선언한 일은 상당히 의미 있는 행동이었다.[86] 이때 하용조 목사는 의도적으로 missional church를 언급함으로써 온누리교회가 GOCN의 맥락 안에서 선교적 교회를 만들어갈 것임을 언급한 것으로 보인다. 그렇지만 그의 소천으로 그가 꿈꾸던 선교적 교회의 실체를 볼 수 없게 된 것은 한국교회를 위해 아쉬운 일이기도 하다.

이 밖에도 GOCN의 선교적 교회론을 직접 언급하고 있지는 않지만, 교인 수가 2만 명에 달한다고 하는 분당우리교회의 이찬수 목사는 10년 내에 절반 혹은 4분의 3을 약한 교회를 위해 잘 훈련시켜서 파송하겠다는 의지를 피력하였다.[87] 이것은 그동안 교회성장과 경쟁 이데올로기에 함몰되어 버린 한국교회를 향한, 모이는 교회에서 흩어지는 선교적 교회로의 과감한 선언이라 아니할 수 없다. 물론 이것만을 가지고 선교적 교회의 범주에 포함시키는 것은 논란의 여지가 있을 수 있다. 왜냐하면 이러한 교회의 중요한 결정이 담임목사 한 개인의 의지로 천명되었다는 점에서 한국교회의 목사 중심적인 개체교회 모습이 그대로 드러나기 때문이다.

3. 선교적 교회론의 접근 방법에 대한 선교학적 성찰

지금까지 우리는 선교적 교회론이 한국에서 어떤 방법들로 이 운동에 접근하였는지를 살펴보았다. 이것을 통해 확인할 수 있는 사실은 선교적 교회론이 아직은 한국교회에 정착하는 초기 단계에 불과하며, 대체로 이론적인 소개와 번역의 단계에 머물러 있다고 평가할 수 있다. 이것이 잠시의 신학적이고 교회론적 유행으로 사라지지 않고 진정한 교회의 본질을 회복하고 복음주의와 에큐메니컬 진영이 통전되는 하나님의 선교를 이루어 나가기 위해서는 다음의 네 가지를 더 보충하고 성찰해야 한다.

첫째, 한국의 상황에서도 선교적 교회 운동의 더욱 다양한 접근 방법이 모

---

86) 「국민일보」, 2010. 9. 24.
87) 「국민일보」, 2012. 7. 5.

색되어야 한다. 예컨대 미국에서와 같이 홈페이지를 구축함으로써 보다 대중적인 접근을 시도해야 한다. 록스버그는 www.themissionalnetwork.com을 구축하여 북미의 또 다른 선교적 교회론자들과 함께 유럽 및 영국을 연결하고, 출판과 뉴스레터 그리고 선교적 교회에 관한 정보 및 훈련 교재를 체계적으로 제공하며 교회 지도자들을 훈련하고 있다. 이 밖에도 선교적 교회에 대한 개념과 정의, 저자들 및 자료들을 소개하는 유용한 웹사이트로서 friendofmissional.org, missionalchurchnetwork.org, missionalchurchlife.org 등을 들 수 있지만, 상호 비슷한 측면이 많아 보이고, 이들이 상호 소통하면서 선교적 교회론의 특징을 특화시켜 나갈 수 있는 개성 있는 콘텐츠가 필요하다고 할 것이다.

물론 여기에 문제가 없는 것은 아니다. 이전에 선교적 교회를 위해 구축된 www.allelon.org은 처음 제공했던 풍부한 메뉴와 달리 최근에는 홈페이지로서의 기능을 사실상 발견하기 힘들다. 이처럼 웹사이트의 주소가 변동되거나, 더는 새로운 정보가 업데이트되지 않으면서 폐쇄되는 경우도 있다. 또한 선교적 교회론 관련 홈페이지들이 상호 링크되어 있지 않으면 대중은 물론이고 전문가들조차 선교적 교회론에 대한 정보를 다양하게 체계적으로 수집할 수 있는 대중적 접근을 방해하기도 한다. 따라서 한국의 상황에서 선교적 교회 운동은 인터넷이라는 접근 방법을 택할 때에 대중이 어디서든 쉽게 접근할 수 있는 홈페이지를 개설하는 것뿐 아니라, 처음 개설할 때부터 콘텐츠의 풍부함은 기본이고, 국내외의 다른 홈페이지들과의 링크도 고려하여 설계되어야 한다.

둘째, 이 운동에 참여하고 있는 국내의 선교적 교회 운동 계승자들이 서로 연대하고 정보를 공유할 수 있는 네트워크가 필요하다. 이 운동에 관련된 서적을 번역할 때에도 체계적인 번역 일정과 판권에 대한 정보가 공유되어야 한다. 예컨대, 한국교회선교연구소는 2010년 말경 록스버그와 보렌의 *Introducing the Missional Church*를 번역하려고 하였다. 출판사를 통해 접촉해 본 결과 이미 판권은 한국의 누군가에게 팔려 나갔고, 법규상 그가 누구인지를 확인할 수는 없었다. 이 책은 아직 번역되어 출판되지 않았다. 이것은 한국의 출판 풍토의 문제에서 기인한 것이기도 하겠지만, 선교적 교회론 운동에 관련된 개인이나 단체들의 상호 네트워크 부재에서 오는 것이 더 크다고 할 수 있겠다. 그렇기 때문에 이런 문제들은 이와 관련된 개인 및 단체들의 상호 네트워크를 통해서 해결되어야 한다. 이것을 위한 기구가 마련됨으로써 체계적인 소개뿐만 아니라, 한국적 상황에 맞는 선교적 교회론의 접근 방법 모색이 효과적으로 이루어질 것이다.

셋째, 한국의 상황에서 선교적 교회론을 올바로 수용하고 발전시키기 위해서 먼저 그 정확한 개념을 소개하고, 다음으로 이에 대한 실천과 검증의 장을 공유함으로써 이 개념을 상황적으로 재해석하고 재구성할 준비가 되어 있어야 한다. 왜냐하면 한국의 상황에서는 GOCN의 선교적 교회론 개념에 대하여 다소 혼동하거나 몰이해하는 측면이 있기 때문이다. GOCN의 선교적 교회론은 단순히 교회의 선교적 본질을 회복하자는 차원에서 누구나 호칭할 수 없는 맥락이 있다. 그렇기 때문에 우선은 이 운동의 개념에 대하여 올바로 소개하고 전달하는 것이 필요하다. 그 이후에야 비로소 우리는 그 기준을 확대 혹은 상황화할 수 있는 것이다. 예컨대 록스버러와 보렌은 선교적 교회의 개념을 한마디로 명확하게 정의할 수 없기 때문에 8가지의 부정하는 방법을 통해 그 특징을 설명한다.[88] (1) 선교적 교회는 '타문화 선교(cross-cultural missions)'를 강조하는 교회를 설명하려는 라벨이 아니다. 모든 교인이 선교사이며, 보내는 이와 가는 이를 구분하지 않는다. (2) 교회 바깥에 초점을 둔 프로그램을 강조하지 않는다. 내, 외부를 구분하지 않으며 대상화하지 않는다. (3) 교회성장과 효율성의 또 다른 이름이 아니다. 빌딩을 소유할지라도 초점은 그게 아니다. (4) 전도에 효율적인지를 따지지 않는다. 개인이 아닌 하나님 나라를 강조한다. (5) 선교적 비전과 선언문 그 이상이다. (6) 비효율적인 교단의 구조를 바꾸자는 것이 아니다. 1950년대 이후 교단 운동의 쇠퇴를 극복하기 위한 교

---

88) Alan J. Roxburgh and M. Scott Boren, *Introducing the Missional Church*, 31ff.

단쇄신 운동이 아니다. (7) 초대교회로 가자는 운동이 아니다. 과거와는 엄연히 다른 현대과학 문명이 지배하는 현실을 고려해야 한다. (8) 기존 교회를 포맷해서 이머징, 포스트모던 등의 교회를 하자는 것이 아니다.

이처럼 선교적 교회론의 기본적 개념에 대한 이해를 가지고 있어야 한국의 선교 상황에 적용하고 응용하며 검증하는 과정을 거칠 수 있고, 그 과정을 통해서 보다 새롭고 구체적이며 확대된 차원에서 선교적 교회론의 의미가 재해석되고 재구성될 수 있는 것이다. 그러기 위해서는 당연히 한국교회에서 선교적 교회를 실천하고 있는 장들이 소개되고 그 성과가 공유되어야 한다.

넷째, GOCN 선교적 교회 운동의 원래 의미대로 한국 문화 속에 상황화하는 선교적 교회론을 형성할 때, 현재와 같은 초기 단계에서는 한국의 특수한 역사, 정치, 경제, 문화, 종교적 사회 상황이 철저하게 고려되어야 한다. 역사적으로 해외에서 형성된 교회론 모델을 한국교회가 수용하는 과정을 살펴보면 매우 현실적으로 선택하고 있음을 볼 수 있다. 말하자면 한국교회가 이 선교적 교회론을 소개하기 이전 단계는 소위 건강한 교회론이었다. 하지만 그 주장의 타당성에도 불구하고 실제로 나타난 현상은 교회의 빈익빈 부익부 현상의 심화였다.[89]

따라서 선교적 교회론은 처음 단계부터 교인들의 전이성장보다는 회심성장에 분명한 초점을 두어야 한다는 것이다. 그렇지 않다면 이것은 교회성장론이나 건강한 교회론의 전철을 밟게 될 것이다. 선교적 교회론은 이러한 접근을 통해 두 가지 성과를 보여줄 수 있다. 하나는 비그리스도인의 경우 "회심이 동반하는 사회변혁"적 요소이고,[90] 다른 하나는 그리스도인의 경우 교회 내 활동과 세상에서의 생활이 전혀 다른 이중적 신앙생활의 태도를 일상생활 속에서 동일하게 행동할 수 있게 만드는 선교적 실천을 이끌어낼 수 있다. 왜냐하면 한국 사회에서 통일, 정의, 평화, 생태계 파괴 현장 등은 여전히 하나님의 선교가 필요한 현장이므로 그리스도인들을 통한 사회변혁이 요구되고 있

---

89) 이후천, "한국적 상황에서의 '선교적 교회(missional church)'가 갖는 의미 연구," 100.
90) 한국일, "선교와 회심,"「선교와 신학」제9집 (2002), 59.

고, 교회가 역사 속에서 올바르게 기능하고 있는지 교회 갱신 문제에 대한 진지한 성찰이 아직 충분하게 이루어지지 못하기 때문이다.[91]

4. 선교적 교회 운동의 확산

지금까지 우리는 한국의 상황에서 GOCN의 선교적 교회론이 어떻게 접근되고 있고, 여기에 대한 문제점은 무엇인지를 살펴보았다. 먼저 자료를 통해 살펴본 바에 따르면 선교적 교회론은 세 가지 유형으로 접근되고 있음을 알 수 있다. 첫째, 소논문 등을 통해 GOCN의 선교적 교회론의 개념과 의미 등을 소개하고 평가하려는 시도가 있다. 둘째, 선교적 교회론에 대한 원서들을 번역함으로써 그 내용을 소개하며 대중운동을 시도하는 이들이 있다. 셋째는, 현장 목회자들을 통해 반드시 GOCN의 기준에 의하지 않더라도 거의 일치하는 수준에서 선교적 교회론을 실천하려는 시도가 있다. 여기에는 온누리교회나, 분당우리교회가 대표적이다.

우리는 이러한 접근 방법에 대한 선교학적 성찰로서 네 가지를 보충하였다. 첫째, 홈페이지와 같은 대중적 접근 방법을 모색함과 동시에 콘텐츠 및 링크를 통한 전달 방법이 강화되어야 한다. 둘째, 국내외 선교적 교회론 운동 계승자들 사이의 네트워크가 필요하다는 점을 강조하였다. 셋째, 선교적 교회론 자체의 개념과 내용이 충실하고 올바르게 소개되어야 한다. 넷째, 한국교회가 놓여 있는 한국적 상황의 다양한 모습, 예컨대 에큐메니컬 진영의 주제와 담론에 대한 상황화 모델을 포괄해야 한다.

한국교회는 이와 같은 접근 방법을 통해 GOCN의 선교적 교회론을 수용하면서도 개체교회 중심적이고 물량주의적으로 변질되어 버린 한국교회의 상황을 반성하면서 더욱 다양하고 풍요한 모델을 만들어 나갈 수 있으리라고 생각한다. 그럴 때 비로소 GOCN의 선교적 교회론이 한국과 같이 다종교적이고

---

91) 이에 대해서 "특집: 교회갱신과 선교," 『선교와 신학』 제3집 (1999)을 살펴보라.

역사가 짧은 그리스도교 국가에서 이루어지고 있는 회심의 사건을 통해 북미에서 만들어진 선교적 교회론의 내용과 합류될 때, 그 선교모형이 세계선교를 더욱 풍부하게 만들어 나갈 수 있을 것이다.

3장

"하나님의 인간성"과 한국 그리스도인의 인간성에 대한 성찰

1. 인간적인 한국의 그리스도인을 향하여

구원과 인간화를 둘러싼 긴장관계는 오늘날에도 여전히 선교학의 역동적인 이슈이다. 1968년 7월 4~20일에 "보라, 내가 만물을 새롭게 하리라"는 주제를 가지고 스웨덴 웁살라에서 개최된 세계교회협의회 (WCC) 제2분과에서 정리한 선교위임은 하나님의 선교를 "새로운 인간 되시는 예수 그리스도 안에 있는 완전한 인간성으로 성장할 수 있도록 초대하는 것"과 관련이 있음을 선언하고 있다.[92] 그래서 인간성이 "다양한 세력들에 의하여 위협받고"[93] 있는 상황에서 "정의, 자유, 그리고 인간의 존엄성을 더 많이 성취하는 것을 그리스도 안에 있는 진정한 인간성에 대한 회복의 한 부분으로서 보아야 할 것"을 주장하고 있다.[94]

이에 대하여 잘 알려져 있다시피 독일의 '고백적 복음주의' 선교학자 바이어하우스(Peter Beyerhaus)는 선교의 목표가 과연 인간화에 초점을 맞추어야 하는지 반론을 제기하였다.[95] 그는 웁살라의 에큐메니컬 대회

---

92) 세계교회협의회 엮음, 이형기 역, 「세계교회협의회 역대 총회 종합보고서」(서울: 한국장로교출판사, 1993), 261f.

93) 같은 곳.

94) 위의 책, 263f.

95) 참조하라, Peter Beyerhaus, *Missions: Which Way? Humanization or Redemption* (Grand Rapids, Michigan: Zondervan Publishing House, 1971); Peter Beyerhaus, "Mission and

를 에반젤리컬 진영과 대별시키면서 '샬롬과 새로운 인간'을 말하지만, 회개 및 개인의 구원과 교회개척을 강조하는 구원사를 인간 중심적인, 세상 중심적이고 사회윤리적인 차원의 세속사로 바꾸어 놓았다고 강력하게 비판한다.[96] 동일한 맥락에서 1971년과 1972년에 인도의 신학자 토마스(M. M. Thomas)와 영국의 선교사요 선교학자인 뉴비긴 감독의 논쟁 또한 당시 구원과 인간화에 대한 선교학자들 간의 긴장관계를 잘 보여주고 있다. 이 두 사람의 논쟁 역시 앞서의 긴장처럼 교회를 초월한 그리스도의 해방운동과 이러한 인간화 운동을 과연 복음화 운동으로 볼 수 있느냐는 문제와 연관되어 있다.[97]

이보다 훨씬 오래 전 선교적 상황에서 등장한 '하나님의 선교'에 대한 이와 같은 신학적 해석과 실천의 두 차원은 오늘날에도 개인과 사회적 차원에서의 선교이해, 흔히 WCC 진영과 로잔 진영 혹은 복음주의와 에큐메니컬 진영의 선교이해로 구별되어 전개되고 있다.[98] 물론 통전적 선교신학의 등장으로 각 진영의 한계점이 점차 극복되고 있지만, 그 긴장관계는 여전히 남아 있다고 볼 수 있다.[99] 특히 한국의 상황에서 이러한 현상은 더욱 두드러진다. 복음주의 진영은 사회적 차원에서 발생하는 인간성 파괴의 현실을 소극적으로 다루면서 에큐메니컬 진영의 인간화 선교를 공격한다. 최근 한기총 일부 진영이 2013년 WCC 총회 개최를 저지하고자 벌이는 운동은 그에 대한 아주 구체적인 사례이다. 또 상대적으로 극히 일부이지만, 에큐메니컬 진영은 개인 차원에서의 회심을 강조하는 선교를 무시하는 경향을 보이면서 복음주의 진영의 이중적 신앙행태를 비판한다. 그러니까 양 진영 그리스도인들 사이의 이러한

Humanization," Gerald H. Anderson and Thomas F. Stransky, C.S.P. (ed.), *Mission Trends No. 1, Crucial Issues in Mission Today* (New York/Ramsey/Toronto: Paulist Press, 1974), 231~245. 바이어하우스를 '고백적 복음주의자'로 분류하는 것에 대해서 다음을 참조하라. W. Künneth·P. Beyerhaus (Hg.), *Reich Gottes oder Weltgemeinschaft?* (Bad Liebenzell: Verlag der Liebenzeller Mission, 1975), 307f.

96) Peter Beyerhaus, *Missions: Which Way?*, 91ff.

97) 참조하라. M. M. Thomas and Lesslie Newbigin, "Salvation and Humanization: A Discussion," *Mission Trends No. 1*, 217~229.

98) Missio Dei의 기원과 의미에 대해서 다음을 참조하라. 김은수, 「현대선교의 흐름과 주제」 (서울: 대한기독교서회, 2001), 127~142.

99) 참조하라, Karl Müller, 김영동·김은수·박영환 역, 「현대선교신학」 (서울: 한들출판사, 1997), 113~115.

상호 비판은 **차원만 다르지 본질적으로 같은** 그 중요한 선교적 가치에도 불구하고, 전체 그리스도인 선교의 효율성을 떨어뜨리고 있다.[100] 가뜩이나 사회로부터 교회에 대한 비판이 비등하고 복합적인 가운데 선교이해의 **다른 차원**에서 발생하는 이러한 대립과 갈등은 세계선교의 모델을 제시하고, 한국 선교를 책임져야 할 그리스도인의 자세가 아니다.

이러한 상황에서 이 글은 구원과 인간화의 통전성, 그러니까 복음주의 진영과 에큐메니컬 진영의 상호 보완적 또는 "상호 의존(interdependence)"의 선교실천에 주목하면서,[101] 칼 바르트의 "하나님의 인간성"과 한국 그리스도인의 인간성 불일치 문제를 극복하기 위한 선교학적 기초를 마련하는 데 그 목적이 있다.[102] 이것을 위해 우리는 먼저 한국의 그리스도인들이 사회로부터 받는 비판의 유형과 성격을 분석할 필요가 있다. 양 진영은 "하나님의 인간성"을 드러내기 위해 파송받은 존재이기 때문에 그 비판의 내용과 성격을 밝힘으로써 내부의 누구를 탓할 것이 아니라 스스로를 우선적으로 반성하고, 사회로부터 받는 비판을 공동으로 극복하려는 선교일치로 나아갈 수 있기 때문이다. 다음으로 우리는, 그렇지만 이것이 양자 사이의 단순한 대화와 화해 그리고 협력만이 아니라,[103] 그리스도교 안팎의 비인간화 도전 앞에서 불완전한 존재라는 공동의 자기반성과 상호 의존적 선교실천, 즉 구원과 인간화의 통전성을 통해서만 극복될 수 있음을 제시할 것이다.

---

100) 복음주의와 에큐메니컬 양 진영의 대립과 갈등의 역사에 대해서 다음을 참조하라. 한국일, 「세계를 품는 교회. 통전적 선교신학」(서울: 장로회신학대학교 출판사, 2010), 19~32.

101) C. Rene Padilla, 홍인식 역, 「통전적 선교」(서울: 나눔사, 1994), 163. 이 용어는 파딜랴에 의해 빈부와 문화차이에서 오는, 주는 교회와 받는 교회 사이의 상호이해를 위해 사용된 개념이다. 이것은 같은 그리스도인들로서 복음주의 진영과 에큐메니컬 진영 사이의 관계에도 적용될 수 있다. 이 밖에도 다음을 참조하라. 이후천, 「현대 선교학의 이슈들」(서울: 대한기독교서회, 2008), 15, 각주 5.

102) 참조하라, Karl Barth, *The Humanity of God* (Louisville: Westminster John Knox Press, 1960).

103) 참조하라, 한국일, 「세계를 품는 교회. 통전적 선교신학」, 37. "대립이 아닌 대화는 서로의 선교개념을 보완하고 강화시켜 세계선교의 사명을 온전히 수행해야 할 것이다."

2. 칼 바르트의 "하나님의 인간성"과 한국 그리스도인의 인간성 이해

1) 칼 바르트의 "하나님의 인간성"

인간성을 의미하는 영어 단어는 세 가지이다. character와 personality 그리고 humanity가 그것이다. character는 개인이나 민족의 성격을 나타내는데, 한 개인의 성격이 타인이나 세계와의 관계 속에서 결정된다는 뜻이 내포되어 있다. personality는 character와 비슷하지만 그보다는 좀더 좁은 의미에서 사람됨이나 인격을 뜻한다.[104] 이에 비해서 humanity는 보다 철학적이고 신학적인 개념으로서 공동체적인 성격을 지닌다.

휴머니티는 휴머니즘과 연관이 있는 용어인데, 여기에는 여러 가지 수식어가 따른다. 사회주의적 휴머니즘, 실존주의적 휴머니즘 그리고 기독교 휴머니즘과 같은 것들이다. 이 가운데 사회주의적 휴머니즘은 정치, 경제적 차원에서 인간과 인간 사이라는 공동체의 비인간적인 문제를 다루고 있다. 그리고 실존주의적 휴머니즘은 물질적 조건이 아니라, 비인간적인 현실 속에서 개인의 "자유로운 선택과 정신적 이상"이 인류의 중요한 미래를 결정짓는다는 인간 중심적인 입장을 가진다.[105] 이 둘 사이에는 무신론적이라는 공통점에도 불구하고 비인간화의 해결을 둘러싸고 상당한 긴장이 존재한다. 전자가 그 해결점으로서 사회혁명을 주장하는 데 비해서 후자는 개인의 자유에 입각한 책임을 강조하기 때문이다.[106]

이와 같은 실존주의와 마르크스주의적 휴머니즘의 긴장을 넘어서는 또 다른 휴머니즘은 앙드레 비엘레(André Biéler)가 해석하는 바에 따라 칼빈의 "신학적·사회적 휴머니즘(Un humanisme théologique et social)"이라고 할 수 있다.[107] 이것은 한마디로 하면 신학과 인간학의 통전적 휴머니즘이다. 비엘레

---

104) Richard Sennett, 조용 역, 「신자유주의와 인간성의 파괴」(서울: 문예출판사, 2002), 11.
105) George Novack, 김영숙 역, 「실존과 혁명―실존주의와 맑스주의의 휴머니즘 논쟁사」(서울: 한울, 1983), 51.
106) 앞의 책, 49~56.
107) André Biéler, 박성원 역, 「칼빈의 사회적 휴머니즘―칼빈의 경제신학」(서울: 대한기독교서회, 2003), 27.

는 칼빈에게서 '급진적 비관주의'를 발견하게 되는데, 여기에 따르면, 인간에 의한 인간이해와 하나님에 의한 인간이해로 나누어질 수 있다. 인간의 이성은 인간과 사회에 대한 지식을 얻는 데 한계가 있고 하나님께로부터만 하나님 자신에 대한 이해와 인간에 대한 지식을 얻을 수 있다.[108] 그래서 하나님께서는 말씀을 통해서 그리고 독생자 예수 그리스도를 보내심으로써 이러한 능력을 보여주신다는 것이다. 이때 하나님께서는 인간에게 인간이 처음부터 하나님의 목적 안에 있다는 것, 현재의 인간이 처음의 모습과 어떻게 다르게 본질을 잃고 있는지, 이렇게 변질된 인간성을 예수 그리스도를 통해 어떻게 회복할 것인지, 인간성을 회복한 인간이 세상에서 어떻게 될 것인지, 그리고 인간성이 완전히 새롭게 완성되었을 때 인간의 존재모습과 종말에 관한 것들이 계시된다는 것이다.[109] 그렇기 때문에 인간은 "오직 창조주에게 속해 있을 때만이 인간이 되는 것이다. 인간은 오직 하나님의 종이었을 때만이 자유롭다. 인간은 그가 하나님의 자유에 참여했을 때만이 진정한 자유를 즐길 수 있다. 또한 그는 오직 하나님께 복종하는 자로 남아 있음으로써 하나님의 자유에 참여하게 된다."는 것이다.[110]

그러나 인간은 바로 이 "하나님 밖에서의 자유를 추구함으로써" 타락하게 된다고 한다.[111] 이 점에서 비엘레는 칼빈에게서 비관주의 이상의 것을 발견하게 된다. 그것은 우리들 인간이 "인간들 속에 또 다른 사람"으로서 예수 그리스도라는 "완전한 표상", "진정한 인간, 온전히 자유로운 인간, 완전한 인간성을 소유한 인간"을 만남으로써 역동적인 인간의 모습을 되찾을 수 있다는 희망이 있다는 것이다.[112] 여기에서 칼빈의 신학적 휴머니즘은 사회적 휴머니즘의 첨가된 수식어를 획득하게 되는데, 그것은 인간이 "본래 다른 인간과 함께 벗하며 살아갈 때에만 진정으로 인간"일 수 있다는 점을 밝히고 있기 때

---

108) 위의 책, 28.
109) 위의 책, 28f.
110) 위의 책, 30.
111) 같은 곳.
112) 위의 책, 31.

문이다.113) 그래서 인간은 다른 인간과의 관계를 통해 사회를 형성하게 되지만, 사회적 관계가 왜곡되고 타락해 있으면 부부, 가족, 교회, 국가와 같은 사회의 각기 다양한 존재양식이 회복되는 것을 추구해야 한다는 것이다.114)

칼빈의 이러한 신학적이고 사회적인 휴머니즘은 칼 바르트의 "하나님의 인간성"을 이해하는 중요한 기초를 제공해 준다. 바르트의 "하나님의 인간성"은 1956년 9월 25일 아라우(Aarau)에서 열린 스위스 개혁교회 목회자연합회 모임에서 행한 강연의 제목이다. 여기에서 바르트는 인간성에 대한 이해를 기독론적 관점에서 전개시킨다. 그는 이 글에서 일종의 신학적 방향전환(Wendung)을 꾀하는데, 이전에는 하나님을 인간과는 "완전히 다른(wholly other)" 분으로 분리시키고, 추상화하며, 절대시하고, 인간과 적대적인 관계에 있는 분으로 이해했다는 것이다.115) 하지만 바르트는 이제 전적 타자(ganz Andere)로서의 하나님인 인간과 절대적으로 분리되어 있고 관계가 없는 형이상학적 하나님이 아니라, 인간의 역사 속에 개입하시고 변화시키시며 화해하시는 하나님으로 전환시킨다.116) 결국 이러한 하나님과 인간의 관계적 모순은 예수 그리스도를 통해서 극복이 된다. 예수 그리스도야말로 "하나님의 참된 인간"이고, "인간의 참된 하나님"으로서 진정한 동반자요, 하나님의 인간성을 가장 잘 드러내는 존재이다.117) 이와 동시에 예수 그리스도는 "하나님과 인간 사이의 중재자요, 화해자로서 양쪽의 계시자"이시다.118)

이러한 맥락에서 바르트는 융엘과 마찬가지로 하나님만이 본질적인 실체이고 인간을 신의 단순한 기능으로 파악하는 신중심주의도, 신을 단지 하나의 기능으로 이해하는 인간중심주의도 비판한다.119) 따라서 바르트의 입장에서

---

113) 위의 책, 34ff.
114) 위의 책, 35ff.
115) Karl Barth, *The Humanity of God*, 45.
116) 참조하라, Eberhard Jüngel, *God as the Mystery of the World* (Edinburgh: T&T Clark, 1983), 37.
117) Karl Barth, *The Humanity of God*, 46. "예수 그리스도 안에는 하나님으로부터 인간의 분리나 인간으로부터 하나님의 분리는 존재하지 않는다. 오히려 예수 그리스도 안에서 우리는 하나님과 인간이 만나고 함께 존재하는 가운데 역사를 이루어 나가고 대화를 하는 것이다."
118) 위의 책, 47.
119) John Webster, "Eberhard Jüngel: The Humanity of God and the Humanity of Man," *Evangel* 2:2

보면, 세상에 그리스도께서 오신 것처럼 그리스도인은 세상 속에서 인간으로서 그 인간성을 드러내는 것이 아니라, 하나님의 인간성을 드러내기 위해 파송받은 자인 것이다. 왜냐하면 하나님의 신성 안에는 인간의 인간성이 포함되어 있기 때문이다.[120] 또한 하나님께서는 "참된 하나님이기 위해서 인간성의 배척이나, 어떤 비인간성도, 비인간성에 대해 말하는 것을 요구하지 않으신다."[121]

그러면 이러한 하나님의 인간성은 구체적으로 어디에서 발견할 수 있는가? 바르트는 성서가 예수 그리스도 안에 있는 참된 신성이 참된 인간성을 내포하고 있다는 것을 보여준다고 주장한다.[122] 그래서 성서에는 잃어버린 아들을 염려하는 아버지의 사랑(눅 15:11~32) 지불 불능에 빠진 채무자를 동정하는 왕(마 18:21~35), 노상에서 강도를 만나 피해를 입은 자에게 베푸는 사마리아인의 동정심과(눅 10:25~37) 같이 예기치 않은 자유로운 방식으로 인간을 돌보시는 하나님의 인간성이 드러나 있다고 강조한다. "하나님 나라의 비유로서 언급하고 있는 이 모든 비유에는 자비의 행위가 있다. 이 비유를 말씀하시는 바로 그분의 마음속에는 자신의 주변에 머물고 있는 사람들의 약점과 심술, 무력함과 비참이 함께 있는 것이다. 그분께서는 인간을 경멸하지 않고, 상상할 수 없는 방식으로 사람들을 있는 그대로의 모습으로 높이시며, 사람들이 존재하는 그 자리로 자신을 내려놓으신다."[123]

실제로 신약성서에 보면, 예수께서는 우리 인간처럼 마음이 너무 괴로워 외로움을 타시고(막 14:32~37), 배고픔을 느끼셨으며(마 4:2), 화를 내시기도 하였고(막 3:5), 탄식하셨으며(막 8:12), 극심한 고통으로 큰 소리를 지르기까지 하셨고(막 15:37), 하나님으로부터 버림받았다는 슬픔을 느끼셨으며(마 27:46), 얼마나 피곤하였는지 큰 광풍에도 불구하고 고물에서 베개를 베고 주

(1984/Spring), 4.
120) Karl Barth, *The Humanity of God*, 46.
121) 위의 책, 50.
122) 위의 책, 51.
123) 같은 곳.

무시기도 하였고(막 4:38), 어린아이들을 좋아하셨으며(막 9:36, 10:16), 받은 호의에 깊이 감사할 줄도 아셨다(막 14:3~9)는 것을 발견할 수 있다. 또한 감수성 강한 소년으로서 부모와 다소 이해의 차이가 있었으나 금방 관계를 회복하기도 하였고(눅 2:49~51), 오늘날 진취적이고 창조적인 젊은이들처럼 자신이 하려는 일을 가족들이 이해하지 못하는 일도 있었다(막 3:21, 31). 특히 가나안 여자와의 만남에서 일어난 이야기는 예수께서 얼마나 탄력적이고 융통성 있게 복음의 지평을 인간적으로 넓혔는지에 대한 좋은 사례라 볼 수 있다(마 15:21~28). 예수는 가나안 여인이 절망 끝에서 부르는 희망의 간청을, 그녀가 보여주는 그대로의 모습을 용인하고 구원을 베푸셨던 것이다.

한편 송기득은 「인간」이라는 저서를 통해서 예수의 소외계층을 위한 인간화의 투쟁 가운데는 '율법주의'가 있는데, 특히 안식일법과 정결법에 관한 것을 예로 들고 있다.[124] 송기득은 낮은 계층의 사람들이나 장애인들은 육체적인 이유와 직업의 이유 때문에 이 법을 지킬 수 없었는데, 이것이 인간을 오히려 '죄인'으로 만들었기에 이들 법은 비인간적인 법이라고 주장한다. 이런 이유에서 예수의 '기적이야기' 전승은 인간 회복을 위한 중요한 발걸음이라고 강조한다.[125] 이처럼 예수의 비유와 예수 자신의 직접적인 표현 그리고 기적 이야기 들은 모두 바르트가 말하는 "하나님의 인간성"을 드러내는 예수 그리스도의 인간적인 모습이라고 할 수 있다. 우리는 비록 바르트에게서 송기득이 말한 것처럼 특별히 소외된 계층을 돌보시는 하나님의 인간성에 대한 날카로운 고백이나, 철저한 계급의식을 가지고 소외계층을 분석함으로써 그리스도의 인간성이 미치는 영역을 제시하려는 모습을 발견하기는 어렵지만, 그리스도 중심적으로 무기력한 인간들에 대한 사랑을 균형적으로 보여주고 있음을 알 수 있다.

또한 바르트는 이 모든 하나님의 인간성을 체험하는 곳이 교회여야 한다고 그 영역을 제한하고 있다. 하지만 이것이 단순히 교회 영역을 제한하는 것이

---

124) 송기득, 「인간, 그리스도교 인간관에 대한 인간학적 해석」(서울: 한국신학연구소, 1974), 267ff.
125) 위의 책, 272.

아닌 것은 교회가 특별히 성령으로부터 세워진, 세상으로부터 정복당할 수 없다는 그의 믿음 때문이기도 하다. 이런 점에서 하나님께서 세상에 자신을 증거하기 위해 구성하고, 임명하며, 부르신 예수 그리스도를 통해 이루어진 공동체인 교회는 중요한 것이고, 바로 "우리(we)"가 교회라는 것이다.[126] 더 나아가 인간이 되신 하나님의 인간성이 인간을 불러내서 예배를 드리도록 하기 때문에 교회를 부끄러워할 수 없다고 한다. 교회는 좋든 나쁘든 하나님을 증거하는 공동체로서 귀하고 가치 있다는 것이다.[127] 따라서 바르트는 "인간성의 면류관이 있는 곳으로서 교회를 믿는다."라고 고백한다.[128] 교회 안에서 하나님의 인간성을 생각할 수 있고, 인정할 수 있으며, 축하하고, 증거하고, 즐길 수 있다는 것을 강조한다.[129] 이런 이유 때문에 바르트는 교회에 대한 비판이 어디까지나 교회가 교회답게 설 수 있도록 하는 또는 그 선교적 사명을 다할 수 있도록 모이고 섬기게 하는 의도 속에서 행해져야 한다고 주장한다. "교회를 비판하는 세상은 구원에 있어서 필수적인 교회의 실재와 기능을 살리게 하는 통찰에서 나온 것인 한에서만 의미 있고 유익한 것이다. 비판은 교인들을 모이게 하고 발전시키며 선교를 위해 섬기려는 의도를 가지고 행해져야 한다."[130]

우리는 지금까지 바르트의 그리스도 중심적이고 교회 중심적인 인간성에 대해 살펴보았다. 여기에 따르면 그리스도인의 인간성은 예수 그리스도가 사람들에게 행한 것처럼 어려움에 빠진 이웃과 가난한 이들에 대한 동정 그리고 병자들에 대한 치유, 부정의에 대한 분노 등과 같이 약자들에 대한 인간적인 배려가 개인구원의 차원과 사회구원의 양 차원에서 균형적으로 나타나는 것을 볼 수 있다. 이제 우리는 이러한 그리스도교의 인간성 이해를 가지고 한국 그리스도인의 인간성에 대한 평가를 분석해 보아야 하겠다.

---

126) Karl Barth, *The Humanity of God*, 63.
127) 위의 책, 64.
128) 위의 책, 65.
129) 같은 곳.
130) 위의 책, 63.

2) 한국 그리스도인의 인간성에 대한 평가와 성격

바르트의 말을 정리하자면, 하나님께서 인간적이었고, 예수 그리스도가 인간적이었으며, 성서가 이것을 증언하고 있으므로 그리스도인 역시 인간적이어야 한다는 말이다. 따라서 그리스도인은 바로 하나님의 인간성을 드러내기 위해서 파송받은 자라는 것이다. 그러면 한국의 그리스도인은 얼마나 인간적인가? 하나님의 인간성을 드러내는 선교사로서 과연 사명의식이 있기나 한 것인가? 흥미로운 사실은 공교롭게도 한국의 상황에서 한국 그리스도인의 인간성은 바로 앞서 바르트의 그리스도 중심적이고 교회 중심적인 그리스도인 모습 때문에 부정적으로 평가받고 있다는 사실이다. 바르트가 "하나님의 인간성"에서 강조하는 것처럼 하나님의 인간성을 드러내기 위해 파송받은 자라는 훌륭한 선교학적 원리에도 불구하고 한국의 그리스도인들이 사회로부터 배타주의와 교회성장만을 추구한다는 비판에 직면해 있는 이유는 무엇일까? 이것은 전적으로 **그리스도인으로서 스스로 자기 본성과 사명에 충실하도록 도와주는 "하나님의 인간성"이 결여되었기 때문**이라고 볼 수 있다.

이것을 이해하기 위해서 우리는 먼저 교회 또는 그리스도인에 대해 비판하는 유형을 몇 가지로 정리해 보고자 한다. 한국 그리스도인의 인간성에 대한 평가는 그리스도교 내·외부로부터 나타나는데, 첫째로, 세계를 떠들썩하게 한 2007년 7월 아프가니스탄 피랍사건으로 한국교회의 선교문제가 일반 대중에게 커다란 충격을 준 문제는 차치하고, 최소한 2007년 12월 흔히 소망교회 장로로 표현되는 이명박 대통령의 당선 이후 2년 반 동안 교계 언론을 제외한 일반 언론사에 비친 교회의 모습 가운데 대표적인 것만을 추리더라도 다음과 같다. "고소영(고려대, 소망교회, 영남)" 내각이라는 비판의 연장선에서 2008년 8월 27일 종교차별에 관한 범불교도대회가 서울 시청광장에서 개최되었다. 그리고 흔히 "목사의 두 얼굴"이라는 제하의 사건기사가 여럿 등장하는데, 목사의 성추행이나 성폭행과 관련이 있다. 교회재산과 관련된 분쟁에 관한 건 또한 여럿 발생한다. 공격적인 전도 방식에 대한 비판도 있다. 여기에는 교회의 부정적인 모습만이 나타나는데, 대체로 그리스도인들의 비인간적이고 비인격적인 실제 사건을 중심으로 한 것들로서 선교에 막대한 피해를 줄 수 있는 것들이다.

둘째로, 인터넷 온라인과 오프라인을 통하여 적극적으로 교회를 반대하기 위하여 2003년 등장한 반기독교시민운동연합(반기련)과 같은 극단적 단체들의 이념적인 비판이 있다.[131] 그들 조직은 설립 취지로 기독교가 "다른 종교와 사상을 이단으로 매도하고 자신들만이 진리라고 하는 배타성"에서 비롯된 "기독교의 폐단"을 들고 있다.[132] 그들은 "기독교 박멸"을 목표로 삼고 있다.[133] 이들 가운데에는 일부이지만 사회참여에 적극적인 에큐메니컬 진영조차 문제시하는 것을 볼 수 있다. "내가 근본주의적인 기독교뿐만 아니라 사회적으로 별 문제를 일으키지 않는 천주교를 비롯해서 진보적이라는 기독교까지 비판하고 반대하는 이유는, 양심의 자유를 불허해야 한다는 관념이 교파를 초월한 기독교의 공통점이라고 보기 때문이다."[134] 이들의 반기독교 운동의 이론과 활동은 매우 철학적이고 교리적으로 훈련된 논리들로 가득 차 있는 것을 볼 수 있다. 이들은 이념적으로 철저하게 무장되어 있기 때문에 교회와 선교에 커다란 도전이 되고 있다.

셋째로, 교회와 목회자 그리고 교인들에 대한 그리스도인 스스로의 자기비판이 있다. 여기에는 잘 알려진 인터넷 사이트 www.newsnjoy.co.kr가 있는가 하면, 수많은 교회 비판 서적들이 있다. 대체로 배타적 개교회주의, 교파주의, 술 담배 문제, 성전건축, 무분별한 선교정책, 기복신앙, 헌금강요 등을 문

---

131) 참조하라, 김영동, "반(反)기독교 운동의 도전과 선교,"「1910년 에딘버러 세계선교사대회 100주년 기념 2010 한국대회」 60~76. 여기에는 반기독교 사이트들의 주소와 그들의 활동 목표, 내용과 경향 그리고 반기독교운동이 기독교를 비판하는 이유들에 대한 자세한 정보가 분석되어 있다.

132) http://www.antichrist.or.kr/bbs/board.php?bo_table=faq&wr_id=514

133) 김영동, "반(反)기독교 운동의 도전과 선교," 65. 그러나 그들의 입장은 그 단체 내에서도 매우 다양하며, 기독교의 '괴멸'이 목적인지는 아직 정해진 바가 없다고 주장한다. "안티 활동이라는 것은 다른 원인을 가졌을지도 모르는 개인의 문제점을 기독교 탓으로 돌리기보다는 기독교 집단 전체의 어떤 성향과 행동, 양태, 그리고 그런 모습을 갖게 하는 근저에 놓인 기독교적 사상들의 문제점과 기독교인의 공통적인 특성을 지적하는 것에 더 포커스를 맞추고 있고, 그러한 방향으로 나아가야 한다고 저희는 생각합니다. 그러한 최종의 목적이 현실적인 기독교 집단의 반성을 촉구하는 것인지, 혹은 기독교 집단의 최종적인 붕괴나 괴멸인지 그것은 사실 정해지지 않았습니다"(http://www.antichrist.or.kr/bbs/board.php?bo_table=faq&wr_id=514).

134) http://www.antichrist.or.kr/bbs/board.php?bo_table=faq&wr_id=515

제삼고 있다.[135] 또한 최근에는 "명목상 기독교인"도 "현대 사회 선교의 대상"에 포함시키기도 하는데, "1998년에는 약 17.6%, 2004년에는 18.6%로 증가"하는 것처럼 날로 늘어나는 추세를 염려하기도 한다.[136] 게다가 교회성장론 역시 "성장 이데올로기" 혹은 "성장병"으로 비판의 대상이 되기도 한다. 그리고 복음주의 정신의 문화와 교육기관 그리고 신학의 반지성적 성향을 비판하기도 한다. 이것들은 주로 해외에서 이미 비판한 내용들인데, 번역서로 소개되어 신학적 자기반성의 근거가 되기도 한다.[137]

그런데 한국 그리스도인에 대한 이 모든 직·간접적 비판의 차원이 과연 한국 그리스도인의 인간성을 비판하는 것과 동일시될 수 있느냐는 물음에 논의의 여지가 있다. 하지만 적어도 이러한 거센 비판의 내용이 한국 그리스도인의 인간성을 평가할 수 있는 충분한 소재인 것만은 틀림없다. 그리고 그 비판의 성격은 한마디로 말해서 교회 곧 그리스도인의 인간성이 사명과 본질에 충실하지 못하다는 것이다. 물론 여기에는 에큐메니컬 진영도 절대로 자유하지 못하다. 정치문제와 국제적인 이슈와 같은 거대담론에 치중한 나머지 그리스도인 내부, 자기 자신에 대한 자기반성에 있어서 주도적이지 못하기 때문이다. 한 예를 우리는 김상근의 글에서 발견할 수 있다. 그는 "이슬람포비아에 대한 선교신학적 성찰"이라는 글에서 이슬람포비아가 한국교회에 만연되던 2008년 하반기 이후 당시 "제동을 건 단체나 기관은 진보적인 선교단체나 이른바 '에큐메니컬 진영'의 선교학회가 아니라, 복음주의 계열의 교회 단체나 언론기관이었다."라고 지적하고 있다.[138]

이처럼 그리스도교 내·외부의 비판은 거대담론을 하지 않기 때문에 발생하는 것이 아니라, 주로 교회 내부 또는 그리스도인 자신으로부터 발생한 것임을 알 수 있다. 여기에서 한국 그리스도인의 인간성에 대한 평가의 성격은

---

135) 참조하라, 조엘 박, 「맞아죽을 각오로 쓴 한국교회 비판」(서울: 박스북스, 2008).
136) 남정우, "현대 사회 선교의 대상: 명목상 기독교인에 대한 연구," 「1910년 에딘버러 세계선교사대회 100주년 기념 2010 한국대회」, 137.
137) 참조하라, Mark A. Noll, 이승학 역, 「복음주의 지성의 스캔들」(서울: 엠마오, 1996); R. Hudnut, 이광순 역, 「성장제일주의 비판」(서울: 한국장로교출판사, 1996).
138) 김상근, "이슬람포비아에 대한 선교신학적 성찰," 「선교신학」 제21집 (2009), 178.

모든 문제가 결국 **다분히 그리스도인 스스로가 양산한 것임**을 규정할 수 있다. 일단의 그리스도인에 대한 내·외부 비판의 기저에는 한국 그리스도인 스스로가 그리스도인으로서의 자세와 본질 그리고 사명에 충실하지 못하여서 발생한 문제들이라는 것이다. 특별히 배타주의와 교회성장을 위한 모든 방법의 추구가 그리스도중심주의와 교회중심주의로부터 나타난 현상이라는 것을 쉽게 추론할 수 있는바, 이것은 한국 그리스도인의 인간성을 이해하는 독특한 특징이기도 하다.

여기서 문제는 앞서 바르트의 "하나님의 인간성"에서 보았듯이 그리스도중심주의와 교회중심주의가 하나님의 인간성을 표현하는 중요한 그리스도인의 자세임에도 불구하고, 왜 한국의 상황에서는 한국 그리스도인들이 바로 이 문제 때문에 배타주의와 교회중심적이라는 비판을 받느냐는 것이다. 다시 묻자면, 1950년대 서유럽의 상황에서 바르트의 그리스도 중심적이고 교회중심적인 입장을 근거로 전개된 "하나님의 인간성"이 왜 한국의 선교적 상황에서는 사회적 비판의 원인으로 작용하는가? 여기에 대한 대답을 구하는 것은 쉽지 않다. 다만 기독교 왕국으로서 서유럽의 선교적 과제가 1차, 2차 세계대전을 경험하면서 세속화에 대한 도전으로부터의 교회의 역할과 기능에 초점이 있기 때문에 바르트의 입장이 환영받을 수 있었지만, 한국의 선교적 상황에서 선교적 과제는 다종교적 상황과 물질적으로 가난한 현실 속에서 복음을 받아들이는 태도가 다르게 반영되었기 때문이라고만 추론할 수 있겠다. 그리스도교가 기복종교라는 대표적인 비판도 이와 무관하지 않다. 이에 대한 대답의 단서를 우리는 2차원적 세계관과 3차원적 세계관의 차이에서 찾을 수 있는데, 이 문제는 우리의 논의 밖에 있다.[139]

다른 또 하나의 문제는 한국 그리스도인의 인간성이 비판적으로 의심받고 있는 상황에서 한국의 그리스도인이 스스로 내리게 될 결단 혹은 그 비판들에

---

139) 참조하라, P. Hiebert, 홍병룡 역, 「21세기 선교와 세계관의 변화」 (서울: 복있는사람, 2010). 여기에 근거해 볼 때, 서구의 이원론적 세계관이 한국의 삼차원적 세계관에 올바로 적용되지 못해서 나타나는 결과가 아닌가 하고 추론할 뿐이다.

대한 결과가 어떻게 되겠느냐는 것이다. 앞서 언급한 세계관의 이슈와 관련하여 이 문제를 접근하면, 복음과 삶이 일치하지 못할 때 한국의 그리스도인들이 다른 종교를 선택할 수도 있고, 비그리스도인들도 그리스도교를 선택하지 않을 수 있다는 것이다.140) 이것은 그리스도교의 세계관이 현재 직면하고 있는 사회로부터의 비판을 한국인에게 더는 적절하게 해명하지도 못할 뿐더러 부정적으로 인식되기 때문이고, 결국 그러한 공동체에 합류되기를 바라지 않기 때문이다. 고대로부터 진행된 한국의 다종교적 상황은 바로 이러한 상황에 적절하게 대응하지 못한 종교들로부터 전개된 것이다.141) 어쨌든 이제 우리는 서구 신학에서의 인간성 이해와 한국 그리스도인의 인간성이 부정적으로 평가받는 불일치 상황에서 그 모든 **비판받는 이유가 내부에 있기 때문에 어떻게 구원과 인간화의 통전성을 통해 이것을 극복할 수 있는지** 선교학적으로 성찰해야 한다. 그렇지 못하면 한국 그리스도인 스스로가 혹은 비그리스도교 한국인들이 다른 대안을 찾게 될까 염려되기 때문이기도 하다.

3. 구원과 인간화의 통전성에 대한 선교학적 성찰과 과제

1) 구원과 인간화의 통전성에 대한 선교학적 성찰

지금까지 살펴본 바에 따르면, 두 가지로 정리된다. 하나는, 서구에서 올바르게 정리된 신학적 진술이 한국에서는 부정적 평가의 근거가 된다는 것이다. 다른 하나는, 바로 그렇기 때문에 비판의 원인을 제공하는 것은 외부가 아니라, 내부에 있다는 것이다. 이처럼 문제가 내부에 있음에도 불구하고, 복음주의 진영과 에큐메니컬 진영이 분리되어 서로 다른 방향으로 활동하고, 동시에 상대방을 향해 지적하는 형세인 것이다. 따라서 어떤 진영이든지 우리 내부에

---

140) 참조하라, P. G. Hiebert·E. Hiebert Meneses, 안영권·이대헌 역, 「성육신적 선교사역. 교회사역을 위한 선교현장 이해」 (서울: 기독교문서선교회, 1998), 46; Hiebert, 「21세기 선교와 세계관의 변화」, 607f.
141) 참조하라, 유동식, 「한국종교와 기독교」(서울: 대한기독교서회, 1965), 13; 이후천, 「현대 선교학의 이슈들」, 162.

있는 공동으로 책임져야 할 문제의 근원을 치유하지 않으면, 밖을 향해서 전개되는 어떤 운동이든 그 골과 틈은 더욱 깊어지고 벌어질 수밖에 없다. 여기서 우리는 이 문제에 접근하기 위해서 먼저 선교학 자체의 방향, 다음으로 선교이해에 대한 새로운 성찰을 시도하려고 한다.

먼저, 선교학은 그리스도인들이 하나님의 인간성을 드러내기 위해 파송을 받았다는 의미에서 어떻게 그 인간주의적 성격을 드러낼 수 있겠는지를 고민해야 한다. 신학 내의 다른 학과목처럼 선교학도 언제나 현재의 선교 상황과 대면해야 한다는 것은 기본명제이다. 그렇기 때문에 선교학이 아카데믹성을 강조하여 변화된 시대 상황에 대한 적절한 반영 혹은 성찰을 능동적으로 하지 않는다면 선교학의 무책임성을 드러낼 수밖에 없다. 이와 동시에 시대의 주제를 지나치게 반영하는 것도 경계해야 한다. 어떤 경우이든 선교학은 현재의 선교적 상황 속에서 긴장을 유지하며 균형 있는 성찰을 제공해야 하기 때문이다. 예컨대 오늘날 한국의 선교적 상황은 과거와는 전혀 다른 지역문화의 환경에 둘러싸여 있다. 과거 직접적 대면 문화와 단층가옥 구조 속에서 형성되고 수입된 선교학의 전략적 정체성은 오늘날 한국의 고층복합주거단지와 유비쿼터스 시대에 적절할 수 없다.

이 점에서 선교학의 전략적 방향성에 대한 새로운 논구가 필요하다. 선교적 상황에 대한 새로운 이해와 접근이 요구되기 때문이다. 가장 중요하고도 새로운 접근의 필요성은 **선교하는 사람들에 대한 이해**로부터 시작된다. 기독교 선교의 관점에서 인간성의 문제는 타락한 인간이 어떻게 그리스도를 통하여 새로워질 수 있겠느냐는 문제와 연관되어 있다. 이런 관점에서 지금까지 선교의 문제는 주로 비그리스도인에게 초점이 맞춰져 있었다. 그리스도인은 성도였고, 거룩하며, 구원받은 하나님의 백성이었다. 그리스도인은 언제나 타자를 위한 그리고 세상을 위한 선교의 주체였고, 이미 믿음으로 구원받은 존재였다.[142] 이에 비해서 비그리스도인은 타락하였고, 구원의 대상이며, 선

---

142) 참조하라, Ökumenischer Rat der Kirchen (Hg.), *Die Kirche für andere und die Kirche für die Welt*(Genf: ÖRK, 1967).

교의 객체였다. 세상을 위한 신학적 패러다임이 진보적으로 세상과 함께하는 교회라는 패러다임으로 전환되었을지라도 그것의 주체는 그리스도인 공동체였다. 교회는 항상 올바른 윤리적 행동과 해석의 중심적인 역할을 수행하여야 했다. 그렇기 때문에 타자가 수행한 행동과 해석의 수용은 바로 그리스도인의 기준에 적합해야 했다. 또한 타자의 행동과 인식방법이 고려되더라도, 그것이 교회공동체의 전통 속에서 수용 가능한지의 기준을 벗어나서는 안 되었다. 말하자면 복음을 전하는 이의 구원 문제는 사실상 크게 문제시되지 않았던 것이다. 그에 대한 검증절차나 체계는 존재하지 않았던 것이 사실이다.

그러다가 이제는 바로 그리스도인 자체가 문제가 되었다. 그리스도인의 인간성, 특히 한국 그리스도인의 인간성이 문제시되는 상황에 도달한 것이다. "하나님의 인간성"이 교회와 그리스도인의 선교를 통해서 쉽게 드러나지 않는 심각한 지경이 된 것이다. 한마디로 과거에는 비그리스도인의 인간성이 문제였지만, 이제는 그리스도인의 인간성이 문제가 된 것이다. 그리스도인 바로 자신이 세상에서 소금과 빛의 사명을 다하지 못하고, 자신을 속이며, 하나님의 말씀에 불순종하여 이중적인, 그야말로 비인간적인 행동과 해석이 문제가 되고 있는 것이다. 말하자면 해외에서건, 자신이 현재 거처하는 삶의 자리에서건, 개인의 인격으로서의 인간성과 사회·경제적 차원에서의 인간성이 이중적인 형태로 노출되고 사건화됨으로써 발생하는 비인간화의 문제로 선교에 장애가 되고 있다는 말이다. 가정에서는 따뜻하고 좋은 아버지가 바깥에서는 불법과 폭력의 옹호자 또는 방관자가 되는 경우처럼 교회 내에서 거룩한 성도가 사회에서는 불의의 집행자가 됨으로써 인류의 존엄성과 개인의 품위 자체를 잃을 뿐만 아니라, 선교사역에 문제가 된다는 것이다.

바로 이 점에서 구원과 인간화의 통전성에 대한 필요성이 한층 증대된다. 그러니까 복음주의 진영은 타인의 개인구원이 아니라, 스스로 자기 구원을 하는 과정 속에서 사회적 차원으로 그 지평을 넓혀가는 것이 필요하고, 에큐메니컬 진영은 사회적 차원에서의 인간화의 과제에 주목하고 관심하면서 자신을 되돌아보는 과정, 즉 자신을 성화시켜 가는 과정이 절대적으로 필요하다는 것이다. 여기에 양 진영이 상대방에 대한 지적이나, 다른 방향으로 진행되는 전략적 정체성의 틈이란 존재하지 않는다. 물론 여기에서 그리스도인과 비그리스도인을 날카롭게 구별하여 그리스도인은 자기 구원에 이미 성공한 사람, 비그리스도인은 구원받아야 마땅한 사람이므로 선교의 대상으로 삼는 모순된 태도도 극복된다. 선교학이 이러한 자신의 문제에 눈을 뜨고 새로운 과제에 복무할 때, 비로소 선교학 자신의 인간적인 측면을 드러낼 수 있을 것이다.

이때 구원과 인간화의 통전성이라는 선교학의 전략적 정체성에 대한 새로운 접근 방법은 선교에 대한 새로운 이해로 나아가게 된다. 선교하는 사람과 선교대상을 이원론적으로 구분하는 태도는 자신은 완벽하고 다른 사람은 부족하다는 전제에서 출발한다. 그렇기 때문에 우리가 앞서 바르트의 "하나님의 인간성"에서 보았듯이 그리스도인은 모름지기 예수 그리스도로 귀결되는 하나님의 인간성을 드러내기 위해 세상에 파송받은 자이므로 스스로 자신의 부족한 점을 고백해야 한다. 바로 이런 관점에서 선교란 자기 자신을 구원하면서 어떻게 이웃에게 그리스도인의 인간성을 보여줄 것이냐의 문제로 새롭게 이해해야 한다는 것이다. 이것은 선교에 대하여 복음은 좋은 것이기 때문에 지리적 또는 문화적 장벽을 넘어서 비그리스도인에게 전달해 줘야 한다는 일방적인 선교이해를 지양하고, 변화된 상황과 시대뿐 아니라, 그리스도인 스스로에 대한 자기 정체성의 본질적인 물음에서 다시 출발해야 한다는 것이다. 이것이 하나님의 인간성을 드러내는 그리스도인의 선교인 것이다. 말하자면 하나님께서 예수 그리스도가 되시는 성육신의 과정처럼 교회와 그리스도인 스스로 인간이 되지 못하면서 다른 사람을 구원하겠다고 나서는 것이 어떻게 가능하냐는 것이다.

이 때문에 교회 안팎으로부터 비판과 함께 선교의 위기가 왔고, 구원과 인간화의 통전성에 대한 문제가 제기되는 것이다. 이와 관련하여 그리스도인이 어떻게 인간적일 수 있느냐라는 중요한 주제를 다루고 있는 데이비드 거쉬(David Gushee)의 저서 「인간적인 그리고 인간적인」은 우리에게 훌륭한 통찰력을 제공한다. 그는 기독교 전통 속에서 인생여정을 걸어가는 데 필요한 것이 무엇인지를 성찰하고 있다. 그는 그리스도인으로서 인생여정을 성공적으로 마치기 위해서는 네 가지를 알아야 하는데, "어디로 가고 있는지", "그 목적지에 도달하기 위한 주의사항이 무엇이지", "그 길을 가면서 만날지 모르는 위험과 도전", 그리고 "자신의 장비가 그 임무를 감당할 수 있는지"의 여부에 대해서다. 여기서 그는 그 장비가 바로 "인간성(human nature)"이라고 말한다.[143] 그에 따르면, 전통적인 기독교 신앙에서 인생여정은 하나님의 형상대로 지음 받은 인간의 창조에서 시작된다. 그런데 이 인간에게 죄가 나타나게 되었고, 하나님의 심판 아래 놓이게 되었다는 것이다. 하지만 구속의 가능성도 동시에 존재한다는 것이다. 이러한 인생여정에는 두 갈래의 길이 존재한다고 한다. 하나는 다머와 히틀러와 같은 죄악의 길이고, 다른 하나는 테레사와 윌버포스와 같은 전인성에 이르는 길이다.[144] 그는 이때 예수 그리스도가 하나님의 형상을 회복시키시는데, 하나님의 소망과 하나님의 꿈이 인간의 것이 될 때, 거기에 "참된 전인성"이 일어난다고 주장한다.[145] 여기에서 중요한 것은 예수 그리스도가 하나님의 형상을 완전하게 회복시키시는 분이기 때문에 "그리스도인은 완전한 것이 아니라, 용서받았을 따름"이라는 인식을 가져야 한다는 것이다.[146]

이처럼 그리스도인은 불완전하다는 인식이 필요하다. 특별히 선교사로서 부름 받은 교회와 모든 그리스도인은 자신의 부족함을 인식하면서 선교를 통해 이루어지는 성화를 위해 인간성이라는 장비를 어떻게 다듬어야 할지 성찰해야 한다. 이때 성서가 제시하는 십자가와 성육신 그리고 약함은 그리스도 중심의 배타성과 교회 중심적인 우월주의를 드러내지 않으면서 "하나님의 인간성"을 나타내기 위해 파송받은 선교사가 되려는 한국 그리스도인에게 중요한 선교지침이 될 수 있다.[147] 예수 그리스도의 십자가는 자기희생과 헌신에

---

143) David Gushee, 서원교 역, 「인간적인 그리고 인간적인. 성경은 인간에 대해 무엇을 말하는가」 (서울: 살림, 2008), 17.
144) 위의 책, 28.
145) 위의 책, 230f.
146) 위의 책, 162.
147) 참조하라, J. Bonk, 이후천 역, 「선교와 돈. 부자 선교사, 가난한 선교사」 (서울: 대한기독교서회, 2010).

대한 선교 모델이다. 예수 그리스도의 성육신은 자기포기와 자기부인을 통한 약자나 다른 문화와 함께 사는 인간성으로서 선교관계를 도와준다. 약함은 자기부족을 인정하고 회개하는 선교영성이다. 이렇게 자기반성에서 출발하여 점차 사회적 지평으로 확대시켜 선교이해를 실천하는 과정 속에서 "하나님의 인간성"이 드러나게 되고, 구원과 인간화의 통전성에 대한 상호이해 그리고 상호의존이 발생하는 것이다. 그러면 변화된 선교적 상황 속에서 상호의존을 더욱 깊게 할 수 있는 구체적 선교실천의 과제는 무엇인가?

2) 구원과 인간화의 통전성을 위한 과제

지금까지 어찌 보면 양 진영 사이의 불통은 극심하게 이해관계가 달린 문화, 종교, 정치, 경제 차원의 선교적 영역에서 이루어졌다고 볼 수 있다. 다종교상황에서의 선교이해와 양극화된 경제체제 속에서의 선교이해가 통전성을 가로막는 측면이 있다. 그렇기 때문에 여기서 이 영역에 대한 선교과제를 도출하려는 것은 큰 의미를 갖지 못한다. 또 하나의 논란거리를 낳을 수 있다. 따라서 그 대신에 변화된 상황 속에서 새로운 공동의 도전으로서 현재의 선교상황을 주시해 볼 때, 생태문제와 인터넷 상에서의 선교의 문제를 과제로서 설정하는 것이 필요해 보인다. 이 두 상황에서의 선교는 이념과 관계없이도 양 진영에서 공동이해와 상호의존적인 활동의 선례로서 가능하기 때문이다.

첫째로, 생태계 선교에 대한 상호의존의 공동사역 콘텐츠를 발굴해야 한다. 앞에서도 언급했지만 전통적인 선교이해는 사람과 사람 사이에서만 이루어졌기 때문에 복잡한 인간이해, 인간관계를 둘러싸고 소통이 쉽지 않았다. 이제는 사람과 사람의 관계 매개체로서 자연을 두고 소통의 시스템을 만들어야 한다. 왜냐하면 자연이야말로 함께 상처받은 양 진영이 치유되고, 하나님의 피조물이면서 인간이 함께 그 속에서 공존해야 하며, 공동으로 책임져야 할 모든 인류의 소중한 자산이기 때문이다. 따라서 우리는 물질문명이 진보를 이루어가는 가운데 상대적으로 퇴보해 가는 인간성과 자연의 파괴라는 도전 앞에서 "생태적 사고방식으로 부르는 유기체적 사고"를 통해 구원과 인간화

의 통전성을 발견해야 할 것이다.[148]

여기에 대한 김선일의 글은 좋은 사례이다. 그의 논지는 복음주의적인 관점 아래 현대사회의 환경파괴라는 위기 상황 속에서 "세상과 인간을 보는 패러다임의 전환"에 주목하며 생태적 사고를 통해 어떻게 선교와 전도사역을 재구성할 수 있는지 진단하려고 한다.[149] 이를 위해 그는 "자연 정복 사상"과 "자연 숭배 사상" 그리고 "자연 친화 사상"을 비교 검토하면서 "선교가 교회의 세상을 향한 총체적인 사역이라면 복음 전도는 선교의 통합적 위치에서 인간의 근본적 변화를 추구"하는 것이라는 스코트 존스(Scott Jones)의 말을 빌려 "복음 전도와 생태적 사고의 관계"를 진술한다.[150] 이러한 맥락에서 그는 생태적 사고란 "모든 사물을 서로 연관된 체계로 이해"하는 것으로 정의하면서 인간의 발달이나 회심 및 복음 전도조차 "미시체계", "중간체계", "외부체계", "거시체계"로 그 틀이 바뀌면서 외부 환경과의 지속적인 관계를 통해 성장 발전한다고 주장한다.[151] 결국 그는 그리스도인이 철저하게 자기 구원의 문제에서 성공적일 때, 사회 구원의 문제에 접근할 수 있다는 구원과 인간화의 통전성을 말하고 있으며, 여기에서 생태적 사고의 중요성을 강조하고 있는 것이다.

다른 또 하나의 좋은 사례를 역시 복음주의 관점에서 환경문제를 기독교 선교와 관계 지으려는 부크리스(Dave Bookless)에게서 발견할 수 있다. 그는 아주 흥미로운 생태계 선교의 실제적인 사례를 전해주고 있다.[152] 대부분의 교회가 복음 전도와 교회개척을 기독교 선교로 이해하는 토양에서 보수적인 복음주의 앵글리칸 선교회(BCMS, 현재는 Crosslinks)는 1983년에 영국의 젊은 부부인 피터(Peter)와 미란다 해리스(Miranda Harris)를 포르투갈 남부의

---

148) 이윤재, 『환경 휴머니즘과 새로운 사회』 (서울: 소나무, 1994), 108.

149) 김선일, "생태적 사고를 통한 복음 전도의 이해," 『1910년 에딘버러 세계선교사대회 100주년 기념 2010 한국대회』, 172.

150) Scott Jones, *The Evangelistic Love of God & Neighbor* (Nashville, TN: Abingdon, 2003), 59. 위의 글, 174에서 재인용.

151) 참조하라, 위의 글, 174~183. 이와 관련하여 다음을 참조하라. Murray Bookchin, 구승희 역, 『휴머니즘의 옹호. 반인간주의, 신비주의, 원시주의를 넘어서』 (서울: 민음사, 2002), 57.

152) 참조하라, Dave Bookless, "Christian Mission and Environmental Issues: An Evangelical Reflection," *Mission Studies* 25 (2008), 37~52.

알가브(Algarve) 해안가에 기독교 조류관측소 및 현장연구센터(Christian Bird Observatory and Field Studies Centre)를 설립하도록 해외선교사로 파송하였다는 것이다. 그래서 오늘날 포르투갈어로 바위라는 의미를 가진 A Rocha운동은 6대륙 20개국 이상에서 생태적, 문화적, 영적 상황에서 활동하게 되었다는 것이다.[153] 그 동기는 복음주의가 성서주의, 십자가 중심, 개종주의자, 비인간적 환경문제에 대한 활동가로 참여하는 데에서 실패한 거기에서 출발한다. 그래서 특히 이러한 창조문제에 접근하는 것을 통해서 복음주의의 진정한 가치를 다시 회복해야 한다는 것이다.[154] 이것은 성서의 명령이고, 전 세계를 향한 성령의 인도하심이며, 또한 지역 전도와 환경단체에 중요한 영적 통찰력을 제공할 수 있고, 물질주의적 탐욕에 사로잡힌 서구교회에 도전하는 선교의 기회이기 때문이라는 것이다.[155]

물론 여기에는 세상의 모든 피조된 것들이 선하다고 볼 수 있느냐는 문제로부터 인간을 자연과 동일한 차원에서 구원의 문제로 파악할 수 있느냐에 이르기까지 수많은 신학적인 논란이 있을 수 있다.[156] 그럼에도 불구하고 그의 주장은 그리스도인이 인간화를 위한 자기 본성에 충실하면서도 생태계 정의와 환경정의를 이루기 위해 실천할 수 있는 구체적인 통전적 선교사례를 제시하였다는 점에서 그 의의가 있다고 할 수 있다. 이처럼 한국 그리스도인의 인간성도 생태계 선교를 통해서 그 통전성을 회복하면서, 동시에 자연 및 인간의 치유에 공헌할 수 있는 과제를 공유해야 한다.

둘째로, 인터넷에서 상호의존의 사역을 통해 하나님의 인간성을 드러내야 한다. 그리스도인과 교회 안팎에 대한 비판의 여론이 조성되고 대단위로 확산되는 가장 큰 마당이 인터넷이라는 것은 주지의 사실이다. 그렇기 때문에 사이버 공간에서의 선교의 문제는 더욱 중요한 상호의존의 과제에 속한다. 물

153) 참조하라, www.arocha.org
154) 위의 글, 39.
155) 참조하라, 위의 글, 46~50.
156) 참조하라, Celia Deane-Drummond, "Response to 'Christian Mission and Environmental Issues: An Evangelical Reflection' by Dave Bookless," *Mission Studies* 25 (2008), 53~55.

론 여기에 대한 반론도 만만치 않다. 교육의 영역에서 컴퓨터와 같은 그 장점에도 불구하고 이미 1970년대에 도구를 통한 "교수공학(the Technology of Teaching)"의 한계점을 인식하면서부터 자유롭고 책임적이며 자아실현적인 보다 인간적인 교육이 제기되었다. 기계에 대한 의존은 비인간적이며, 인간과의 상호작용이 아니라는 점에서이다. 이로 인해서 교육은 비인간화로 흐르게 된다는 것이다.[157] 이러한 도구로서의 컴퓨터 사용 자체에 대한 문제제기 외에도, 인터넷을 통한 정보의 오용 때문에 개인의 자율성과 인간다움을 위협하는 도구가 될 수 있다는 점에서 규제되어야 할 대상으로 파악되기도 한다.[158] 이 밖에도 인터넷이 장거리 운행을 줄임으로써 탄소배출을 줄이는 방향으로 전개되기보다는 인간의 자유를 구속하고, 오락거리로 전락시키고 있다는 부작용도 지적되고 있는 형편이다.

이러한 여러 가지 논란을 감안하더라도 사이버 공간에서의 선교적 소통 문제는 이제 더는 그대로 방치할 수 없는 문제가 되었다. 인터넷 상에서 60여 개로 추산되는 안티그리스도인의 활동에 대한 대응은 물론이고, 인간관계를 파괴하는 온갖 비인간적 폭로와 음모 등에 맞서는 구원과 인간화의 문제가 대두되기 때문이다. 사이버 공간에서의 선교적 실천의 문제를 다룬 정기묵의 글 "선교 대상으로서 사이버 자아"는 여기에 대한 하나의 좋은 선교학적 제안이자 과제이다.[159] 그는 "더는 기술적 공간으로 머물지" 않고, "하나의 사회적 상호 작용의 장으로서의 의미를 가지"는 사이버 공간에서의 복음전도 문제를 탐구한다.[160] 그에 의하면 사이버 공간에도 자아와 인격이 존재하는데, 사이버 자아는 본래 자아를 반영한다고 한다. 이때 실체가 없이 다중적이면서 그 부정적인 측면이 있지만, 그 반영의 정도가 높을수록 "구원이 필요한 선교의

157) 참조하라, C. H. Patterson, 장상호 역, 「인간주의 교육」(서울: 박영사, 1980), 11~52.
158) 참조하라, J. M. Rich, 김정환 역, 「인간주의 교육학」(서울: 박영사, 1985), 346ff. ; 이 밖에도 다음을 참조하라. Norbert Bolz, 윤종석 역, 「컨트롤된 카오스. 휴머니즘에서 뉴미디어의 세계로」(서울: 문예출판사, 2000), 7ff.
159) 참조하라, 정기묵, "선교 대상으로서 사이버 자아," 「1910년 에딘버러 세계선교사대회 100주년 기념 2010 한국대회」, 154~170.
160) 위의 글, 154.

대상"이 된다는 것이다.[161] 결국 사이버 공간은 인간의 죄성이 나타날 수 있고, 사이버 자아를 포함하는 실존 전체의 구원 필요성이 제기되며, 예수 그리스도는 사이버 공간에서 구원자가 되신다는 주장이다.[162]

물론 그 글에서 사이버 공간에서 선교하는 이의 다중적 인격의 가능성에 대해서는 다루고 있지 않다. 또한 그의 주장이 전통적인 신학적 인간이해와 구원론 및 기독론을 상당히 지나친 감이 없지 않다. 하지만 사이버 공간에서의 비인간적 인격과 자아에 대한 선교의 문제를 제기했다는 점에서 긍정적으로 평가할 수 있다고 본다. 사이버 문화와 선교라는 이 시대 가장 중요한 선교적 공간의 문제를 제기하고 있기 때문이다. 이 역시 혼자서는 할 수 없는 공동의 선교현장이다. 이처럼 인터넷에서도 반기독교 운동에 대한 양 진영의 상호의존을 통한 공동책임이라는 인식과 사이버 문화 변혁 차원에서 선교의 문제가 제기되는 것을 볼 수 있다.

이상을 통해서 볼 때, 새로운 선교현장이 되어 버린 생태계이건, 인터넷 상이건 이제는 어떤 공동의 선교현장이든지 먼저 그리스도인 스스로가 자기반성을 통해 구원과 인간화의 통전성을 실천해야 한다는 것이다. 여기서 구원과 인간화의 통전성은 그리스도인들이 예수 그리스도의 삶과 마음을 통해 나타나는 "하나님의 인간성"을 드러내기 위해 파송받았다는 철저한 자각에서 비롯된다. 바로 이 지점에서 양 진영의 실제적인 상호의존이 발생해야 하는데, 그 구체적인 경로는 앞으로 남겨진 과제이다.

4. 선교현장에서만큼은 복음주의와 에큐메니컬 진영의 일치를 통해 하나님의 선교를 드러내야

사실 인간성의 파괴는 비단 한국에만 국한된 것은 아니다. 소위 제3세계

---

161) 위의 글, 160.
162) 참조하라, 위의 글 164ff.

의 가난한 아시아와 남미 그리고 아프리카는 물론이고,[163] 부유한 유럽과 북미에서도 발견되는 전 세계적으로 나타나는 보편적인 인간 본성의 위기이다. 그렇기 때문에 교회가 하는 대사회적 행동에도 불구하고 그리스도인에게 가해지는 비판이 억울한 측면이 없지 않다. 그럼에도 불구하고 교회 또는 그리스도인은 이에 대한 목소리에 귀를 기울여야 한다(참조하라, 민 22:21~30, 시 139:3, 잠 16:2, 벧후 2:16). 그런데도 그리스도인은 복음주의와 에큐메니컬 두 진영으로 나뉘어 올바른 선교적 대안을 마련하지 못하고 있다.

이러한 소리에 귀를 기울이며 우리는 바르트의 글 "하나님의 인간성"에서 예수 그리스도를 통해서 나타나는 하나님의 인간성을 살펴보았다. 그래서 그리스도인의 인간성에 대한 신학적인 논의와 이해를 위한 중요한 기본원리를 발견할 수 있었다. 다음으로, 한국 그리스도인에 대한 비판의 유형과 성격을 분석하여 공교롭게도 한국 복음주의 진영의 신학적 입장이기도한 그리스도 중심적이고 교회 중심적인 태도가 한국 그리스도인들의 인간성을 부정적으로 평가받게 하는 원인으로 작용한다는 점도 살펴보았다. 하지만 양 진영이 "하나님의 인간성"을 드러내기 위해 파송받은 존재라는 점을 인식함으로써 이러한 문제가 극복될 수 있다는 것을 확인하였다. 이때 구원과 인간화의 통전성을 통해서 한국 그리스도인의 인간성이 과연 어떻게 선교적일 수 있느냐의 문제를 성찰하면서 실제적인 사례로 생태계와 인터넷 상에서 상호의존의 선교일치를 이루기 위한 선교적 과제를 제시하였다.

이상을 통해서 결국 따지고 보면 복음주의와 에큐메니컬 진영의 분열도 그리스도인으로서 스스로가 자기 본성과 사명에 충실하도록 도와주는 "하나님의 인간성"이 결여되었기 때문이다. 스스로를 완전한 존재로 인식하고, 다른 사람을 불완전한 존재로 이해하는 태도에서 발생하는 문제라는 것이다. 따라서 그리스도인은 하나님의 인간성을 드러내기 위해 파송받은 존재라는 자각 아래에서만 이러한 불통의 문제를 극복하고, 구원과 인간화의 통전성을 구축

---

163) 참조하라, Virginia Fabella (ed.), *Asia's Struggle for Full Humanity: Towards a Relevant Theology* (Maryknoll, New York: Orbis Books, 1980).

할 수 있다. 왜냐하면 설사 신학적으로 대립적인 모습일지라도, 그 어떤 입장이든 개인적인 차원에서건, 사회적인 차원에서건 차원만 달리할 뿐 하나님의 형상으로서 인간의 본질, 즉 인간의 본성을 회복하기 위한 선교적 노력이라는 공통점이 있기 때문이다. 그렇기 때문에 복음주의 진영도, 에큐메니컬 진영도 참다운 인간성 회복을 위한 길에서 각자의 길을 본질적으로 추구한다면, 그것들이 함께 하나님의 선교를 통전적으로 이루어 나간다고 볼 수 있다. 다시 말해서 복음주의 진영은 개인적 차원에서의 회심을 강조하는 선교를 하면 될 것이고, 에큐메니컬 진영에서는 사회의 구조악에서 발생하는 갖가지 비인간화 문제와 씨름하는 선교를 상호의존적으로 진행하면 될 것이다.

4장

토착화신학의 선교적 실천성을 향하여

1. 토착화신학은 본래가 선교신학

토착화신학(indigenous theology)은 선교학의 중요한 개념 중 하나이다. 그리고 가장 실천적인 개념이다. 특히 현대 선교 역사에서 이 토착화라는 용어는 식민지시대 이후 아시아, 아프리카, 그리고 남미 등지에서 민족들의 전통문화를 기독교회에 반영하려는 실천적 시도를 일컫는다.[164] 교회성장학에서조차 토착화는 교회성장을 위한 주요한 실제적 방법 가운데 하나이다.

이뿐만 아니라 기독교 선교의 역사는 문화와 복음의 만남을 통한 토착화의 역사이다. 복음과 문화의 만남은 크게 세 가지 차원에서 이루어지는데, 복음이 문화 속에 동화되든지, 복음이 문화를 정복하든지, 복음과 문화가 적절히 타협하는 것이 그것이다. 우리가 잘 아는 리처드 니버(Richard Niebuhr)의 문화와 복음의 관계 다섯 가지 유형과 스테븐 베반스(Stephen B. Bevans)의 상황화신학 다섯 모델 등은 이를 좀더 확대 심화시킨 이론적 유형화이다.[165] 보통은 이중에 동화와 적응과 관련하여 예전과 건축, 음악과 춤, 예술 등 교회 문화 전반에 걸쳐 자국의 전통문

---

164) 토착화라는 말의 용어 사용에 관해서 다음을 참조하라. R. Allen, "The Use of the Term 'Indigenous'," *IRM* 16 (1927), 262~270.

165) 참조하라. Stephen B. Bevans, *Models of Contextual Theology* (Maryknoll, New York: Orbis Books, 1992).

화를 가지고 선교사들로부터 유입된 복음을 재해석하여 자신의 신학과 신앙을 표현하는 것을 토착화라고 부른다.

그런데 이 토착화를 신학적으로 정리한 토착화신학이 한국에서는 1960년대의 논쟁을 통한 이론적 성과 외에 실천적인 모습은 거의 발견할 수 없다. 지금까지 한국교회를 특징짓는 뚜렷하고 토착화된 예전이나 교회문화를 좀처럼 발견하기 힘들다는 말이다. 가톨릭에 비하여 개신교는 전통 가옥을 본뜬 예배당, 우리 가락 음악, 장례절차 및 추도예배, 성찬의 도구, 미술 등 극히 한정된 부분에서 제한된 모습을 보여준다. 특히 1990년대 이후 한국교회의 새로운 목회 패러다임으로 등장한 현대 서구의 기독교 음악을 바탕으로 진행하는 경배와 예배에서는 토착화에 대한 가능성을 전혀 볼 수 없다. 다시 말해서 오늘날 한국 전통 문화를 고려한 복음의 실천적 차원에서의 토착화신학에 대한 형태가 과연 얼마나 존재하느냐 하는 것을 제대로 보여주는 토착화 사례가 거의 사라져 버렸다는 것이다. 더욱이 이에 대한 선교학적 촉구나 전개도 없는 실정이다. 토착화신학도 지금까지 거의 조직신학자들의 전유물로 여겨졌다. 이로 인해서 한국교회의 모습 속에는 서구적인 예배와 건물이 가득하고, 선교적 차원에서의 토착화 모델을 발견하기 힘든 상황이 된 것이다.

이것은 한국 선교사들의 해외선교 모습에서도 그대로 반영된다. 필자가 최근에 참석한 몽골에서 열린 제7차 아시아로잔위원회 모임 개회예배에서는 한국 선교사들이 전해 준 것으로 보이는 경배와 찬양이 울려퍼졌고, 저녁 만찬에는 한국 음식이 준비되었다.[166] 몽골의 전통음악을 통한 예배의 진행이 매우 아쉬운 자리였다. 물론 이것이 다가 아니겠지만, 한국 선교사들이 토착화에 대한 촉구를 통해서 몽골 전통 문화를 통한 예배진행과 선교적 시도를 제안할 필요가 있다는 생각을 하게 되었다. 이것은 한국의 해외선교사들에게 토착화신학에 대한 이해가 부족할 뿐만 아니라, 한국 토착화신학 자체가 가지고 있는 이론적 자기 한계성 때문으로 생각된다.

---

166) 2011년 6월 1~4일에 몽골 울란바타르에서 개최되었다.

이러한 이유로 한국 토착화신학이 그러면 왜 비실천적으로 되었는지에 대한 문제점을 지적하고, 그에 대한 대안을 모색하는 것이 필요하다. 따라서 이 글은 토착화신학의 중요성을 밝히고 그것을 추구하려는 것이 아니다. 오히려 세계선교역사의 중요한 방법 가운데 하나였던 토착화신학이 한국에서는 왜 실천적으로 시도되지도 못하고 이론에 치우침으로 그 한계를 드러내었는가에 대한 선교학적인 반성을 통해 실천적 토착화신학을 제시하려는 하나의 시도이다. 이것은 지금까지의 토착화신학이 가지고 있는 특징을 밝히는 데서 시작된다. 이것을 위해 우리는 초기 토착화논쟁의 성격, 토착화신학의 주도자들로서 감리교의 대표적 토착화 신학자 윤성범, 유동식, 변선환의 간략한 경력과 이들의 신학적 특징으로 종교신학으로서의 토착화신학에 대해 살펴보고자 한다. 다음으로 이에 대한 또 다른 이해로서 교회성장학자 도널드 맥가브란의 관점에서 이해하는 토착화신학과의 비교를 통해 선교학적 성찰을 시도해 본다. 결국 이 둘의 비교와 선교적 교회론의 관점을 가지고 한국 토착화신학의 내용과 형식이 어떻게 전개되었어야 하느냐의 문제를 따지며 상황화로 나아갈 때에 교회의 실천적 문제가 해결될 수 있다는 것을 제시하려는 것이 이 글의 목적이다.

2. 한국 토착화신학의 특징

⑴ 복음주의와의 이론적 논쟁에 치우쳤을 뿐만 아니라, 전개하는 논리가 매우 현학적이고 추상적이다. 그 결과 교회 혹은 일반 교인 대중과의 괴리를 가져왔다고 볼 수 있다.

실천이라고 하는 개념을 어떻게 정의할지 많은 논의가 필요하다. 그렇지만 우선 실천의 대상과 내용 그리고 주체 및 장이 형성되어 있는 신학을 실천적이라고 한다면, 예컨대 민중신학은 민중교회를 갖고 있으므로 실천적이라고 말할 수 있겠다. 그러나 토착화신학은 한국교회 현장의 막중한 과제에 비해서 그 실천의 구체적 교회현장을 갖고 있지 않다. 적어도 토착화를 지향하고 토착화된 구체적인 형태를 드러내는 교회를 가지고 있지 않다는 뜻이다. 토착화 신학은 문화 속에 수육을 그 근본 원리로 삼는다. 그래서 아시아 신학자들 가운데에는 토착화를 자기비움화(Kenotisation)로 이해하는 학자도 있다. 관계된 문화의 대중과 그들의 삶의 양식에 복음을 비우듯이 깊이 뿌리를 내려야 한다는 말이다. 이런 의미에서 교인 대중이 이해하지 못하는 토착화 작업은 그 이론과 당위성이 아무리 훌륭하다고 하더라도 현학적인 지식인들만의 고뇌이고 탁상공론일 수 있다.

그런데 한국의 토착화신학은 그 실천적인 당위성에도 불구하고 교회 현실의 요구에서 비롯된 실천의 이론화가 아니라, 신학자들의 위로부터의 이론화 작업 혹은 논쟁으로부터 촉발되었다는 사실이다. 한국에서 토착화라는 용어가 처음으로 사용된 사례는 장병일(1929~75)의 "단군신화에 대한 신학적 이해-창조설화의 토착화 소고"(1961)[167]라는 글이다. 그는 선교적인 과제를 가지고 쓴 이 글에서 "창세기 1장에 나타난 하나님의 창조설화를 어떻게 이 한국이라고 하는 정황 속에서 이해할 수 있는가?"를 묻고 여기에 대한 대답을 시도한다.[168] 그는 '엘로힘'(Elohim)을 히브리의 신명으로 보면서,[169] 그것을 한국의 신명인 하나님과 비교한다. 그는 여기서 한국신학의 해석학적 과제를 토착화라는 말로 표현하고 있다. 그 후 1년이 지나 유동식이 "복음의 토착화와 한국에서의 선교과제"를 「감신학보」(1962/10)에 실었는데, 여기에 전경연이 「신세계」(1963/3)에 "기독교 문화는 토착화될 수 있는가?"를 기고하여 "복음과 민족의 전통 사이에는 연속성이 존재하지 않는다."라는 비판을 함으로써 소위 토착화논쟁이 본격적으로 전개되었다. 말하자면 이 시기 토착화 실천의 내용

---

167) 장병일, "단군신화에 대한 신학적 이해-창조설화의 토착화 소고," 「기독교사상」 49 (1961), 70~77. 흥미 있는 사실은 장병일이 윤성범과 유동식의 제자였다는 사실이다. 이에 대해서 다음을 참고하라. 김광식, 「토착화와 해석학」(서울: 대한기독교서회, 1991), 40.

168) 장병일, "단군신화에 대한 신학적 이해-창조설화의 토착화 소고," 74.

169) 이것은 장병일의 신학적 개념의 오해에서 나온 이해일 수 있다. 히브리의 신명은 엘로힘이 아니라, JHWH(야훼)이다. 그의 타이틀은 Adonai이고, 그의 계급적 성격(Gattung)이 바로 Elohim이다. 이에 대해서 다음을 참조하라. C. Link, "Die Spur des Namens. Zur Funktion und Bedeutung des biblischen Gottesnamens," EvTh 55 (1995), 416~438.

과 장을 마련하는 데 함께 힘을 합쳐 노력하기 전에 이와 관련된 논문이 수십 편 제출되어 신학자들 간의 논쟁부터 시작된 것이다.

더 나아가 토착화 논지를 서술하는 방식과 개념을 사용하는 데에서 교인 대중의 접근을 어렵게 만드는 요소가 있다. 예컨대 윤성범의 글을 한번 보자. 그의 저서 「싱의 해석학」 14쪽에 보면, 성의 신학의 방법론적 특징을 열거하는 가운데 "성의 신학은 하나의 미래학이다. 이것은 다시 말해서 과거와 현재를 종과 횡으로 하여 미래를 대망하는 미래학이다. 더 똑똑히는 교의학을 종으로 하고 기독교윤리를 횡으로 해서만 미래학은 성립된다는 것이다."라는 문장이 있다. 이 글에서 우리는 많은 어려운 단어들을 접하게 된다. 게다가 이 단어들이 보여주는 의미는 그 폭이 대단히 넓은 주제어 또는 표제어들이다. 그리고 그 말 전체의 뜻은 아무리 해박한 지식을 소유한 학자일지라도 무엇을 말하려고 하는지 좀처럼 파악하기가 어렵다. 이것을 통해서 교회 내에서 실천의 장을 만들어내고, 주체들을 세워나갈 수 있는 토착화신학이 과연 진행될 수 있을까 하는 회의가 드는 것은 어쩔 수 없다. 이런 점에서 김광식이 윤성범의 글들을 분석하고 이해하면서, 그 내용에 대한 논리적 전개가 "매우 엉뚱한 소리"를 할 때가 있는가 하면, "어리둥절"하게 만들기도 한다고 평가한 것은 옳다.170) 또한 박종천 역시 윤성범이 한 단어에 좋은 것들을 다 쏟아 넣으려 한다고 비판한다. "그런데 문제는 윤성범이 성의 의미와 기능을 지나치게 광범위하고 다양하게 확대 해석한다는 점이다."171) 여기서 신학이기에 대중이 접근하기 어려운 개념들을 사용하는 것을 이해할 수 있다 하더라도, 이것이 신학 하는 이들에게조차 어렵고 이해할 수 없는 개념의 연속으로 이어진다면 교인 대중이 참여하고 창조해 나가는 토착화 현장은 더욱 힘들어진다고 볼 수 있다. 이 밖에도 우리는 한국의 토착화신학이 성서본문(Text)과 한국의 종교적 상황(Kontext)에서 나온 해석의 해석학적 순환의 원리를 찾아볼 수 없으며, 이것은 결국 실천의 장이 없다는 데서 비롯되는 문제라고 평가할 수 있다.

---

170) 김광식, 「토착화와 해석학」, 88f.
171) 박종천, 「기어가시는 하느님」 (서울: 도서출판 감신, 1995), 272.

(2) 감리교 조직신학자들이 주도하였다. 그 결과 그리스도교회 일치의 차원에서 공동의 토착화 작업이 이루어지지 못했다.[172]

한국의 토착화신학은 특별히 유럽의 영향을 받은 감리교 조직신학자들에 의해 전개되었다는 특징을 보여준다. 이것은 토착화신학을 주도한 다음의 중심적인 신학자들의 간략한 학력과 경력을 살펴보면 알 수 있다.

먼저, 유교와의 대화를 신학적으로 구성한 윤성범은 1916년 1월 13일 강원도 울진(1963년 이래로 경상북도)에서 감리교 목사 윤태현과 어머니 정구규 사이에 태어났다.[173] 그는 1941년 일본 교토에 있는 동지사 대학을 졸업하였다(B.A). 한국으로 돌아온 후 감리교에서 목사안수를 받고, 1941~45년에 광주와 이천의 감리교회에서 목회하였다. 해방 이후 그는 감리교신학대학에서 조직신학 교수가 되었다. 당시 한국의 신학교육은 외국인 선교사들이 주도하였기 때문에 한국적 신학교육이 절실히 요청되는 상황이었다. 이런 이유로 그는 스위스의 제네바로 향하였다. 그는 처음에 제네바대학 에큐메니컬 연구원에서 공부를 하다가(1954), 바젤대학의 스테흘린(E. Stählin) 교수의 제자가 되어 "Der Protestantismus in Korea 1910~1945"라는 제목으로 한국인으로는 최초의 유럽 박사학위를 취득한다(1955). 귀국 후 그는 감신대에서 조직신학자로서 토착화신학과 관련된 수많은 글과 저서를 발표하였고, 1977년부터 감신대 학장으로 재직하다 1980년 1월 22일 하나님의 부르심을 받았다.

다음으로 무교와의 대화를 주도하여 풍류신학을 제시한 유동식 역시 평신도이지만 감리교회 소속 신학자이다. 유동식은 오늘날 북한에 속하는 황해도 남천에서 1922년 12월 22일에 출생하였다. 그는 이미 그의 조부를 통해서 기독교를 알게 되었다. 일본 식민지 치하에서 춘천고등학교를 졸업하고 삶의 의미에 대한 물음 때문에 신학을 공부할 것을 결단하고, 1943년 일본 동부신학교로 갔다. 그는 1945년 일본이 제2차 세계대전에서 패망하자 귀국하여 감신

---

172) 세 사람의 경력과 학력은 필자의 박사학위 논문에서 일부 인용하였다. 참조하라. Hu-Chun Lee, *Inkulturation in Asien: Das Inkulturationsverständnis bei methodistischen Theologen in Südkorea*, Cheon-Seng Song/Taiwan und Aloysius Pieris/Sri Lanka (Heidelberg, 1996).

173) 변선환, "해천 윤성범 학장님을 추모함," 「신학과 세계」9 (1983), 11~30.

대에 입학하였다. 당시 두 사람이 그의 사상에 영향을 끼쳤다. 그는 한국의 간
디로 불리는 함석헌에게서 종교, 시, 동양철학을 배웠고, 탄허 스님에게서는
노자와 장자 철학을 배웠다. 감신을 졸업한 이후 한국전쟁 때까지 공주사범대
에서 강의하였다. 전쟁 중에는 전주사범대에서 교편을 잡았다(1951~53). 이
시기에는 장로교 목사인 고득순에게서 영향을 받았다. 그로부터 유동식은 한
국인들에게 요한복음이 얼마나 중요한지를 배우게 된다. 그 후 배화여고에서
종교선생으로 일하면서(1954~56),「도덕경」을 읽었다. 1956~58년에 미국 보
스톤대학에서 신약신학을 공부하였는데(STM), 이 STM의 제목은 "도와 로고
스"였다. 이 기간에 걸쳐 그는 불트만의 *Neues Testament und Mythologie:*
*Das Problem der Entmythologisierung der neutest. Veründigung*에 깊은 영
향을 받는다. 그 때문에 그는 이 책을 한국어로 1958년에 번역하였다. 귀국
후 그는 감신대의 교수로 사역하였고(1959~67), 1963~64년에는 스위스 보세
(Bossey)에 있는 세계교회협의회 에큐메니컬 연구소에 참석하였다. 1962~72
년에는「기독교사상」의 편집장으로 일하다 일본으로 건너가 동경에서 종교학
을 공부하였고(1968~69) 1972년 박사학위를 받았다(Ph.D). 그는 1973년부터
연세대학교에서 종교학을 강의하다 1988년 2월에 퇴임하였다.

  세 번째로, 불교와의 대화를 신학적으로 전개한 변선환 역시 감리교의 조
직신학자였다. 변선환은 1927년 9월 23일 항구도시 평안남도 진남포(일본의
점령기 이래로 남포)에서 출생하였다.[174] 그는 8살 때 그가 "신앙의 아버지"라
고 부르는 감리교 목사이며 33인 중의 한 사람인 신석구 목사를 만난다. "우
리나라를 사랑하고 예수를 그리스도로 믿으라."는 신 목사의 설교에 삶이 변
화되어 기독교인이 된다. 한국전쟁이 발발하자 23살의 그는 1951년 1·4 후퇴
와 함께 남한으로 단독 피난길에 오르고, 당시 전쟁 때문에 부산에 문을 연 감
신대에 입학하게 된다. 이 시기에 그는 예산에 봉산 감리교회를 개척하였다
(1952). 감신대를 졸업한 후 그는 군목으로 사역하였다. 1960년 2월에는 한국

---

174) 변선환, "나의 신학수업,"「크리스챤신문」(1980/8/16), (1980/8/23), (1980/8/30), (1980/9/6),
   (1980/9/13); 장현구, "변선환의 삶과 사상,"「새누리신문」(1995/8/19).

신학대학 대학원을 졸업하였다(Th.M). 그 후 4년 간 이화여고 교목으로 일하였다. 이후 미국 드류대학에서 STM을 위해 "The Possibilities of Theological Correlation of Sören Kierkegaard and Karl Barth based on Der Römerbrief 2. Auflage"을 썼고, 귀국하여 감신대 조직신학 교수로 부름받았다(1967). 그는 1971~75년에 스위스 바젤대학에서 "The Problem of the Finality of Christ in the Perspective of Christian–Zen Encounter: Carl Michelson and Seiichi Yagi"라는 제목으로 박사학위를 취득하였다. 1995년 8월 8일 논문 집필 중 68세의 나이로 하나님의 부르심을 받았다.

(3) 종교신학적 특징을 가지고 있다. 그 결과 상황의 정치·경제적 차원을 놓쳤을 뿐만 아니라, 교회로부터 의심의 표적이 되었다.

한국, 특히 감리교의 토착화신학은 상황을 종교적 차원으로 작게 환원시키지 않았는가 하는 의문을 가질 수 있다. 문화는 정치, 종교, 도덕 등을 포괄하는 "삶의 포괄적 실체"[175]이다. 선교적 상황이 정치, 경제적 차원과 종교적 차원이라는 두 차원으로 나누어진다고 할 때, 감리교의 토착화신학은 한국적 상황의 종교적 차원을 전면에 내세운다. 다시 말해서 토착화신학을 좁은 문화이해 위에서 정립하려고 시도한다. 그 결과 통전적인 한국 신학이 가지고 있어야 하는, 한신대학을 중심으로 한 민중신학이 가지고 있는, 정치·경제적 차원에서의 한 측면을 놓치고 있다.

감리교의 대표적인 토착화신학자 윤성범(유교: 성의 신학), 유동식(무교: 풍류신학), 변선환(불교: 종교해방신학)은 이 점을 잘 보여준다. 이들의 신학적 관심은 주로 비그리스도교 종교에 관한 것들이고, 이들과의 대화를 모색하는 데 신학적 수고를 다한다. 이것은 윤성범에게서 대표적으로 나타난다. 그는 토착화신학이 정치적으로 참여하는 것에 대하여 극단적인 반대 입장을 보여준다. "정치-사회 문제에 깊이 개입하는 것은 신학의 횡포요 월권이기 때문이

---

175) C. S. Song, *Jesus in the Power of the Spirit* (Minneapolis: Wipf&Stock, 1994), 138.

다."176) 이런 이유로 이들의 신학적 방향은 종교적 차원에서의 전위적 모습을 갖는 선교신학이라 할 수 있다. 단지 변선환의 마지막 글 속에서 우리는 피어리스와 같이 가난과 종교라는 양 차원을 다루는 종교해방신학이라고 말할 수 있는 내용을 발견하게 된다. 그리고 유동식에게서는 소위 토착화신학 2세대에서나 나타나는 생태계 파괴의 문제, 곧 생명신학의 문제를 다루는 것이 그의 글 "현대문명의 도전과 한국신학의 과제"(『기독교사상』, 1977/5)에서 발견되기도 한다. 그렇지만 전체적으로 감리교의 토착화신학은 종교신학적 접근에 거의 대부분을 할애하고 있다. 이것은 정대위의 잘 알려진 명언 "한국인들은 철학 할 때에는 불교인이 되고, 예를 갖출 때에는 유교인이 되고, 생의 위기에 직면할 때에는 샤머니스트가 된다."는 현실인식과 결코 무관하지 않다.177)

그런데 바로 이러한 상황의 정치·경제적 차원을 무시하는 감리교 토착화신학의 신학적 맥락이 1970년대의 민중현실에 대해서 침묵할 수밖에 없었던 요인이기도 하다. 또한 타종교와의 관계설정을 통한 종교신학으로서의 토착화신학은 '예수의 피'를 강조하는 교회현장에서 선교를 방해하는 이론으로 정죄당하는 요인이기도 하다. 왜냐하면 여기에서 '종교신학'이라는 용어는 기독교와 타종교의 관계를 다루는 시도로 이해될 수 있기 때문이다. 토착화신학을 종교신학으로 파악하는 김경재는 종교신학을 다음과 같이 정의한다. "종교신학이란 세계사 속에 현존하는 살아 숨쉬고 있는 다양한 종교들이, 성서가 증언하는 유일하신 삼위일체 하나님의 세계구원 경륜과 어떤 의미와 관계가 있는가, 그리고 복음이신 예수 그리스도의 생명의 빛 안에서 세계종교의 구원체험은 그리스도인들을 어떻게 보다 넓고 깊은 진리체험을 하도록 도와주며 성숙시킬 수 있는가를 검토하면서 교회를 봉사하는 그리스도교 신학의 한 영역이다. 종교신학이란 '세계 종교현상에 관한 신학적 이해'라는 말의 줄임말이다."178) 또한 라트쇼프(C.H. Ratschow)에 따르면, 종교신학의 원리는 "종교신

176) 윤성범, 『한국적 신학. 성의 해석학』 (서울: 서울문화사, 1972), 16. 참조하라, 윤성범, 『기독교와 한국사상』 (서울: 대한기독교서회, 1964), 254.
177) 정대위, 『그리스도교와 동양인의 세계』 (서울: 한국신학연구소, 1986), 158.
178) 김경재, 『해석학과 종교신학. 복음과 한국종교와의 만남』 (천안: 한국신학연구소, 1994), 16.

학이 가능한 중심적 근거는 하나님의 보편성의 사실 속에서 주어지며, 모든 사고의 중심적 주제로서 '하나님의 세계행위는 모든 종교들과 관계한다.'는 것이 나타나는 것이다."[179] 따라서 "신학이 많은 종국적, 즉 종교적 진리들에 관계하여 나타나는 곳에서 종교신학이 이루어진다."라는 것이다.[180] 결국 "기독교 신앙의 독특성"은 "다른 종교들 가운데 하나의 종교"로서 이해된다는 것이다.[181] 이런 맥락에서 종교신학으로서 토착화신학이 "하나님의 보편성" 혹은 "복음의 보편성"을 추구하지만, 종교혼합주의에 대한 의혹을 받기도 하는 것이다. 이러한 종교신학으로서의 감리교의 토착화신학은 후에 소위 토착화 2세대들에 의해 극복되면서 상황의 양 차원이 다뤄지기도 한다. 하지만 그 근본적인 출발점은 역시 다른 비그리스도교 종교들과의 만남에서 출발하는 것을 볼 수 있다(박종천: 증산교, 이정배: 유교).

3. 한국 토착화신학의 실천성을 향한 선교학적 성찰

우리가 지금까지 살펴본 한국에서의 토착화신학은 그 이론적 당위성과 중요성에 비추어볼 때, 한국교회와의 관계 형성에 실패했다는 인식을 주고 있다. 그것은 특별히 토착화신학의 이론적 성과가 실천의 문제로까지 발전하지 못했다는 자기반성에서 비롯되어야 한다. 토착화해야 한다는 당위성 아래 예배와 찬송, 예술과 건축 등에서 실제적 토착화로 발전되지 못했다는 말이다. 이런 관점에서 한국의 토착화신학이 선교학자들에 의해서, 목회자들의 현장에서의 필요성에 의해서 제시되고 논의되었더라면 하는 아쉬움이 있다. 예컨대 교회성장학에서 제시하는 토착화의 방법론이 처음부터 함께 제시되고 논의되었다면 한국에서 토착화신학의 위상과 성격 그리고 한국교회의 모습은 훨씬 달라졌을 것이라는 생각이 든다.

---

179) C. H. Ratschow, "Theologie der Religionen," K. Müller, T. Sundermeier (ed.), *Lexikon missionstheologischer Grundbegriffe* (Berlin: Dirtrich Reimer Verlag, 1987), 502.
180) *Ibid*., 495.
181) *Ibid*., 496.

이러한 상황에서 이 장에서는 먼저 교회성장학에서 주장하는 토착화 원리에 대해 살펴보려고 한다. 우리는 앞서 한국의 토착화신학자들이 이해하는 것과 다른 유형의 토착화신학에 대한 이해를 발견할 수 있을 것이다. 이러한 토착화에 대한 대조이해를 통해 한국 신학과 교회가 좀더 발전된 실천적 모습으로 토착화 논의가 재점화되기를 기대한다. 이것을 위해 우리는 특별히 교회성장학의 아버지 도널드 맥가브란의 저서 「교회성장이해」 내용 가운데 "토착 교회 원리(indigenous church principles)"에 관한 이해를 살펴보고자 한다. 이 논의 이후에 우리는 오늘날 선교적 교회론에서 주장하는 상황화론의 관점을 가지고 한국의 토착화신학과 교회성장학에서 말하는 토착 교회 원리에 대한 선교학적 성찰을 시도할 것이다. 먼저 교회성장학에서 말하는 토착 교회 원리를 살펴보자.

맥가브란은 토착 교회 원리가 타문화에만 적용되는 것이 아니라, 유럽과 북미를 포함한 세계 모든 민족에게 모두 일어날 수 있으며, 이때 "민족화(nationalization)"와 혼동되어서는 안 된다고 주장한다.[182] 그에 의하면 토착화의 원리는 "자기 번식적인 교회들이 개척되는 방법"과 연관되어 있고, 민족화는 "아프리카—아시아 지도자들에게 권위를 이양하는 것과 관련되기" 때문이라는 것이다.[183] 이러한 민족화를 지지하는 교회들은 에큐메니컬과 같은 교회일치 사업이나 사회선교에 집중하게 됨으로써 결국 교회개척을 통한 교회성장을 이루어낼 수 없다고 한다.

이런 맥락에서 맥가브란은 소위 에큐메니컬 차원에서 전개하는 지나치게 "신학적, 교회론적인 색채"를 지닌 토착화 작업과, 선교사들이나 토착화를 연구하는 일단의 선교학자들의 효율성을 따지는 "실용적인 색채" 양쪽을 비판하면서 절충점을 모색한다. 먼저 그는 에큐메니컬주의자들의 토착화를 비판한다. 그는 그들의 토착화 작업이 유럽이나 북미 교회의 "복제판"을 만드는 것

---

182) 도날드 A. 맥가브란, 전재옥·이요한·김종일 옮김, 「교회성장이해」 (서울: 한국장로교출판사, 1987), 539.
183) *Ibid.*, 539f.

이 아니어야 한다고 주장하는 것으로 이해한다. 맥가브란은 일차적으로 여기에 전적으로 동의한다. 토착화된 교회는 자립적이어서 서구에 의존하는 교회가 아니라, 그 지역 문화의 교회가 되어야 한다는 데에 찬성한다. 이것은 어느한 문화의 선교사가 다른 문화에 복음을 전하기 때문에 이해할 수 있다고 한다.[184]

그렇지만 맥가브란은 바로 이 점에서 다음과 같이 질문해야 한다고 그 차이점을 밝히는데, 그 중심은 교회성장이다. "외국의 선교사가 어떻게 하면 그를 파송한 교회들의 파리한 복제물보다는 (현지인의 전통문화를 전혀 고려하지 않고 서구의 교회를 그대로 옮겨온 것을 표현한 것이다. - 저자 주) 예수 그리스도의 교회를 증가시킬 수 있을까? 선교사들은 어떻게 하면 성령으로 충만하며 철저하게 그 주민들에 속한 교회를 증가시킬 수 있는가? 중국에서는 정말로 중국적이고 볼리비아에서는 철저히 볼리비아적이어야 하지 않을까? 상류 계층 가운데서는 진정으로 상류 계층적이며 대중들 가운데서는 진정으로 대중에 속해야 하지 않을까? 버지니아 주 서부에 있는 광산 마을 또는 토론토에 있는 새로운 이탈리아인 정착지에 있는 새로운 장로교회들이 어떻게 하면 진정으로 광산 마을 또는 이탈리아적으로 존속할 수 있는가?"[185]

다음으로, 맥가브란은 "전반적인 토착 교회 학파의 실용적인 색채"를 비판한다. 그에 의하면 이들은 왜 복음 전달이 비기독교인들에게 파고들지 못하는지 그 이유를 조사하고 연구해서 보다 효율적으로 그들에게 복음이 전파되도록 하는 "토착 교회 원리"를 발견하였다는 것이다. 그래서 이것에 반대되는 선교방법이 교회를 성장시키지 못했다고 주장한다는 것이다.[186] 그렇지만 이들이 이 원리야말로 성장이나 비성장에 대한 중요한 요인이라고 생각하는 것, 조직사회 속에서 한 사람씩 개종시키는 것이라고 생각하는 데에는 문제가 있다는 것이다. 성장과 비성장에 대한 요인을 분석하기 위해서는 부흥사들의 역

---

184) *Ibid.*, 540.
185) *Ibid.*, 541.
186) *Ibid.*, 541.

할 등과 같은 여러 복합적인 요인을 살펴보아야 한다는 것이다. 187)

그러면 이러한 토착 교회 학파가 주장하는 "토착 교회 원리"의 주된 내용은 무엇인가? 맥가브란은 토착 교회 학파의 기원을 영국의 헨리 벤(Henry Venn)과 미국의 루퍼스 앤더슨(Rufus Anderson)에게 돌린다. 앤더슨은 해외선교란 토착민으로 이루어진 교회에서 토착민 출신 사역자가 선교사들의 도움을 통해 스스로 교회를 개척 및 증가해야 한다는 것을 주장했다는 것이다. 188)

이러한 토착 교회 원리는 존 네비우스(John L. Nevius)에 의해서 계승되는데, 맥가브란에 따르면 네비우스는 1888년의 저서를 통해 자신의 토착 원리를 말하고 있다. 189) 네비우스는 그때까지의 전통적인 선교방법, 그러니까 현지 지역과 언어 그리고 문화에 정통하지만 돈이 필요한 유급의 현지인을 고용해서 그들을 훈련시켜 복음전도자로 세우는 것에 대해 이의를 제기한다. 이러한 방법이 선교사와 현지인 모두를 만족시킬 수도 있지만, 여기에는 "그 배면에 숨겨진 막대한 결함"이 있다는 것이다. 190) 말할 것도 없이 그것은 돈 때문에 신자가 되고, 복음을 전하려고 하기 때문에 참된 신자를 구별해 낼 수 없게 만든다는 것이다. 말하자면 이러한 선교방식은 복음전도 사역을 왜곡시킨다는 것이다. 191) 이런 이유에서 네비우스는 여섯 가지의 토착 교회 원리를 제시했다는 것이다.

그 여섯 가지 원리는 다음과 같다. (1) 개종자는 개종하기 전의 직업으로 생계를 유지하고, 살던 곳에서 거주한다. (2) 무급의 평신도 지도자들을 세워야한다. (3) 예배는 교인들의 가정이나 교인들의 수준에 맞는 처소를 짓고 거기에서 드리도록 한다. (4) 유급의 복음 전도자나 조력자 그리고 선교사 들이 교

---

187) *Ibid.*, 553.

188) *Ibid.*, 541.

189) 맥가브란은 네비우스의 저서를 인용하면서 그의 책 제목을 말하고 있지 않다. 네비우스의 저서와 관련하여 다음을 참조하라. 곽안련 지음, 박용규·김춘섭 공역, 「한국교회와 네비우스 선교정책」 (서울: 대한기독교서회, 1994), 24ff.

190) 도날드 A. 맥가브란, 전재옥·이요한·김종일 옮김, 「교회성장이해」, 542.

191) *Ibid.*, 542f. 여기에 대한 더 나은 정보를 얻으려면 다음을 참조하라. Jonathan Bonk, *Missions and Money: Affluence as a Western Missionary Problem* (Maryknoll, New York: Orbis Books, 1986).

회를 지도하도록 한다. (5) 광범위한 훈련을 제공해야 한다. (6) 현존하는 교회들이 새로운 교회들을 개척한다.[192]

이 뒤를 이어 영국성공회의 롤랜드 알렌(Roland Allen)이 토착 교회 원리에 대한 성서적 기초를 제공해 주는데, 맥가브란은 알렌이 바울의 선교 방법 속에서 이러한 토착 교회 원리를 발견한 것으로 이해한다. 바울은 언제나 유급 사역자를 세우지 않았고, 새로운 기독교인들 중에서 무급의 장로들을 임명하였다는 것이다.[193] 맥가브란에 의하면 이와 같은 토착 교회 원리는 제2차 세계대전 이후에도 확산되고 정착되어 대단한 인기와 함께 교회성장에 기여하였다.[194] 그러나 맥가브란은 이러한 토착 교회 방법론이 그 성과에도 불구하고 "판단 유보(some reservations)"가 필요한데, 그것은 아시아와 아프리카 등지에서 유급의 사역자들에 의해서도 크게 성장한 교회들이 있기 때문이라는 것이다. 그렇기 때문에 토착 교회 원리가 어떤 상황, 어떤 지역에서든 교회를 성장시킬 수 있다는 주장은 "위험(grave danger)"하고, "진실이 아닌(not true)" 측면이 있다는 것이다.[195]

이런 맥락에서 앞서 언급한 것처럼 맥가브란은 어떤 절충점을 시도하는데, 그 근거가 바로 잘 알려진 "종족 개종 운동(people movement)"이다. 종족 개종 운동이란 일단의 동일집단 단위에서의 집단적 개종 운동을 말한다.[196] 그는 종족 개종 운동과 토착 교회 원리를 가지고 교회성장을 위하여 서로를 "버티게 해주는(buttress)" 상호 보충 내지는 상호 도움의 관점에서 재구성하려고 시도한다. 그래서 토착 교회 원리가 건강한 종족 개종 운동을 수립하는 데 유익하고, 그 반대로 종족 개종 운동은 토착 교회를 세워 나가는 데 커다란 도움을 준다는 것이다. 이에 대한 구체적인 예로 맥가브란은 남인도 도르나칼 교구를 언급한다. 이 교구는 종족 개종 운동으로 2만 5,000명이 집단 개종하였

---

192) 도날드 A. 맥가브란, 전재옥·이요한·김종일 옮김, 「교회성장이해」, 543f.

193) *Ibid.*, 545.

194) *Ibid.*, 545ff.

195) Donald A. McGavran, *Understanding Church Growth* (Grand Rapids, Michigan: William B. Eerdmans Publishing Company, 1970), 344f.

196) 도날드 A. 맥가브란, 전재옥·이요한·김종일 옮김, 「교회성장이해」, 485ff.

는데, 맥가브란이 이들을 방문하였을 때 목격한 환영의식은 이들의 노래와 춤 생활방식에서 토착적인 요소를 그대로 보여주었다는 것이다.[197] 이러한 경우들을 통해 종족 개종 운동과 토착 교회 원리는 상당히 밀접한 관계를 가지고 교회성장을 이루어낼 수 있다는 것이다.

이상으로 우리가 확인할 수 있는 것은 한국의 토착화신학과 교회성장학에서 말하는 토착화 교회 원리는 차원이 다르다는 점을 발견할 수 있다. 이것은 무엇보다도 토착화 용어의 사용이 신학과 교회라는 대상과의 차이에서 비롯된다. 토착화신학은 토착화의 대상을 신학에 국한하여 논의하고 있고, 교회성장학에서 토착화 논의는 교회성장에 집중하면서 교회를 어떻게 현지인 교회로서 성장 배가시킬 것인지에 관심하는 것이다. 이런 점에서 본다면 우리가 신학과 교회의 각자 역할에 대한 그 고유한 기능에 대한 차이로서 이것을 충분히 이해할 수 있다.

그러나 문제는 토착화라는 용어 자체가 대단히 실천적인 개념이라는 것이다. 그렇게 신학과 교회라는 이분법적인 역할 또는 기능으로 나누어 논의할 수 없는 성질을 가진 개념인 것이다. 토착화신학은 마땅히 그 신학의 논의에 있어서 구체적 실천의 대상이 설정되어야 한다. 그렇지만 토착화신학은 그 당위성과의 이론적 논쟁에 치우침으로 구체적인 실천적 주제를 찾지 못했다고 볼 수 있다. 어떻게 예배 및 장례와 결혼과 관련된 토착화된 예전을 마련해야 하는지, 이때 토착화된 음악은 어떻게 한다든지, 건축은 물론이고, 신앙표현에 있어서 예술적으로 어떻게 한국 전통 문화적 차원을 반영하여 표현해야 하는지 등에 대한 구체적인 논의가 부족하다는 것이다.

마찬가지로 교회성장학에서 논의하는 토착 교회 원리 역시 교회성장 지향과 주로 자립, 자전, 자행이라는 기본적 원리에만 집중한다는 것이 문제점으로 지적될 수 있다. 특히 현지인 무급 사역자를 통한 교회가 토착화된 교회의 원리에 해당된다는 주된 입장은 자립교회가 곧 토착화된 교회라는 오해를 낳

---

197) *Ibid.*, 559ff.

을 수 있다. 중요한 것은 현지 문화를 통한 복음의 표현이 현지인들에게 어떻게 효과적으로 전달될 수 있는지를 내용적 차원에서 발견해야 한다는 것이다. 반드시 현지인이 무급으로 사역할 때에만 그것이 토착화된 교회라고 할 때, 그 교회의 내용이 서구적인 형식과 내용을 가지고 있어도 과연 그것이 토착화된 교회라고 할 수 있는지는 문제의 여지가 있기 때문이다.

이런 이유에서 토착화신학은 교회성장학에서 논의하는 토착 교회 원리를 어떻게 수용할 것인지 고민해야 하고, 이와 동시에 교회성장학에서는 토착화신학이 제기하는 중요한 신학적 의미를 교회현장에서 구체적으로 실행할 수 있는 모델을 창조해야 할 것이다. 더 나아가 오늘날 현대 도시 사회에서 문화와 미래 문화를 조명하면서 어떻게 토착화를 할 것인지에 대해서 묻는 것은 과거 전통 문화에만 얽매여 논의해 온 지금까지의 토착화 논의를 한층 더 발전시킬 것이다.

이런 맥락에서 우리는 최근 선교적 교회(missional church)를 주장하는 선교학자들의 입장에서 토착화신학이나 토착 교회 원리를 뛰어넘는 통전적이고 실천적인 모델을 소개할 수 있다. 이것은 상황화(Contextualizing)에 대한 논의이다. 토착화라는 용어가 단지 종교 문화적 차원만을 반영하고 있기 때문에 1972년 쇼키 코에(Shoki Coe)는 TEF를 통해 이 용어를 상황화라는 말로 확대 재정의하여 사용하기 시작하였다.[198] 그는 이 토착화라는 개념을 가지고서는 당시 제3세계에서 벌어지는 정치경제적 억압의 상황을 적절하게 신학화할 수 없다고 보았다. 그래서 그는 상황화라는 개념 안에 상황(Kontext)의 종교문화적 차원과 정치경제적 차원의 문제를 통전시키려고 하였다. 그 결과 토착화라는 개념은 상황화 개념의 일부를 구성하는 개념이 되었다. 이것이 가톨릭 측에서는 알로이시우스 피어리스(A. Pieris)에 의해 "문화토착화(Inculturation)"라는 개념을 통해 아시아적 가난과 종교성이라는 상황의 양 차

---

198) 참조하라, S. Coe, "Contextualizing Theology," G. H. Anderson, T. F. Stransky (ed.), *Mission Trends No. 3. Third World Theologies* (Grand Rapids: Eerdmans, 1976), 19~24.

원에 관한 신학화 작업으로 나타나기도 하였다.[199] 송천성(C. S. Song)은 이 개념을 반대하는데, 그는 이 문화토착화를 종교문화적 차원에서의 토착화 개념으로 이해한 것으로 보인다.

어찌 되었든 이러한 상황화는 오늘날 선교적 교회를 만들어 나가는 데 가장 중요한 용어가 되었다. 이것은 단지 정치 경제적 차원과 종교 문화적 차원에서의 신학화 작업뿐만 아니라, 교회가 지역사회에 어떻게 복음을 전달할 것인지의 문제를 포함하고 있기 때문이다. 선교적 교회론자인 마이클 프로스트(Michael Frost)와 앨런 허쉬(Alan Hirsh)는 상황화를 "변함없는 복음의 메시지가 특수하고 상대적인 인간적 상황과 상호 작용하는 역동적인 과정"으로 이해한다.[200] 그들은 이때 "상태적(situational) 상황과 경험적(experiential) 상황 모두를 포괄"해야 한다고 주장한다. 그래서 서구에서의 상황화처럼 교회의 상징이나 언어 표현만 바꿔서 표현해서는 안 되고, 복음이 역사적인 문화, 국가, 언어, 법 등을 포함하는 실제적인 삶의 상황을 말하는 상태적 상황과 인간의 감정을 나타내는 경험적 상황 속에서의 상황화와 연관되어야 한다는 것이다.[201] 이것을 위해 그들은 혼합주의와의 경계석을 위해 폴 히버트(Paul Hiebert)의 비판적 상황화 이론과 존 트레비스(John Travis)의 그리스도 중심적 여섯 가지 유형을 접목시키는데, 전통적인 의미에서의 복음주의적 상황화 이론에 기반하고 있음을 알 수 있다. 그럼에도 불구하고 이러한 맥락에서의 상황화가 가지는 가치는 교회성장학에서 중시하는 교회성장 중심의 토착화 원리를 상당히 극복하였다는 점이다. 이와 동시에 토착화신학자들의 이론적이고 현학적인 복음의 토착화 문제를 교회의 실제적인 문제로 삼았다는 데 그 중요성이 있다고 할 수 있다. 또한 이러한 상황화는 복음이 "문화를 변화시키는 매개체로도 작용"할 수 있음을 보여주기 때문이다.[202]

---

199) A. Pieris, 성염 역, 「아시아의 해방신학」(왜관: 분도출판사, 1992). 토착화 신학을 다루는 문헌들이 너무 많아서 여기서 일일이 다 열거할 수는 없다.
200) 마이클 프로스트·앨런 허쉬, 지성근 역, 「새로운 교회가 온다」(서울: IVP, 2009), 157.
201) *Ibid.*, 158f.
202) 에드 스테처·데이비드 푸트만, 이후천·황병배 공역, 「선교암호 해독하기」(서울: 한국교회선교연구소, 2010), 130ff.

4. 선교적 토착화교회 만들기

일찍이 3세기의 오리게네스는 "모든 신학은 실천이다."라고 주장한 바 있다. 이처럼 신학은 실천성이 가장 중요한 결과물로 제시되어야 한다. 특히 오늘날 신학은 교회의 실천을 통해 그 성과가 드러나야 한다. 여기에 토착화신학도 결코 예외일 수 없다. 하지만 실천이라고 할 때 유의해야 할 점은 그것이 실천(Praxis)인 경우에는 소위 해방신학을 떠올릴 수 있다는 것이다.[203] 여기서 말하는 실천은 실천성(Practicality)이란 것을 명백히 해야 한다. 바로 이런 관점에서 이 글은 지금까지 한국의 토착화신학이 가지고 있는 특징을 비판적으로 접근한 것이다. 그 결과 한국의 토착화신학은 세 가지 문제점을 노정시켰다고 볼 수 있다. 첫째는, 복음주의와의 이론적 논쟁에 치우쳤고, 전개하는 논리 및 언어가 매우 어려워서 교회 혹은 일반 교인 대중들과의 괴리를 가져왔다. 둘째는, 감리교 조직신학자들이 주도함으로써 다른 개신교회들과의 토착화 작업이 공동으로 제대로 이루어지지 않았다. 셋째로는 한국의 토착화신학이 종교신학적 특징을 가지고 있으므로 상황의 정치·경제적 차원을 놓쳤을 뿐만 아니라, 교회로부터 비판의 표적이 되었다.

우리는 이상과 같은 한국 토착화신학의 비판점 위에서 그 대안으로 먼저 교회성장학에서 접근하는 토착 교회 원리를 소개하였다. 하지만 이것도 교회성장을 위한 토착화이론 또는 교회실천이라는 점에서 많은 문제점에 노출되었다. 이것을 극복하기 위해 우리는 오늘날 선교학에서 제시하는 선교적 교회론의 빛에서 토착교회의 문제를 이론적으로 성찰해 보았다. 이것은 과거지향적인 토착화 논의를 현대 문화의 구체적인 상황 속에서의 교회실천이라는 문제를 다루고 있다. 말하자면 상황과 지역 내에서 교회가 어떻게 선교적으로 자리매김할 것인지를 묻고 그에 대한 대답을 모색하고 있다. 이것이 지금까지의 토착화신학이 가지고 있는 실천으로서 교회현장의 문제를 올바로 극복할

---

203) 로버트 슈라이터, 황애영 역, 「신학의 토착화」(서울: 가톨릭출판사, 1991), 188ff.

수 있는 이론적이고 실천적인 최대한의 성과물인지에 대해서는 아직 검증된 바가 없다. 그렇지만 적어도 교회의 본질인 선교적 과제를 수행하기 위해 지역 내에서의 상황을 적절하게 고민하고 있는 현재까지의 중요한 대안이라는 점에서 한 번 시도해 보는 것이 필요하다.

문제는 이러한 토착화 이론에 관한 것들이 한국의 상황에서 한국의 문화적 코드를 얼마나 잘 해석해 가며 한국교회에 의한 실제적인 사례들로 체계화시키고 실천할 수 있느냐이다. 예컨대 한국 개신교의 선교 초기에 담배와 술 그리고 화투놀음 등하여 금지한 바 있는데, 이것은 선교사 신앙의 개인적 차원의 반영일 뿐이지 한국 문화를 반영했다고 보기 힘들다. 게다가 여기에는 서구 선교사들의 우월의식 또한 숨어 있다는 것은 숨길 수 없는 사실이다.204) 모든 문화에는 아름다움과 추한 면이 있다. 이처럼 한국의 문화 속에 이미 뿌려진 복음의 씨앗이 열매를 맺기 위해서는 토착화신학이 한국교회를 통해 문화적 파괴주의와 문화적 낭만주의 사이에서 새로운 예전과 음악 그리고 예술에 걸쳐 복음의 해석을 실천적으로 제시해야 할 것이다.

---

204) 참조하라, 다니엘 기포드, 심현녀 역, 「조선의 풍속과 선교」(서울: 한국기독교역사연구소, 1995), 41.

5장

"이 세대 안에 세계의 복음화"?

1. 세계복음화는 선교적 교회의 지속적인 과제

인도의 선교사였던 윌리엄 캐리(William Carey, 1761~1834)가 교회 일치를 위해 10년마다 세계선교대회를 열되 그 첫 번째 모임을 1810년 남아프리카의 케이프타운에서 개최하자고 제안한 지 100년이 지난 1910년 6월 14일부터 23일까지 스코틀랜드의 에든버러에서 세계선교사대회(World Missionary Conference)가 개최되었다. [205] 이 대회의 주제는 "이 세대 안에 세계의 복음화(the Evangelization of the World in This Generation)"였다. 잘 알려진 바대로 이 주제는 미국의 감리교 평신도 지도자였던 존 모트(John Raleigh Mott, 1865~1955)에 의해 1880년대와 1890년대의 대학생들을 선교사로 지원하도록 촉구하는 해외선교를 위한 학생자원운동(SVM)의 슬로건이기도 하였고, 1900년에 동일한 제목을 가진 책으로 출판되면서 더욱 구체화되었다. [206] 결국 그 슬로건과 책

---

205) 이형기, 「에큐메니컬 운동사. 세계교회협의회(WCC)가 창립될 때까지」(서울: 대한기독교서회, 1994), 106. World Missionary Conference를 한국말로 어떻게 이해할 것인가 생각할 때 대체로 '세계선교대회'로 번역하고 있다. 하지만 필자의 견해로는 그 모임의 성격상 '세계선교사대회'가 올바른 해석이라고 본다.

206) 참조하라, John R. Mott, *The Evangelization of the World in This Generation* (New York: Student Volunteer Movement for Foreign Mission, 1901). 존 모트의 간단한 이력에 대하여는 다음을 참조하라. Gerald H. Anderson·Robert T. Coote·Norman A. Horner·James M. Phillips (ed.), *Mission Legacies: Biographical Studies of Leaders of the Modern Missionary Movement* (American Society of Missiology Series), 박영환·홍용표 공역, 「지도자 중심으로

의 제목은 그가 중심이 되어 진행된 1910년 에든버러 세계선교사대회의 주제가 되었다.

2010년은 이 대회가 열린 지 또 100주년이 되는 해였다. 그럼에도 아직 그 주제는 여전히 유효하고, 교회와 모든 선교단체들의 미완성인 과제로 남아 있다. 오히려 더 큰 문제는 전체 기독교인들의 숫자는 늘었지만, 당시 전 세계 인구 대 전체 기독교인의 비율은 오늘날이 더 낮다는 것이다. 1900년 전체 기독교인의 수는 5억 5,813만 1,000명에서 2009년 22억 7,172만 7,000명으로 증가하였다. 하지만 비율로 보면 1900년 전체 인구 대 기독교인의 비율은 34.5%에서 2009년 33.3%로 하락하였다.[207] 지나간 100년 사이에 무엇이 발생하였고, 오히려 비율적으로는 왜 더 하락하였는지 그 이유는 오늘날 수많은 신학자들의 연구과제이다.

게다가 세계 복음화에 대한 기독교인들의 열망을 가장 잘 표현하고 있는 이 주제는 당시 구스타프 바르넥(Gustav Warneck, 1834~1910)의 비판을 불러 일으키기도 하였다. 어떻게 한 세대 안에 세계를 복음화 할 수 있느냐는 것이다. 세계 복음화의 문제는 시간의 제약에 묶일 수 없다는 것이다. 스티븐 니일(S. Neil)은 이에 대해 이렇게 전달하고 있다. "구스타프 바르넥은 이 슬로건이 신앙의 강화에 요청되는 시간의 문제를 고려하지 않고 광범위한 지역에 급속하고 피상적으로 복음을 전하겠다는 뜻을 함축하고 있다고 주장했다."[208] 비

본 선교역사와 신학』(서울: 서로사랑, 1998), 227~240. 모트의 저서 가운데 아주 핵심적인 부분에 대한 요약을 보려면 다음을 참조하라. Norman E. Thomas (ed.), *Classic Texts in Mission and World Christianity* (American Society of Missiology Series), 박영환·홍용표 공역, 『선교신학: 초대교회에서 현대 패러다임까지』(서울: 서로사랑, 2000), 143~149. 이외에도 다음을 참조하라. John R. Mott, "Responsibility of the Young People for the Evangelization of the World," Ralph D. Winter, *Perspectives on the World Christian Movement: A Reader* (Pasadena, California: William Carey Library, 1999), B126~B136.

207) 참조하라, David B. Barrett·Todd M. Johnson·Peter F. Crossing, "Christian World Communions: Five Overviews of Global Christianity, AD 1800~2025," *IBMR* 33 (January 2009), 25~32. 사실 기독교인들의 수에 대한 통계는 기관마다 다를 수 있는데, 예컨대 미국 세계선교센터의 미전도종족 선교사역인 여호수아 프로젝트(Joshua Project)에서는 전체 인구 대 미전도종족집단의 비율을 41%로 추정하고 있다(참조하라, www.joshuaproject.net).

208) Stephen Neil, *A History of Christian Missions*, 홍치모·오만규 공역, 『기독교 선교사』(서울: 성광문화사, 1979), 525.

록 그와 또 다른 사람들이 모트의 주장을 제대로 파악하지도 않고 성급하게 평가한 측면이 있을지라도, 당시 대회의 주제에 대한 "열렬한 지원"뿐만 아니라 "맹렬한 비판"도 존재하였다는 사실을 보여주고 있으며, 이것은 현재에도 진행되고 있다.[209]

이처럼 이 주제는 실제로 이루어지지도 않았고, 논란의 여지도 있었다. 그러면 선교하는 교회의 영원한 주제인 세계 복음화의 과제는("또 복음이 먼저 만국에 전파되어야 할 것이니라" 막 13:10, "이 천국 복음이 모든 민족에게 증언되기 위하여 온 세상에 전파되리니 그제야 끝이 오리라" 마 24:14) 무의미한 이슈인 것인가? 그것은 또 1910년대에만 해당된 세계 복음화 업적의 최고봉을 마감하는 "한 시대의 끝으로서의 성격"을 가지고 있는 것인가?[210] "위대한 세기"는 적어도 1914년까지인가? 이것을 올바로 판단하기 위해서는 무엇보다 실제로 존 모트가 선교사대회를 통해 이 주제에 대해서 말하려는 본래의 의도가 무엇이었는지 정확히 살펴보고 소개하는 것이 필요하다.

이런 점에서 이 작은 글은 "이 세대 안에 전 세계의 복음화"라는 슬로건에 함축되어 있는 의미에 대해 존 모트의 저서를 중심으로 살펴보고, 그것이 가져온 논쟁점과 이에 대한 선교학적 성찰을 시도함으로써 오늘날 다시 한 번 "이 세대 안에 세계 복음화"의 이슈가 가능한지를 따져보려는 데 목적을 둔다.

2. "이 세대 안에 세계의 복음화" 이해

존 모트의 "이 세대 안에 세계의 복음화"(the Evangelization of the World in This Generation)는 전체 9장으로 구성되어 있다. 1장은 이 제목 혹은 슬로건에 대한 개념을 정의내리고 있다. 2장은 세계를 복음화해야 하는 책임을 다루고 있다. 3장은 세계를 복음화하는 데 방해되는 것들이 무엇인지를 논하고 있다. 4장부터 7장까지는 이 세대 안에 세계의 복음화를 이룰 수 있는 가능성이 있

---

209) *Ibid.*
210) *Ibid.*, 527.

다는 것을 밝히고 있는데, 각각 최초 1세기 초대교회 교인들의 성과에서, 현대 선교사들의 성과에서, 교회의 시설과 자원 그리고 기회에서, 교회 지도자들에게서 찾고 있다. 그리고 8장에서는 "이 세대 안에 세계의 복음화"에 있어서 본질적인 요소가 무엇인지를 제시하고 있고, 9장에서는 다시 한 번 슬로건으로서 "이 세대 안에 세계의 복음화"를 다루고 있다.

여기에서도 마찬가지로 먼저 이 슬로건에 대한 개념이 정확하게 무엇인지를 파악하려고 한다. 모트에 따르면 "이 세대 안에 세계의 복음화"는 우선 "예수 그리스도가 자신들의 구세주이심을 깨닫고 그의 참된 제자가 되도록 모든 이들에게 하나의 적절한 기회(an adequate opportunity)를 주려는 것을 의미한다."라고 말하고 있다.[211] 그렇기 때문에 모든 선교기관은 모든 이들에게 복음을 전파해야 할 과제를 가지게 된다는 것이다. 이것을 위해 그는 복음서 가운데 네 구절을 결합한다. 마가복음 16장 15절 "너희는 온 천하에 다니며 만민에게 복음을 전파하라", 마태복음 28장 19절 "너희는 가서 모든 민족을 제자로 삼아", 누가복음 26장 47절 "그의 이름으로 죄 사함을 받게 하는 회개가 예루살렘에서 시작하여 모든 족속에게 전파될 것" 그리고 사도행전 1장 8절 "예루살렘과 온 유대와 사마리아와 땅 끝까지 이르러 내 증인이 되리라"가 그것이다.[212] 여기에서 제일 중요한 것은 그리스도를 깨달아 아는 것이다. 이때 그리스도에 대한 복음은 이미 바울과 초대 기독교인들이 선포했던 그 복음을 말하는데, 특히 고린도전서 15장 3절과 4절에 나타나는 대로이다. "내가 받은 것을 먼저 너희에게 전하였노니 이는 성경대로 그리스도께서 우리 죄를 위하여 죽으시고 장사 지낸 바 되었다가 성경대로 사흘 만에 다시 살아나사." 바로 예수 그리스도의 삶과 사역, 가르침 그리고 죽음과 부활, 승천 및 다시 오시겠다는 약속과 같은 예수에 대한 모든 이야기가 모든 이들에게 전해져야 할 복음이라는 것이고, 이것을 수행하는 이들이 바로 선교사 및 선교기관이라는 것이다.

그러면 이러한 복음이 언제 선포되어야 하는 걸까? 이에 대해 모트는 복음

---

211) John R. Mott, *The Evangelization of the World in This Generation*, 3.
212) *Ibid.*

이 모든 이들에게 "살아 있는 동안(while they are living)" 선포되어야 한다고 말한다. 그렇기 때문에 "이 세대 안에 전 세계의 복음화"는 "지금 살아 있는 사람들에게(those who are now living)" 행하는 것이다. 그리고 복음을 전하는 사람들도 "자신들의 생애 동안" 복음을 전해야 한다고 말한다.[213] 따라서 "이 세대 안에"라는 말은 지금 살아 있는 사람들에게 이미 기독교인들이 사는 동안에 복음을 전하는 것을 말한다. 이것은 어느 특정한 시간을 정해 놓고 그 시간 안에 복음화를 이루어야 한다는 말이 아니다. 그러니까 한 세대를 예컨대 30년이라고 한다면, 그 시간 안에 세계를 복음화해야 한다는 슬로건이 아니다. 그보다는 어떤 시대이건 살아 있는 기독교인들은 당대의 비복음화 사람들에게 복음을 전해야 할 책임과 의무가 있다는 말이다. 이런 점에서 이 세대 "안에"라는 말은 시간적 의미에서의 "내에(within)" 세계를 회심시켜야 한다는 말이 아닌 것이다. 이렇게 보면 우리말로도 "이 세대 안에"는 "모든 시대마다" 혹은 "살아 있는 동안에"라는 의미가 담겨 있는 것으로 보인다. 서구에서처럼 우리 역시 "이 세대 안에"라는 말을 직역하여 사용함으로써 시간적 제한에 묶여 있는 과제라는 부담을 가질 수 있기 때문이다.

그런데 여기에서 문제가 되는 것은 복음을 전한다고 해서 복음을 듣는 이들이 모두 복음을 받아들이느냐 하는 것이다. 이에 대해서 모트는 그렇지 않을 것이라고 말한다. 그렇다고 해서 목적의식 없이 복음을 전해서는 안 되고, 예수의 제자가 되리라는 믿음으로 진실하게 전해야 한다고 말한다. 그 결과에 대해서는 책임질 수 없지만, 다만 진실함으로 전하는 것이 "큰 확신"을 가지고 복음을 전하는 이들의 올바른 태도라고 한다. "이는 우리 복음이 너희에게 말로만 이른 것이 아니라 또한 능력과 성령과 큰 확신으로 된 것임이라"(살전 1:5).[214] 이때 복음을 전하는 선교사들은 복음을 듣는 청중의 상황을 고려해야 한다고 말한다. 청중의 언어와 나이, 교육수준, 전통과 환경을 고려하여 청중의 입장에서 복음을 전해야 한다는 것이다.

---

213) *Ibid.*, 6.
214) *Ibid.*, 7.

이와 동시에 선교사는 폭력적인 방법이 아니라, 인내와 철저함으로 복음을 전해야 하는데, 그럼으로써 복음에 대한 책임이 화자가 아닌 청중에게 있게 된다는 것이다.[215] 이것은 복음을 듣는 사람의 상황을 충분히 고려한다는 장점이 있는 반면에, 결국에는 복음을 듣고도 기독교인이 되지 않는 이들에 대한 자기책임을 묻는 것이라고도 볼 수 있다. 이처럼 청중에 대한 세심한 배려가 필요하다는 점에서 모트는 세계의 복음화를 "기독교 사상으로 세계를 물들이려고 하고 전 세계에 기독교 문명의 원리를 적용하는 것을 의미하는" "세계의 기독교화(the Christianization of the world)"가 아니라고 주장한다.[216]

다른 한편으로 모트는 "이 세대 안에 세계의 복음화"가 교회 내의 전천년설(premillenial)과 같은 어느 특정한 종말론을 지지하지 않는다고 말한다. 세상을 향한 하나님의 목적은 어느 시간에 구속되는 것이 아니기 때문이라는 것이다. 다만 기독교인에게만 시간이 지정되어 있는데 그것은 그들에게 삶이 한정되어 있으므로 아직 복음화하지 못한 이들에 대하여 책임을 질 수 있는 시간이 살아 있는 동안으로 한정된다는 것이다.[217]

방법적으로도 모트는 세계의 복음화가 교육, 문서, 의료, 복음 사역이 관계적으로 상호 협력하는 형태를 취해야 한다고 주장한다. 예컨대 교육사역이나 문서사역만이 중요하다고 말할 수 없다는 것이다. 이것들은 상호배타적이거나 독점적이어서는 안 되고, 모든 각각의 방법이 세계 복음화의 목적에 맞추어서 선교의 도구가 되어야 한다는 것이다. "모든 선교 방법은 사람들이 복음을 받아들이는 데 유용하게 사용되어야 한다."[218]

모트는 이 모든 것을 통해서 "이 세대 안에 세계의 복음화"라는 주제 자체가 중요한 것이 아니라고 말한다. 모든 이들에게 복음이 전해졌다고 할지라도, 교회가 자신의 과제마저 다 수행했다고는 볼 수 없기 때문이라는 것이다. 세례를 주어서 입교인이 되도록 하고, 양육을 하여 믿음과 인격이 자라게 함

215) *Ibid.*, 8.
216) *Ibid.*, 9.
217) *Ibid.*
218) *Ibid.*, 10. 참조하라, *ibid.*, 10~15.

으로써 섬김으로 나아가도록 해야 한다는 것이다. 그래서 개인의 인생, 가정생활, 사회생활, 국내와 해외 생활에서 그리스도를 높이고, 결국에는 비기독교인들의 땅에 자립, 자치, 자전하는 교회를 설립하고 발전시키는 것이 목적이라고 주장한다.[219]

다음으로 모트는 2장에서 세계 복음화에 대한 의무의 문제를 다루는데, 이것은 모든 민족과 종족들에게 그리스도가 필요하기 때문이라는 것이다. 그것이 필요한 첫 번째 이유는 특히 세계의 비복음화 사람들이 암흑 속에서 갖가지 사회적 부정의, 우상숭배, 타락 등으로 죄악에 물들어 있기 때문이라는 것이다.[220] 여기에는 비기독교 종교들도 포함된다. 모트는 이 종교들이 "나름 도덕원리와 가르침을 가지고 있지만, 사람들의 삶을 올바르게 인도할 적절한 기준과 동기를 주지 못하고 있다."라고 비판한다.[221] 그래서 이러한 종교인들 가운데에도 훌륭한 현자들이 있지만, 하나님 앞에서는 모든 이가 죄인이고 그렇기 때문에 하나님의 용서와 구세주이신 그리스도의 구원이 필요하다는 것이다. 게다가 그는 모든 비기독교 종교들이 기독교가 성취한 개인과 사회의 변화에 대한 능력을 잃었다고 보고 있다. 그는 성서가 이러한 그리스도 중심적인 구원관에 대해 분명하게 증거하고 있다고 주장한다. 다시 말해서 인간의 죄와 벌로부터의 구원이 다른 종교들로는 불가능하고 그리스도를 통해서만이 가능하다는 것이다.[222]

두 번째로 모트는 말하길 우리가 세계를 복음화해야 하는 의무는 우리 모두가 복음에 빚진 자이기 때문이라고 주장한다. 우리가 알고 있는 예수 그리스도에 대한 지식은 다른 사람들로부터 받은 것인데, 이것을 우리만이 배타적으로 사용해서는 안 되고 이것을 다른 사람들에게 전해야 한다는 것이다. 왜냐하면 예수는 "모든 이들을 위해서 죽음을 맛보셨기(tasted death)" 때문이

---

219) *Ibid.*, 15f.
220) *Ibid.*, 17.
221) *Ibid.*, 18.
222) *Ibid.*

라는 것이다.223) 그래서 예수는 모든 피조물이 그의 구원의 복음을 알게 되기를 바란다는 것이다. 이런 점에서 세계 복음화의 과제는 기독교인들에게 "자진해서 하는 과제(self−imposed task)"가 아니라, 그리스도의 선교대명령이며 "예루살렘의 한 다락방에서(막 16:15), 갈릴리의 한 산에서(마 28:19, 20), 승천하기 바로 직전 올리브 산에서(행 1:8)" 모든 이들에게 알려지게 한 것이라고 한다.224)

세 번째로 세계 복음화의 의무는 기독교회의 가장 본질적인 사역이기 때문이라고 주장한다. 모트는 복음을 전해야 하는 사명을 알면서도 하지 않는 것은 죄라고 규정한다. 이것은 결국에 교회성장의 약화를 가져온다는 것이다.225) 교회는 세계복음화 사역에 그 에너지를 사용함으로써 물질주의와 사치, 이기주의와 편의성과 같은 것들로부터 자신을 구할 수 있다는 것이다.226)

네 번째는 세계 복음화의 의무가 "시급한 문제(an urgent one)"이기 때문이라고 주장한다.227) 그렇기 때문에 세계 복음화의 과제를 다음 세대로 넘겨서는 안 된다는 것이다. 교회는 오랫동안 우리 세대가 하지 못하면 다음 세대가 할 수 있으리라는 생각에 젖어 있었다고 비판한다. 그러면서 모트는 당대가 세계 복음화 과제를 성공적으로 수행하지 못하면, 다음 세대에는 그것이 더욱 어려워질 수 있다고 진단한다. 불법 주류거래, 아편매매, 성적 문란, 도박과 같은 악의 영향력이 서구 기독교 지역은 물론이고 비복음화 지역에서도 다음 세대로 자신의 치명적인 일을 연기하지 않고 있기 때문에 "이 세대 안에 세계의 복음화"의 과제를 연기할 수 없다는 것이다.228)

3장에서 모트는 세계 복음화 방법에 장애가 되는 요소들을 언급하고 있다. 여기에서 그는 선교지 교회에 끼치는 내·외적 장애물을 다루고 있다. 우선 외적 장애물로 비복음화 지역 사람들이 격리되어 상당히 분산되어 있다는 것이

---

223) *Ibid.*, 20.
224) *Ibid.*, 22.
225) *Ibid.*, 24.
226) *Ibid.*, 25f.
227) *Ibid.*, 26.
228) *Ibid.*, 27~29.

다. 또한 그는 러시아나 터키와 같은 정부의 반대가 복음 전파에 가장 중요한 정치적 방해물이라고 지적한다.[229] 특히 선교사들에 대한 오해가 증폭되어 있는데, 정탐꾼이라든지, 기독교의 수용이 황제에 대한 모욕으로 이해된다든지 하는 것들이 모두 복음화에 방해되는 정치적 요소라는 것이다. 그 밖에도 비신앙적인 서구 출신 무역상, 배꾼, 군인, 여행객 등의 부도덕한 생활은 선교사들이 현지인들에게 복음의 능력을 전달하는 데 상당히 어렵게 한다고 주장한다.[230] 그리고 사회적 차원에서의 장애물은 인도의 카스트 제도처럼 현지인들이 오랜 시간에 걸쳐서 확립한 전통과 관습을 한 번에 바꾼다는 것이 쉽지 않다는 것이다. 여기에 현지인들의 문맹률이 너무 높다는 사실도 간과할 수 없는 요소이다. 동시에 언어적 어려움도 있지만, 가장 곤란한 외적 문제는 현지인의 삶과 역사에 뿌리 깊게 박혀 있는 종교와 도덕이라고 주장한다.[231]

다음으로 모트는 세계 복음화의 내적 장애물로 무엇보다 현지 기독교인들의 가난을 들고 있다. 가난은 현지인 지도자들을 깊이 있는 영적 지도자로 양육하기 어렵게 한다는 것이다. 동시에 선교사들 또한 현지의 기후 등에 적응하기 위해 필요한 건강을 잃는 수가 많다는 것이다. 이 외에도 선교사들이 현지 언어를 익숙하게 사용함으로써 현지인의 마음에 접근하는 것이 쉽지 않다고 토로한다.[232] 이어서 그는 선교사 파송 국가 내에서의 장애물을 언급한다. 그것은 다름 아니라 세계 복음화 사역의 필요성에 대한 비관주의와 몰이해라고 지적한다. 여기에는 선교적 목회자들의 부족이 중요한 문제라고 말한다. 그는 이것을 위해 연합사업을 활성화시켜야 한다고 주장한다.[233] 그러나 이러한 장애물들을 극복하지 못할 이유가 없고, 몰트케(Moltke)의 말을 빌려 처음에는 신중해야 하지만, 다음에는 시도하는 것이 중요하다고 말한다. 정치적 상황도 차츰 변하고 있으며 수백 명의 여자 선교사들도 인도에서 여성 사역에

---

229) *Ibid.*, 31.
230) *Ibid.*, 32f.
231) *Ibid.*, 36.
232) *Ibid.*, 40f.
233) *Ibid.*, 42ff.

힘쓰고 있으므로 희망이 있다는 것이다.[234] 그렇지만 세계 복음화를 가장 힘들게 하는 것은 선교지의 언어와 관습 그리고 인종적 편견 및 정치적 박해 등이 아니라, 선교대명령에 입각한 성령으로 충만하지 않은 선교사를 파송하는 모교회 내에 있다는 베테랑 선교사들의 말을 인용하는 모트의 지적은 오늘날에도 여전히 새겨들을 만한 고백이다.[235]

모트는 4장부터 7장까지 "이 세대 안에 세계의 복음화"가 가능한 이유들을 제시하고 있다. 4장에서 모트는 초대교회 제1세대, 그러니까 오순절 사건에서 예루살렘의 몰락까지 또는 30~70년 사이에 기독교인들의 지역적인 복음화 업적이 팽창했기 때문에 "이 세대 안에 세계의 복음화" 사역이 유망하다는 것을 강조한다. 사도행전은 이에 대한 보고인데, 그 짧은 시간에 예루살렘에서 로마까지 기독교회의 설립이 바로 그 증거라는 것이다. 사도적인 교회들이 그 이후 세대에도 영향을 미쳐 당시 로마 제국의 물질문명과 비도덕적인 문화와 노예들이 고통당하는 시대에서도 이미 초대교회 첫 세기에 스코틀랜드며 아프리카 등지로까지 복음이 전파되었다는 것이다.[236] 이것은 지리적이고 수적으로뿐만 아니라, 사회의 다양한 계층으로까지 복음이 전파되었다는 사실을 의미한다는 것이다. 여기에는 부자와 가난한 자, 교육을 받은 사람이나 문맹인, 고위층이나 평민에 이르기까지 그 구성이 실로 다양한 것이 사실이라고 주장한다. 그리고 그것을 가능하게 했던 것은 바로 기독교의 박해에도 불구하고 초기 기독교인들의 기도와 성령의 인도하심 그리고 사도적 교회로서의 자기정체성에 대한 확고한 인식 아래서 펼쳐지는 비복음화 지역에 대한 전략적인 접근이었다고 말한다.[237]

5장에서 모트는 선교지에서 근대(modern) 선교사들이 올린 성과를 볼 때, "이 세대 안에 세계의 복음화" 과제가 가능하다는 점을 들고 있다. 이것을 위해 그는 만주에서 활동한 아일랜드와(1870년 입국) 스코틀랜드 장로교 선교사

---

234) *Ibid.*, 46f.
235) *Ibid.*, 49f.
236) *Ibid.*, 51f.
237) *Ibid.*, 62ff.

들의(1872년 입국) 사례를 제시하고 있다. 그들은 짧은 시간에 만주지역 복음화에 지대한 영향을 끼쳤다는 것이다. 그 이후 선교사들의 수가 양적으로 늘어가는 가운데 중국의 선교사들에 대한 극심한 편견과 의심 속에서도 특히 존 로스(John Ross)가 1872년에 입국하여 1873년 최초로 3명의 개종자가 생겼다. 그 이래로 만주에서 복음화가 이루어져 1895년에는 4,000명으로, 1897년에는 8,000명, 1898년에는 1만 4,000명으로 증가하게 되었다는 것이다. 1899년에는 다시 1만 9,000명으로 증가되었는데, 당시 전체 인구는 1,500만 명에서 2,500만 명 사이로 추정되고 있다.[238] 모트는 비록 적은 숫자의 선교사로 시작하였지만, 짧은 시간에 이토록 놀라운 성과를 올린 데에는 200만 권이나 팔린 소책자 문서선교뿐만 아니라, 500명이나 되는 현지인들을 지도자로서 훈련시키고 교회 자립 운동과 교회설교 및 직접적인 전도 등이 작용한 것으로 보고 있다.[239] 바로 이 같은 성과가 "이 세대 안에 세계의 복음화"에 대한 전망을 획득할 수 있는 가능성을 보여준다는 것이다.

그는 여기에 덧붙여 우간다에서 이룩한 교회선교회의 활동에 대해서도 그 가능성의 사례로 제시하고 있다. 그에 의하면 우간다의 선교는 1875년 스탠리(H. Stanley)의 선교 호소에 따라 풍부한 경제적 자금이 동원되었고 1877년에 두 명의 선교사가 도착함으로써 본격적으로 시작되었다. 수많은 난관과 오해 그리고 1885년 추장의 명령에 따라 해닝턴(Hannington) 감독이 살해되는 등 많은 박해에도 불구하고 우간다에서는 1882년 최초의 세례자를 낳은 이래로 1899년경에는 수십만 명의 신자들과 200개 이상의 교회 건물 그리고 200명이나 되는 현지인 지도자들을 키워내었다는 성과를 보고하고 있다.[240] 모트는 이 외에도 각지에서 아주 다양하고 헌신적인 선교회에서 큰 수고를 함으로써 이 시대 세계 복음화의 과제가 성공할 수 있다는 자신감을 보여준다.

모트는 6장에서 교회에 주어진 기회와 설비 그리고 자원을 동원하는 능력

---

238) *Ibid.*, 79f.
239) *Ibid.*, 84.
240) *Ibid.*, 89.

을 통해서 "이 세대 안에 세계의 복음화"라는 가능성에 대한 전망을 발견한다. 그는 아직까지 어떤 세대의 교회도 세계 복음화를 이루지 못했지만, 어느 때보다 하나님의 섭리 가운데 세계 열방의 문이 열려 있는 호기이며, 철도와 증기선 등과 같은 각종 과학기술 문명에 대한 지식과 발전 및 이용 그리고 방대한 초교파 선교조직, 성서인쇄 능력, 기독교 국가들의 영향력과 의료기술의 진보, 엄청난 재정능력, 젊은이들의 선교에 대한 열정 등을 통해서 당대의 교회는 그럴 수 있는 충분한 능력이 있다는 점을 부각시킨다. 모트는 여기에다 하나님의 능력이 더해지니 세계 복음화를 위한 자원이 얼마나 충분하게 준비되어 있느냐고 주장한다.[241]

모트는 7장에서 교회 지도자들을 살펴볼 때, 이 세대 안에 세계 복음화가 가능하다는 점을 논증한다. 여기에서 모트는 "이 세대 안에 세계의 복음화"에 대한 교회의 과제가 갑자기 만들어진 주제가 아님을 역사적으로 증명한다. 이것은 이미 1818년 고돈 홀(Gordon Hall)과 사무엘 뉴엘(Samuel Newell)과 같은 인도의 미국 선교사들이 세계의 회심에 대한 교회의 책임을 호소한 이래로, 1836년에는 "세계를 복음화시키기 위한 현 세대의 책임(The Duty of the Present Generation to Evangelize the World)", 그리고 1858년 뉴욕의 조엘 파커(Joel Parker)를 통한 "세계를 복음화하기 위한 현 세대 기독교인들의 책임" 등과 같이 수많은 선교회 및 선교자원을 동원해낼 수 있는 교회 지도자들이 설교와 기도 그리고 선교사대회 및 교육을 통해서 오랫동안 발전되어 온 주제이며,[242] 이것들을 수행할 수 있는 교회지도자들이 있기에 가능하다는 것이다. 이런 맥락에서 1900년 뉴욕에서 열린 에큐메니컬 대회는 교회를 향해 "이 세대 안에 세계의 복음화"에 대한 과제에 집중할 것을 호소하였다는 것이다.[243]

8장에서 모트는 "이 세대 안에 세계의 복음화"를 위하여 필수적인 요소들을 열거한다. 우선 그는 선교지에서(mission field) 중요한 요소들로서 선교사

---

241) 참조하라, *ibid.*, 104~131.
242) *Ibid.*, 132ff.
243) *Ibid.*, 158f.

들이 아직 들어가지 않은 아프리카, 중국, 티베트, 아프가니스탄, 터키 등과 같이 복음을 듣지 못한 사람들에게 파송되어야(sent out) 하는데, 여기에 파송되는 선교사들은 의료와 교육 그리고 복음전도 사역자 등과 같이 다양한 사역이 가능해야 하고, 맡은 일을 잘 수행해 낼 수 있는 수준 높은 지성과 뛰어난 영성이 있어야 함을 강조한다.[244] 모트는 이 밖에도 상당한 수의 잘 양육된 현지인 동역자들 및 선교사들에 의한 현지인 교회지도자들 훈련도 필수적이라는 점을 강조한다.[245] 게다가 선교회들의 협력사업도 중요한 요소로 간주하고 있다.[246]

다음으로 모트는 선교사 파송 교회들(home field)에 있어서 중요한 점을 열거하고 있다. 무엇보다도 선교사 파송 교회들은 선교사 정신으로 충만해야 한다고 주장한다. 그리고 반드시 모교회는 선교사적 교회(missionary church)가 되어야 한다고 강조한다. 여기서 그가 말하는 선교사적 교회란 모든 교인이 세계 복음화 사역에 대하여 잘 알고 있어야 하고, 그리스도의 왕국이 전 세계에 퍼져야 한다는 책임감을 인식하고 받아들이며, 부자도 가난한 사람도 자기부정과 자기희생적으로 기도하며 동참하는 교회를 말한다.[247] 물론 여기에는 신학교육도 예외일 수가 없어서 모트는 목사들의 교육에 세계선교에 대한 사명 의식이 학습되어야 한다고 주장한다. 그리고 그는 해외선교를 위한 학생자원운동이 여기에 대한 하나의 사례임을 보여준다.[248]

9장에서 모트는 "이 세대 안에 세계의 복음화" 과제가 해외선교를 위한 학생자원운동으로부터 비롯된 것이 아님을 주장한다. 그는 그 조직에서도 이 슬로건을 주장하였지만, 이는 모든 기독교인의 신앙적 과제라고 강조한다. 그는 이것이 개인의 삶은 물론이고 선교회들의 선교정책과도 깊은 관련이 있음을 열거한다.[249]

---

244) *Ibid.*, 162f.
245) *Ibid.*, 164ff.
246) *Ibid.*, 176f.
247) *Ibid.*, 180ff.
248) *Ibid.*, 194f.
249) *Ibid.*, 204.

지금까지 우리가 살펴본 바에 따르면, 모트가 말하는 "이 세대 안에 세계의 복음화"는 어느 시간 내에 이루어지는 사역이 아니라, 어느 한 기독교인이 살아 있는 동안에 당대의 전 세계 비기독교인들에게 그리스도인으로서의 책임을 가지고, 여러 장애물에도 불구하고 지금까지의 성과를 근거로 해서 복음을 전하자는 것이다. 이것을 위해서 그는 모든 기독교회의 선교동원 능력이 최대한으로 발휘되어야 하고, 이와 동시에 성령의 도우심으로 선교사적 교회가 되어야 함을 주장한다.

그러면 이러한 슬로건은 오늘날에도 여전히 유효한 주제가 될 수 있는가? 우리는 이제 다음 항에서 여기에 대한 몇 가지 선교학적 성찰을 통해 이 물음에 대한 답변을 찾아나가려고 한다.

3. "이 세대 안에 세계의 복음화"에 제기된 비판과 그 선교학적 성찰

먼저 바르넥이 제기한 세계 복음화의 과제가 일정한 시간에 제약될 수 있느냐는 비판은 지금까지 살펴본 것처럼 그 당시 시간을 한 세대에 해당하는 30~40년을 정해 놓고 활동하자는 것이 아님을 잘 알 수 있다. 또 "복음화 (evangelization)와 개종(conversion)을 혼동한 나머지 이 슬로건은 30년 안에 전 세계를 기독교로 바꿀 수 있다고 믿는 미국 사람들의 천진난만한 자세를 반영하고 있다."라는 비판에 대해서도 모트는 나름 충분한 이유와 성과물을 바탕으로 한 근거를 가지고 설득하고 있음을 알 수 있다.[250] 말하자면 우리가 살아 있는 동안에 동시대를 살아가는 비기독교인들을 복음화하자는 모트의 입장은 니일(Stephen Neil)의 말처럼 교회의 영속적인 과업이고, "이 슬로건은 하나의 나무랄 데 없는 신학적 원리 위에 기초된" 것임을 알 수 있다. "그리스도인은 매 세대마다 그 시대의 비그리스도인들에 대하여 책임을 가지고 있으며 따라서 각 세대의 그리스도인들은 능력이 미치는 한 동시대의 모든 개개의

---

250) Stephen Neil, *A History of Christian Missions*, 525.

비그리스도인들에게 복음을 전파해야 할 의무가 있다는 것이다. 이것은 전 세계적이며 영속적인 의무이다. 이것은 흔히 기독교 세계라고 불리는 곳에서와 그 밖의 세계에서의 그리스도인 증거를 모두 뜻한다."[251]

모트는 그의 관찰을 통해서 단지 당시의 분위기에 편승해서가 아니라, 당시 이전 100년 전부터의 선교업적이 실로 대단하였고, 그런 추세라면 얼마든지 세계 복음화의 과제가 실현될 수 있으리라고 판단했을 수 있다. 그것이 그야말로 니일의 평가처럼 "터무니없는 생각이 아니었다."는 것은 옳다.[252] 그가 당시 세계선교현장에서 거두고 있는 성과와 교회가 가지고 있는 선교동원이 가능한 자원 그리고 정치 경제적인 상황에서 그렇게 생각할 수 있었으리라는 것을 충분히 짐작할 수 있다. 그런 점에서 그를 비판하던 자들의 당시 판단은 올바르지 못했던 것으로 보인다.

그러나 세계 복음화 성취에 대한 기대가 식민주의와 밀접한 연관 속에서 비롯되었다는 비판에 대해서는 우리가 수용할 수 있는 부분으로 평가된다. 왜냐하면 세계 복음화에 대한 낙관주의가 비기독교인들에 대한 사랑에서 비롯된 측면을 전혀 배제할 수는 없지만, 결국 당시 제국주의와 식민주의의 기반 위에 미국과 유럽의 정치 경제적 우위를 바탕으로 하여 중국과 인도 등지에서 일방적으로 전개된 성과이기 때문이다.[253] 오늘날의 선교지 상황에서는 도저히 상상할 수 없는 특전 속에서 진행된 성과이기 때문에 과연 그것을 교회의 복음화 노력의 업적으로 인정할 수 있고, 이에 따라 그에 기초한 모트의 선교 독려가 정당한가에 대한 비판은 의미 있는 평가라고 판단된다.[254] 이것은 제1, 2차 세계대전과 같은 유럽과 미국의 자체 내 문제뿐만 아니라, 선교지에서의 식민주의와 연관된 선교사역에 대한 평가가 오늘날의 전 세계 복음화에 영

---

251) *Ibid.*, 525ff.
252) *Ibid.*, 527.
253) 참조하라, Stephen B. Bevans·Roger P. Schroeder, *Constants in Context, A Theology of Mission for Today* (Maryknoll, New York: Orbis Books, 2004), 225; Kenneth Scott Latourette, *A History of Christianity*, 윤두혁 역, 「기독교사(하)」 (서울: 생명의말씀사, 1995), 516: "에든버러 회의는 의도적으로 비기독교인에 대한 선교에만 관심을 국한시켰다."
254) K. Müller (Hg.), *Missionstheologie* (Berlin: Dietrich Reimer Verlag, 1985), 31.

향을 끼치고 있기 때문이기도 하다.

또 다른 문제점은 모트의 주장이 실린 저서를 에든버러 대회의 슬로건으로 이끌고 간 동력, 그러니까 그의 "이 세대 안에 세계의 복음화"에 대한 자신감이 주로 수적 팽창과 관련되어 있다는 점이다. 그는 이 슬로건에 대한 가능성을 기독교 세계의 지리적 팽창과 통계치를 근거로 해서 추정하고 있다. 오늘날과 같이 건강한 교회나 내적 성장을 이루는 교회의 차원, 혹은 상황화 신학 같은 좀더 선교학적인 접근이 전혀 이루어지고 있지 않다는 것을 볼 수 있다. 바로 이런 점에서 정작 문제는 이 슬로건에 대한 모트의 설명과 그에 대한 잘못된 오해에서 비롯된 비판의 내용을 살피고 그에 대하여 해명하는 것만이 아니라, 세계선교의 과제가 오히려 그 수적 성과 면에서 에든버러 100년이 지난 현시점에 오히려 감소하고 있다는 사실의 이유를 선교학적으로 따져보는 일이다.

그러면 모트가 예측했던 것처럼 그동안 자신이 내세운 통계와 가능성이 그대로 이루어졌느냐 하는 것이다. 그것을 우리는 다음과 같은 측면에서 살펴보아야 한다. 첫 번째는, 모트가 그의 저서에서 주장한 것처럼 에든버러의 정신이기도 한 교회일치 차원에서 과연 그 이후 100년 동안 세계 복음화 운동이 제대로 전개되었는가 하는 점이다. 두 번째는, 선교동원 가능한 자원의 올바른 활용에 관한 것이다. 이는 식민주의 이후 시대에 빈부의 격차가 심한 상황에서 자본과 힘을 근거로 한 선교전략의 올바른 실천에 대한 평가가 될 것이다. 세 번째는, 선교적 교회론에 대한 이해이다. 100년 동안 전체적인 교회쇠락의 흐름 속에서 교회성장학의 출현과 그 의미가 과연 무엇인지 평가되어야 한다.

첫째로, 에큐메니컬 운동의 분열이 문제이다. 에든버러 세계선교사대회가 가지는 중요한 의미 가운데 하나는 당시 종말론에 대한 다양한 입장 차이를 극복하고 합류를 이끌어내기 위한 하나의 시도였다는 사실이다.[255] 다시 말

---

255) Stephen B. Bevans·Roger P. Schroeder, *Constants in Context*, 234: "1910년 세계선교사대회는 당시 후천년설주의자와 전천년설주의자 그리고 정통 교단들과 선교단체들의 협력을 이끌어내는 또 다른 열쇠였다."

해서 이 대회는 세계선교현장의 문제들을 해결하기 위하여 그리고 효과적으로 수행하기 위하여 앞서 몇 차례의 모임을 통한 결과로서, 세계선교의 에큐메니컬 지평을 기구적으로뿐만 아니라 이론적으로 일치시키려 노력하였다는 사실이다. 모트는 선교회들과 교회들의 차이를 넘어서는 이러한 에큐메니컬 운동을 통해서 세계 복음화는 분명히 이 세대 안에 성취될 수 있다고 보았다.

하지만 적어도 1952년 하나님의 선교(Missio Dei) 개념에 대한 논쟁 이후 세계평화와 타종교와의 대화와 같은 거대담론은 WCC를 중심으로, 그리고 교회성장 및 세계 복음화의 이슈는 1974년 로잔대회를 중심으로 계승되고 있다.[256] 그리고 복음주의권 내에서조차 수많은 분파들이 난립하고 있는 형편이다.[257] 물론 이러한 분파들이 세계선교에 필요한 사역을 위해서 다양한 기능으로서 작용하다면 아무런 문제가 없을 것이다. 그렇지만 동일한 선교현장의 문제에 대한 해법이 제각기 다르고 서로 갈등을 일으키고 있다는 데 문제가 있다. 이것은 에큐메니컬 운동이 그동안 전문화되고 좀더 방대한 지역의 문제들을 다루게 되었지만, 다른 한편으로 그만큼 더 대립적인 모습을 통해 세계 복음화 과제에 대한 전망을 어둡게 하였다는 점을 보여준다. 전체 기독교회가 분명하고 명백하게 드러난 자연과 생명파괴의 문제, 인권상실, 비인간화, 핵무기, 빈부의 양극화 등과 같은 오늘날 지구가 안고 있는 전 세계적인 문제들, 지역적인 문제들에 대응하여 그 근본 모순과 갈등을 해결하려는 노력 대신에 교회 내에서의 분열과 대립으로 적절한 해법을 발견하지 못하고 있는 것이다. 그 이유는 전체 기독교인의 대부분을 차지하는 복음주의권의 이 같은 근본적이고 기본적인 문제에 대한 방치 또는 소극적 참여와 포스트모던 시대에 개인의 다양성을 적절하게 선교과제로 삼지 못하고 있는 WCC권의 급진적인 자세에 있다고 볼 수 있다. 현재 이러한 모습이 통전적인 신학과 신앙의 모습으로 많이 해소되고 있다고는 하지만, 여전히 해결해야 할 숙제로 남아 있다. 어찌 되었든 그것이 WCC권이든, 복음주의권이든 에든버러 1910년의 정

---

256) 참조하라, 김은수, 「현대선교의 흐름과 주제」(서울: 대한기독교서회, 2001).
257) 참조하라, 이후천, 「현대선교학의 이슈들」(서울: 대한기독교서회, 2008), 13~29.

신을 계승하여 에큐메니컬 운동이라는 한 축을 중심으로 대립이 아니라 협력과 조화 및 소통을 통한 세계 복음화 과제가 논의되고 실천되어야 할 것이다. 이러한 과정을 거쳐서 세상으로부터 인정을 받고, 교회는 그 맡겨진 선교적 사명을 수행할 수 있는 것이다. 그렇지 못한 지난 100년 간 성과의 결과가 앞서 말한 것처럼 오히려 전체 세계 인구 대 기독교인의 비율 감소로 나타난 것으로 보인다.

두 번째는, 선교 동원 가능한 자원이 올바르게 활용되지 못하였다. 모트는 앞서의 저서에서 세계선교를 위한 자원이 인적·물적으로 풍부하게 비치되어 있기 때문에 이 세대 안에 세계복음화의 과제가 성취될 수 있다고 보았다. 당시 대회의 시대적·정신적 배경으로 흔히 언급되는 것처럼 부흥운동과 대각성운동의 결과로 "선교사의 열정, 낙관주의, 실용주의" 및 계몽주의적인 태도가 에큐메니컬 모임을 통해 세계 복음화를 가져올 수 있다고 생각되었다.[258] 그래서 의료 및 과학기술을 보여주는 소위 서구 문명과 진보가 기독교 선교와 결합하게 되었다. 그래서 실제로 가난한 제3세계에서 대중의 고양과 문명의 진보를 이뤄낸 것은 대단한 성과이다.

그러나 그 결과는 어떠한가? 오히려 세계화의 결과 세계 경제는 양극화의 정도가 더 심해졌다.[259] 금융자본의 등장은 빈부의 격차와 종속의 정도를 더욱 심화시키고 있다. 지난 100년간 기독교 선교를 통한 인류 문명의 진보를 이루겠다는 낙관주의와 선교적 열정은 그 순수함에도 불구하고 기독교 선교의 목적뿐만 아니라, 그 선교 결과에 대해서도 심각한 훼손을 가져온 것이다. 결국 현지인들을 "인내와 철저함으로" 배려하는 십자가와 성육신 또는 약함의 모델이 아닌, 엄청난 물량과 우월성 그리고 힘을 바탕으로 한 식민주의와 기

---

258) 참조하라, D. Bosch, *Transforming Mission, Paradigm Shifts in Theology of Mission* (Maryknoll, New York: Orbis Books, 1991), 334ff.

259) 지난 200년 간 부자 나라와 가난한 나라의 수입 비율이 상당히 증가하였는데, 1820년에는 그것이 3 대 1에 불과하였다. 그런데 이것이 1913년에는 11 대 1, 1950년에는 35 대 1, 1973년에는 44 대 1, 1992년에는 71 대 1이라서 현재에는 그것이 훨씬 더 벌어졌을 것으로 추측된다. 이에 대해서 참조하라, Jonathan Bonk, *Missions and Money: Affluence as a Western Missionary Problem*, 이후천 역, 「선교와 돈, 부자 선교사, 가난한 선교사」 (서울: 대한기독교서회, 2010), 52.

독교 선교의 만남은 세계 복음화 현장의 대부분에서 모라토리움(moratorium)과 부정적인 반응을 양산하였고, 기독교 선교의 본질에 대한 자기반성을 촉구하고 있다. 또한 가난과 저발전의 뿌리를 기독교 외의 종교에서 찾으려는 시도들은 오만하고 "무례한 복음"에 대한 자기성찰을 불러일으키고 있다.[260] 이것은 선교자원의 올바른 활용에 대한 실패의 결과이다. 그래서 지난 100년 간 세계 복음화의 성과를 수적으로만 평가한다고 하였을 때, 다소 당혹스러운 결과를 가져온 것이다.

세 번째로, 선교적 교회에 대한 담론이 부족했다. 교회는 처음부터 선교적 본질을 지녔다. 그렇기 때문에 모트는 선교사적 정신에 충만한 교회에 주목하였다. 세계 복음화에 대한 책임적 의식과 교인들이 이 일에 자기희생적으로 헌신하는 일이 절실하게 필요하였다. 지난 2,000년 동안 교회성장은 모두 그러한 선교사적 교회에 의한 것이었다. 따지고 보면, 지리상의 발견 이후 교회는 그것이 비록 식민주의의 태동이라는 혹평에도 불구하고 전 세계 사람들을 회심시키고 그 지역에 교회를 설립하는 것이 중요한 선교의 목적이었고, 다양한 토착화 작업이 기독교 선교를 위해 수행되었다. 그래서 지역의 교회들은 늘어갔고, 오늘날에는 세계 기독교인의 3분의 2가 제3세계인들이 되었다. 지역의 신학이 등장하였고, 유럽과 북미는 더는 선교지로서만 존재하지 않고, 전 대륙이 선교지임을 표명할 정도로 상황은 바뀌었다. 도시는 물론이고 소위 미전도종족 선교를 통한 갖가지 전략이 개발되고 소개되었다. 단기선교를 비롯한 선교사의 수는 날로 성장하고 있고, 전 세계선교에 대한 이론과 전망이 넘쳐나고 있다.

하지만 전 세계 인구 비율로 보면, 다른 종교들 또한 급성장하고 있는 것을 볼 수 있고, 기독교는 오히려 100년 전과 비교하여 감소하였다는 것이다. 이것은 전적으로 교회의 선교에 대한 자기이해의 부족이라고 볼 수 있다. 그 이

---

260) Jonathan Bonk, 이후천 역, 「선교와 돈. 부자 선교사, 가난한 선교사」, 29f. 참조하라, 김경재·김창락·김진호 등저, 「무례한 복음: 한국 기독교의 선교, 그 문제와 대안을 성찰한다」 (서울: 산책자, 2007).

유를 좀더 자세하게 설명하면 다음과 같다. 그러니까 1910년에는 선교회 중심의 에큐메니컬 대회였고, 이것이 다시 교회 선교 운동으로 전환되면서 교회는 또 교회 중심만으로 되어 그 역동적 선교의 동력 및 그 유전자를 상실하고, 기독교 왕국의 패러다임에 갇히게 되었다는 것이다.[261] 그리고 이것은 선교 기관과 교회와의 관계성 및 신학교육에도 상당한 영향을 미쳤다. 예컨대, 신학교육은 각 교단의 교리와 성장을 위한 목회자 양산 교육에 치중하게 된 것이다. 또 교회는 지나치게 선교를 프로그램화함으로써 교회와 선교의 이분법적 논리를 노정하고 말았다. 말하자면 선교의 한 기능이 교회가 아니라, 선교가 교회의 한 기능으로 전락한 것이다. 그래서 파라처치와 지역교회 사이에 갈등이 발생하였고, 교회는 선교현장의 역동성을 상당 부분 잃게 된 것이다. 그 구체적인 몰락의 현장이 바로 유럽의 교회들이고, 북미의 교회도 점차 그 모습을 보여주고 있는 형편이다. 이런 이유에서 선교적 교회에 대한 담론이 모트의 세계 복음화 논의 속에서 보다 심도 있게 다루어지고 실행되었어야 하는 아쉬움이 남는다. 다행스럽게도 유럽과 북미에서 시작된 선교적 교회에 대한 담론은 지난 100년에 대한 소중한 교회의 세계 복음화를 둘러싼 자기반성적 재발견이라고 볼 수 있다.[262]

그러면 이러한 상황에서 1910년 에든버러 대회의 주제 "이 세대 안에 세계의 복음화" 과제는 현재에도 여전히 유효할 것인가? 여전히 유효해야 하고, 유효하다. 하지만 앞서 언급한 적어도 세 가지 문제점과 과제를 정리하지 못하고 이 주제가 달성되길 바라는 것은 무리이다.

4. 세계선교 비전의 재고

261) 참조하라, Alan Hirsch, *The Forgotten Ways, Reactivating the Missional Church* (Grand Rapids, Michigan: Brazos Press, 2006).

262) 이에 대해서 다음을 참조하라. 이후천, "한국적 상황에서 '선교적 교회'가 갖는 의미 연구," 「선교신학」 21 (2009), 81~107. 이 밖에도 다음을 참조하라. Darrell L. Guder ed., *Missional Church, A Vision for the Sending of the Church in North America* (Grand Rapids, Michigan/Cambridge: William B. Eerdmans Publishing Company, 1998).

1910년 에든버러 세계선교사대회 이후 지난 100년에 대한 엄정한 평가와 반성을 통한 새로운 선교과제에 대한 도출은 매우 의미 있는 시대적 사명이다. 모트가 예측한 대로 지난 세기 동안 세계 기독교회가 세운 성과는 절대적인 면에서 눈에 띄게 발전하였다. 교회의 수와 기독교인들의 수는 급격하게 증가하였다. 제3세계 기독교인들이 유럽과 북미의 수를 훨씬 앞질렀다. 다양한 신학과 선교전략이 시대의 요구를 반영하며 발전 계승되었다. 오대양 육대주에 복음이 전달되었다.

그렇지만 상대적인 면에서 보면 기독교의 수적 팽창은 다른 종교들의 팽창과 비교하여 그리 크지 못하다. 오히려 감소하였다. 교회는 지구 곳곳의 이슈에 적절한 대응책을 마련하지 못하고, 중심부에서 밀려나는 양상을 보이기도 한다. 종교 간의 갈등과 깊이 연관되어 있기도 하다. 교회는 또 분열되어 선교동원 능력을 분산시키고 있다. 특히 제1차 세계대전과 제2차 세계대전을 겪으면서 서구교회 자체의 인류 문명 선구자로서의 자괴감은 기독교인들의 수적 감소로 이어졌다. 이것은 서구 중심의 세계선교에 대한 중요한 동력을 상실하는 계기를 만들었다. 그 이후 제3세계에서 성장한 교회들의 등장과 세계선교의 주역으로의 전환이 이제 시작되고 있지만, 서구와 제3세계 교회들 간의 파트너십 인정과 상호 협력 패러다임에 대한 적절한 모델이 아직 미완성이다.

우리가 발견한 지난 100년의 이와 같은 성과와 자기반성을 통해 과연 "이 세대 안에 세계 복음화"의 이슈는 가능한 것일까? 이것은 전적으로 교회가 복음을 올바로 해석하고 세상 속에서 복음적으로 살 때 가능하다. 교회가 가지고 있는 선교동원 자원과 전략의 문제보다 앞서는 것은 예수가 사신 것처럼 사는 것이 가장 유효한 선교전략이기 때문이다. 그것은 일찍이 조나단 봉크가 맘몬숭배의 시대 속에서 간파하였던 것처럼 십자가와 성육신 그리고 약함의 정신에 설 때에만 가능한 일이다. [263]

---

263) 참조하라, Jonathan Bonk, *Missions and Money*, 297~308.

한국의 건강한 세계선교 사역을 향하여

6장

'선교와 돈'의 문제

1. 선교에는 돈이 필요하다. 하지만?

2008년 말 불어 닥친 미국의 금융위기로 전 세계가 경제적으로 파산할지도 모른다는 두려움은 지금까지 미국과 서방 국가들을 중심으로 유지되어 온 자본주의와 신자유주의 경제질서에 대한 회의를 불러일으킴과 동시에 자본 중심적 삶에 대한 자기반성의 기회를 주었다. 특별히 교회가 현재의 복잡하고 양극화된 경제적 문제와 관련하여 신학적으로 또 선교학적으로 어떠한 태도를 취해야 하는지에 대한 구체적인 탐구가 거의 없다는 사실은 교회의 커다란 약점을 일깨워 준 중요한 기회이기도 하다. 이와 함께 우리에겐 어느 한 지역에서 발생하는 문제가 더는 그곳에 국한된 문제가 아니라, 전 지구적 차원에서 다른 지역에까지 깊은 영향을 주는 관계로까지 발전되고, 상호 관계성을 맺고 있다는 세계화의 일면을 보여준 좋은 경험이다.

이것은 교회 역시 세상과 뗄 수 없는 관계를 맺고 있음을 깨닫는 계기이기도 하다. 모든 것이 서로 유기적으로 연결되어 있는 것이다. 달리 말해서 세상의 경제적 위기가 그대로 교인들의 삶과 정신에 영향을 미치는 것은 물론이고, 교회의 재정에도 심각한 타격을 줄 수 있다는 교훈인 것이다. 이것은 환율의 급격한 변동으로 선교사들의 사역을 위한 재정적 뒷받침에 상당한 어려움을 줄 수 있기 때문이다. 이로 말미암아 선교사를 철수하거나 선교지원을 중단하는 일은 결국 경제적 부담이 선교적 교회에 끼치는 중요한 결과라는 점을 인식하게 한다. 이러한 점에서 교회와 경제의 문제, 좀더 구체적으로 교회의 본질로서 선교와 그에 따르는 비용으로서 돈의 관계에 대한 선교학적인 성찰은 현재 자본 중심의 세계가 가지고 있는 본질을 꿰뚫으면서, 교회들 사이의 관계와 교회와 선교사의 관계, 선교사들 사이의 관계, 그리고 선교사와 선교지 사람들과의 관계에 대한 현명하고 지혜로운 하나의 시도이다.

다른 한편으로 현재의 심각한 경제적 위기는 교회의 돈에 의한 선교를 재고하는 데로 이끈다. 지금까지 한국교회는 한국의 경제적 성장을 바탕으로 주로 가난한 나라의 선교에 인적·물적으로 상당한 선교자원을 동원하였다. 그러나 이제 돈에 의한 선교는 세계 경제의 위기 때문에 더는 쉽지 않게 되었다. 이 점에서 조나단 봉크(Jonathan Bonk)가 자신의 저서 『선교와 돈: 서구 선교사의 문제로서 부유함(*Missions and Money: Affluence as a Western Missionary Problem*)』[264]을 통해 서구교회 선교사들의 부에 기초한 해외선교에 대하여 평가한 것은 우리 한국교회의 해외선교와 관련하여 깊은 통찰력을 제공해 준다.

이 글은 조나단 봉크의 논지를 중심으로 먼저는 그의 입장을 분석하고, 대안을 소개하면서, 이에 대한 선교학적 성찰을 시도한다. 이것을 통해 전 세계적인 경제 위기 속에서도 그리스도의 사도로서 올바로 선교사역을 하는 방법에 대한 선교학적 차원에서의 길을 모색하려는 것이 이 글의 목적이다.

2. 조나단 봉크의 「선교와 돈」

조나단 봉크의 「선교와 돈」은 서구교회의 해외선교에 관한 문제로서 선교

---

264) 참조하라, Jonathan Bonk, *Missions and Money: Affluence as a Western Missionary Problem* (Maryknoll, New York: Orbis Books, 1986). 조나단 봉크는 에티오피아 선교사였으며, 현재 Overseas Ministries Study Center 원장과 세계선교신학회(IAMS) 회장 그리고 *International Bulletin of Missionary Research* 편집인 등을 맡고 있다.

사의 부유함에 대하여 성서의 관점을 제시하려는 통렬한 선교학적 자기반성이다. 이것은 선교사의 부유함이 끼치는 선교적 효과에 대해 그의 치밀하고 역사적이며 신학적이고 비판적인 분석과 함께 과연 선교사가 선교 사역을 어떠한 삶의 자리에서 실천해야 할지 그 구체적인 대안도 마련하려는 시도이다. 특별히 성서적 입장에서 접근하는 선교사의 부유함에 대한 자기반성적 시각은 오늘날 우리 한국에서 목회자 및 선교사들의 사역에 중요한 성서적이고 선교학적인 통찰력을 제공해 준다. 물론 이와 함께 더욱 깊이 있는 실천적 고민을 하게 만들 것이다. 이제부터 봉크의 「선교와 돈」을 중심으로 그가 주장하는 선교와 맘몬 사이의 관계를 추적하기로 한다.

봉크의 근본적인 논지에 따르면 세계 경제의 양극화로 인한 "양극화된 번영(insular Prosperity)"은 서구교회로 하여금 가난한 나라에서 많은 돈으로 효과적인 선교사역을 가능하게도 하지만, 동시에 부자 나라들의 생활방식을 그대로 반영하는 선교사들의 부유한 삶이 결국에는 현지 원주민들로부터 그들을 고립시킴으로써 선교의 역효과를 가져올 수 있다는 것이다.[265] 그는 이것을 증명하기 위해 우선 선교사들의 부유함의 실태를 조사하고, 그 선교사들의 부유함에 대한 역사적이고 문화적인 배경과 그것을 뒷받침하는 이론적 근거들을 살펴보고 있다. 그리고 선교사들의 부유함이 주는 영향을 탐색하면서 서구의 선교사들이 치러야 했던 대가와 부와 가난에 대한 성서적·윤리적 입장을 정리한다.[266] 끝으로 그는 그 문제에 대한 하나의 대안을 시도하며 "의로운 부자(the righteous rich)"에 대한 신학적 모델을 제시하고 있다.[267]

먼저, 서구 선교사들의 부유함의 실태는 어떠한가? 봉크에 따르면 서구인들의 우월의식은 바로 경제적 부유함에서 비롯되었다.[268] 물론 이때의 경제적 부유함이란 상대적인 의미에서 부유함이다. 말하자면 서구 내에서 선교사들의 경제적 부유함이 문제가 아니라, 가난한 지역에서 선교사들이 상대적으

265) *Ibid.*, xix.
266) *Ibid.*, xx.
267) 참조하라, Jonathan Bonk, "Missions and Mammon," *IBMR* 31 (October 2007), 169~174.
268) Jonathan Bonk, *Missions and Money* (1986), 3.

로 부유하다는 것이다. 이러한 경제적인 힘이야말로 서구 선교 운동의 중요한 원동력이었다는 것이다. 예를 들면 선교사를 파송하는 부유한 서구 국가들과 가난한 선교지 국가들의 GNP와 GNI를 비교해 보면 이에 대한 실상을 알 수 있는데, 다음의 표는 그것을 잘 말해 준다.[269]

나라	1984년 1인당 GNP (미화)	2005 GNI (World Bank 2006년 7월) (순위)	나라	1984년 1인당 GNP (미화)	2005 GNI (World Bank 2006년 7월) (순위)
스위스	15,990	54,930 (3)	자이르 (콩고민주공화국)	140	120 (219)
미국	15,490	43,740 (7)			
노르웨이	13,750	59,590 (2)	인도	260	720 (169)
캐나다	13,140	32,600 (20)	케냐	300	530 (181)
호주	11,890	32,220 (22)	아이티	320	450 (188)
독일	11,090	34,580 (19)	볼리비아	410	1,010 (159)
영국	8,350	37,600 (12)	인도네시아	540	1,280 (147)
뉴질랜드	7,240	25,960 (33)	필리핀	660	1,300 (146)
한국	15,397	15,830 (47)	파푸아 뉴기니	760	660 (173)

이 표에서 보듯이 선교사를 파송하는 부유한 국가들의 경제적 수준과 선교사들을 파송받는 국가들의 가난한 현실과의 격차는 지나칠 정도로 극심한데, 문제는 이러한 경제적 수준의 차이가 선교사의 연간 수입에 그대로 반영된다는 것이다. 특히 가난한 국가 내에서도 더욱 가난한 이들에게 집중되는 선교사의 선교활동을 생각한다면, 현지인들이 부유한 선교사들의 삶으로부터 느끼는 부작용은 필연적이라는 것이다. 이때의 부작용은 현지인들이 삶에서 심각한 좌절을 느끼고, 기독교에 대하여 왜곡된 생각을 가질 수 있으며, 그리고 선교사 입장에서는 성서적 관점에서 비추어 본 그리스도의 제자로서의 삶과

---

269) 참조하라, *Ibid.*, 6. 2005년도 GNI는 필자가 첨부한 통계이고, 괄호 안의 숫자는 세계 순위를 나타낸다. 이에 대해서 다음을 참조하라. www.worldbank.org

의 차이로 인한 갈등 등이 있을 수 있다는 것이다.270) 물론 자발적 가난을 실천하면서 가난한 현지인들과 같은 수준의 삶을 지속하며 선교적 열매를 맺는 선교사들도 다수 있다.271) 하지만 봉크에 따르면, 서구 출신의 부유한 선교사들이 가난한 현지에서 누리는 안락한 삶은 대체로 선교적 효율성을 떨어뜨리고 있다.272) 그러면 이러한 선교적 부유함은 어디에서 기원하는가?

이에 대해서 봉크는 선교사들의 부유함은 이미 그것을 가능하게 한 역사적이고 문화적인 배경을 가지고 있다고 주장한다. 봉크에 의하면 지난 2세기 동안 서구 선교활동의 특징은 서구의 경제적이고 물질적인 번영과 뗄 수 없는 관련이 있다. 가난한 사람들이 부유한 사람들에게 복음을 전하는 것이 아니라, 부유한 선교사가 가난한 사람들에게 선교하는 것이 그 시대의 모습인 것이다.273) 엄청난 재정적 지원을 받는 소위 "새로운 종족(new breed)"으로서 서구의 선교사들은 2세기 전만 하더라도274) 오늘날과 같은 비행기나 과학기술의 혜택을 누릴 수 없었다. 당시 그들은 어떤 경우 아프리카로 선교여행을 떠날 때 수백에서 수천 명의 짐꾼을 고용하여 그들이 사용하던 물건들을 옮겨날랐다. 이것이 서구의 수준에서는 미미한 것이었지만, 현지인들의 기준에서는 놀라울 정도로 높은 비용이 들어가는 것이었다. 그래서 이런 일은 동시에 현지인들의 "놀라움과 존경 그리고 시기심을" 유발하기도 하였다는 것이다.275)

그런데 서구 선교사들의 서구 물품의 유입을 통한 서구 문명의 확산은 곧 서구 선교사들로 하여금 자민족 중심주의와 같은 서구 문명에 대한 우월의식과 함께 서구 문명의 전달자로서 사역하게 되는 계기를 마련하였다는 것이다.276) 왜냐하면 서구의 선교사들은 "서구 문명의 기원을 기독교 복음"에서

---

270) 참조하라, *ibid.*, 11~15.
271) *Ibid.*, 14.
272) *Ibid.*, 14.
273) 참조하라, *ibid.*, 16~17.
274) *Ibid.*, 17.
275) *Ibid.*, 18.
276) *Ibid.*, 19.

찾았기 때문이다.[277] 그러니까 서구 역시 처음에는 미개한 나라였지만 복음을 통해서 이렇게 부유하고 이성적인 문명국가를 이루었으니, 미개한 피선교지 사람들도 복음을 통해서 선진 문명을 이루어야 한다는 것이 복음전도의 주된 내용이 되었다는 것이다. 따라서 선교사들의 주된 과제는 곧 가난과 미개함을 타파하여 서구인들과 같이 된다고 하는 "문명(civilization)"의 이식이 설정된 것이다.[278] 여기에 인종주의와 제국주의적 태도가 가미되어 선교사역의 방향과 내용을 규정하였다.[279] 이로 인해서 비서구 국가들의 문화와 종교들을 저급하고 사악한 것으로서 평가하였다. 이런 점에서 가난한 선교지 사람들이 서구 문명을 얼마나 수용하였는지가 선교사역의 성공 여부를 평가하는 잣대로 작용하기도 하였다는 것이다.[280]

그러나 봉크는 이렇게 자신의 문명과 도덕에 우월감을 보이던 서구가 제1, 2차 세계대전을 겪으면서 자신들의 잔인함으로 기독교 서구에 대한 비관주의가 성장했다고 지적한다.[281] 도덕적 우월의식이 땅에 떨어진 것이다. 인간이 인간을 죽이는 끔찍한 전쟁은 지금까지의 서구 기독교 국가에 대한 명예를 회의와 절망으로 바꾸어 놓은 것이다. 봉크는 그 결과 서구 선교사들의 지원율뿐만 아니라, 개신교인들의 입교인 수조차 현저하게 감소하였다고 주장한다.[282] 여기에서 봉크는 서구의 선교사들이 서구의 소비주의와 서구 문명의 부산물인 새로운 물품을 소개하는 것이 선교사역에 과연 얼마나 의미 있는 것인지를 문제제기한다.[283] 이러한 자기반성에도 불구하고 왜 선교사들의 부유함은 유지되는가?

---

277) *Ibid.*, 19; 24.
278) *Ibid.*, 20.
279) 참조하라, *ibid.*, 20~21.
280) *Ibid.*, 25.
281) *Ibid.*, 26.
282) *Ibid.*, 26~27: 예컨대 "1900년 영국과 유럽에서의 개신교 입교인은 전체 인구의 29퍼센트를 차지했다. 1985년까지 이 수는 개신교인들 4,355명 가운데 거의 1명꼴로 해외선교사 직업을 선택하게 되는 22퍼센트 이하로 줄었다." 그리고 "북미 인구 가운데 개신교 입교인 비율은 1900년의 54.9%에서 1985년에는 약 9,200만 명이 신자인 38.7%로 떨어졌는데, 이것은 2,340명 중 약 1명이 선교사인 걸로 추산된다."
283) *Ibid.*, 28.

이 점에서 서구 선교사들의 삶이 사치스럽기 때문에 선교에 지장을 준다는 문제에 대응하여 선교사의 부유함을 뒷받침하는 논리를 살펴보는 것은 의미가 있다. 봉크는 선교사의 부유함을 합리화하는 근거(rationale)로서 네 가지를 제시하는데, 그것은 각각 경제적, 가정적(domestic), 사회적, 그리고 전략적인 근거이다. 첫째로, 선교사의 부유함을 뒷받침하는 경제적인 이유는 선교사역을 건강하게 감당하기 위해서는 현지의 말라리아와 같은 질병으로부터 벗어나고, 건강을 유지하기 위해서 적절한 집과 서구식의 음식이 필요한데, 이것을 가능하게 유지하기 위해서는 재정적 뒷받침이 충분해야 한다는 것이다. 질병과 건강의 위협 탓에 선교사가 철수할 경우, 선교사 후보생으로서 준비한 수년간의 투자와 비용을 헛되게 할 수 없다는 것이다.[284] 둘째로, 선교사들의 높은 경제 수준이 요구되는 이유는 가정적인 이유에서다. 특별히 기혼 선교사들의 가족과 연관된 것으로서 선교사 자녀교육에 대한 문제는 높은 재정적 뒷받침을 요구한다. 어떤 선교사는 자녀들을 자신의 고국으로 보내는 경우도 있는데, 이런 경우에 비용의 문제는 물론이고 부모와 자식 간의 이른 헤어짐이 상당한 정서적 불안을 초래한다는 것이다. 그래서 거의 대부분의 선교사들이 그들의 자녀를 현지인보다는 외국인 학교에 보내려고 하는데, 거의 어느 나라에서나 국제 외국인 학교의 수업료는 비싸기 때문에, 그것만으로도 고비용의 구조를 가질 수밖에 없다는 것이다.[285] 셋째로, 선교사가 부자가 될 필요성은 사회적인 위치를 유지하기 위해서라는 것이다. 선교사의 사회적 신분을 유지하기 위해서 그리고 현지인들에게 높다는 위치를 보이기 위해서는 좋은 옷과 집이 필요한데, 경제적 수준이 당연히 따라줘야 한다는 것이다.[286] 넷째로, 선교전략적인 측면에서 선교사들은 부유할 필요가 있다는 것이다. "교육, 복음전도, 문서선교, 봉사지원, 개발, 원조, 구제, 아동보호와 입양, 의약, 미디어" 등 해외선교의 갖가지 프로그램을 진행시키기 위해서는 막대한 자금이

---

284) 참조하라, *ibid.*, 31~34.
285) 참조하라, *ibid.*, 35~37.
286) 참조하라, *ibid.*, 37~38.

소요되는데, 이것들은 선교전략적 차원에서 당연히 지급되어야 한다는 것이다.[287] 그렇지 않을 경우 선교의 중단까지도 고려할 정도가 된다는 것이다.[288] 또한 가난한 사람들에게 선교사의 부유함은 그들로 하여금 복종하게 만들며, 존경은 물론이고 영향력을 증대시킨다는 것이다.[289]

그러면 이런 이유들 때문에 선교사들이 부유해서 얻은 결과는 무엇인가? 그것은 무엇보다도 선교사들을 현지로부터 고립시킨다는 것이다. 선교사들의 안전을 위해서 치안이 확보된 선교기지에 집단적으로 거주하는 선교사들은 그들의 안락하고 안정된 환경에 접근하기 힘든 현지인들과의 차별화로 말미암아 격리될 수밖에 없다. 이것은 필연적으로 선교사들과 현지인들의 접촉점을 차단시킨다.[290] 이로 인해서 선교사들과 현지인들과의 진정한 우정이 성립되기 힘든 관계를 낳는다. 여기서 문제는 문화적 차이가 아니라 경제적 양극화가 가난한 사람과 부유한 선교사 간의 교제를 더욱 어렵게 만드는 요소로 작용한다는 것이다.[291] 이때 경제적 부유함은 선교사로 하여금 현지인들보다 낫다는 우월의식을 가져오는데, 이것이 불신의 단계를 거쳐 결국에는 시기심을 불러일으키고 적대적인 관계를 가져와서, 입이 아니라 행동으로 보여주는 복음의 전달자로서의 책임을 무의미하게 만든다는 것이다.[292]

선교사의 부유함은 현지인과의 복음 소통에도 커다란 악영향을 끼친다. 선교사들은 근본적으로 모든 민족에게 세례를 주고 제자로 삼기 위해서 말하고 가르치기에 힘쓰는 사람들이다. 이런 전제에서 메시지를 전하는 사람과 그 메시지를 수용하는 사람 사이의 소통에는 반드시 메시지를 전달하는 사람의 행동이 메시지에 영향을 미치게 마련이다. 그런데 선교사의 상대적인 부유함이 바로 이러한 메시지의 올바른 이해를 가로막는 장애물이 된다는 것이다.[293]

---

287) *Ibid.*, 39.
288) *Ibid.*, 40.
289) 참조하라, *ibid.*, 41.
290) 참조하라, *ibid.*, 45~47.
291) 참조하라, *ibid.*, 49.
292) 참조하라, *ibid.*, 50~58.
293) 참조하라, *ibid.*, 59ff.

그래서 봉크에 따르면, "1. 부유한 선교사들은 자신들의 메시지를 듣는 가난한 사람들의 생활환경과 동일한 입장이 될 수 없다. ⋯ 2. 부유한 선교사의 설교와 그들 자신이 실천하는 것 사이에 어떤 일치되는 것(correspondence)은 없는 것으로 보인다. ⋯ 3. 풍요의 복음은 선교사의 라이프스타일이 보여주는 침묵의 언어를 통해서 너무 웅변적이고 설득력 있게 전달되므로 기독교 복음에 대한 가난한 사람들의 이해를 자주 유린하거나 왜곡시킨다."[294]

다음으로, 봉크는 서구 선교사의 부유함이 가져오는 전략적 손실이 있는데, 무엇보다도 서구의 부유함이 가지고 있는 결함이 선교사의 전략 속에 그대로 반영되어 있다고 지적한다. 첫째로, 생활구조가 빨라짐에 따라 비행기와 자동차 등이 필요하게 됨으로써 서구 선교사의 전략이 고비용의 과학기술(technology)에 의존하게 된다는 것이다.[295] 둘째로, 이렇게 고비용이 드는 선교전략은 당연히 서구 출신의 부유한 선교사들밖에 수행할 수 없기 때문에 가난한 현지인 선교사들은 이러한 전략을 수행할 수가 없다. 따라서 이러한 고비용의 선교전략은 현지인들이 수용할 필요가 없는 전략이 되어 버린다.[296] 셋째로, 부유한 서구교회의 선교사들과 가난한 현지인 교회 사이의 진정한 의미에서의 동반자 관계(partnership)란 경제적 불평등 구조 때문에 사실상 불가능할 수도 있다는 것이다.[297] 넷째로, 부유한 서구 선교사들이 가난한 도시 빈민들 사이에서 거주할 수 없는 환경은 선교전략의 효율성을 현저히 떨어뜨린다는 점이다.[298]

선교사의 부유함이 가져오는 두 번째의 치명적인 전략적 손실로서 봉크는 비서구 지역만을 선교지로 이해하고, 서구를 선교지역으로 간주하지 않으려는 서구 선교사들의 시각을 비판한다.[299] 선교사 부유함이 가져오는 세 번째 결과로서 봉크는 서구의 선교사들이 부요함에 젖어서 예언자의 영성을 잃어

---

294) 참조하라, *ibid.*, 61~69.
295) 참조하라, *ibid.*, 70~72.
296) 참조하라, *ibid.*, 72~73.
297) 참조하라, *ibid.*, 72~73.
298) 참조하라, *ibid.*, 74~75.
299) 참조하라, *ibid.*, 75.

버렸고, 그 결과 서구의 교회는 하락하는 데 비해서 가난한 제3세계 나라들의 교회가 성장하고 있다는 사실에 주목해야 한다고 주장한다.[300]

봉크는 이러한 선교사의 부요함이 세 가지의 신학적이고 윤리적인 문제들을 번성시키는 "인간의 문화(human culture)"라고 정의한다. 그것들은 각각 "소유에 대한 몰두, 권력 중심의 지위와 전략에 대한 절대적인 의존, 윤리적인 이중의 잣대이다."[301] 이런 맥락에서 봉크는 부유한 선교사들이 선교현장에서 어떻게 처신해야 할지 성서적 가르침에 충실해야 한다고 하면서, 구약과 신약에 각각 부유함을 옹호하거나 비판하는 말씀들이 있지만, 그 근본적 취지는 부가 육체적·영적인 타락을 가져옴을 말하는 것이라고 한다. 따라서 봉크는 선교사들이 좋은 일을 실천하여 잘살 것이 아니라, 불편할 수 있지만 그리스도의 제자로서 그리스도처럼 가난한 사람들과 동일한 입장(identification)을 가지고 성서 말씀대로 선교사역을 수행할 것을 촉구한다.[302] 이때 선교학은 "의로운 부자(righteous rich)"의 선교학을 지향해야 한다고 주장한다.[303]

결론적으로 봉크는 이렇게 선교사를 타락시킬 수 있는 부요함과 한판 승부를 벌여야 하는데, 새로운 신학적 정박지로서 그 중요한 성서적 근거인 바로 성육신(Incarnation)과 십자가(cross) 그리고 약함(weakness)에 설 때에 부요함의 유혹과 맞설 수 있다고 주장한다. 구체적으로 말해서 봉크는 인간처럼 낮아지신 그리스도를 통해서 선교사들이 특권층에서 벗어날 것과 고난의 십자가를 지신 그리스도를 통해서 자신을 부인하고 가난한 사람들과 동일한 입장을 견지할 것, 그리고 무력하고 약한 그리스도의 모습을 통해서 권력을 추구하지 않는 태도를 가질 것을 제시한다.[304]

그런데 문제는 이때 앞서의 세 가지 신학적 입장으로 회개해야 하는데, 이에 대한 방해물이 있다는 것이다. 여전히 개인의 안일과 가족의 배려 차원, 그

---

300) 참조하라, *ibid.*, 75~76.
301) *Ibid.*, 84.
302) 참조하라, *ibid.*, 85~107.
303) 참조하라, Jonathan Bonk, "Missions and Mammon" (2007), 172~174.
304) 참조하라, *ibid.*, 115~121.

리고 타성과 부요함에 젖은 선교사들이 관계하는 선교조직들이 방해될 수 있다는 것이다.[305] 여기에 대해서 봉크는 개인적 차원에서 자기를 부인하고 검소하게 생활할 것과 가족들에게도 가난의 경험이 오히려 유익할 수도 있으며, 선교기관과 조직들 역시 검소함과 가난함을 실천하고 교육시킬 수 있는 풍토가 되어야 한다고 강조한다.[306] 봉크는 맘몬의 유혹 앞에서 복음주의적 선교사들이 굴복하거나 스스로 자신의 몸을 강제적인 규율에 맬 수도 있겠지만, 그보다도 그러한 부요함의 유혹을 "성령의 음악(music of the Spirit)"으로 이겨내야 한다고 결론짓는다.[307]

3. 「선교와 돈」에 대한 선교학적 성찰

앞 항에서 우리는 조나단 봉크의 「선교와 돈」에 대한 전체적인 논지를 살펴보았다. 전체적으로 그 논지는 선교사의 부요함이 현지인들의 경제적 수준과 비교하여 상대적인 부를 가지게 되는데, 이것이 가난한 이들을 대상으로 하는 선교사역에 상당한 방해물이 될 수 있고, 따라서 선교사는 성서의 말씀과 예수 그리스도의 가르침에 입각하여 성육신적 사역, 십자가의 정신, 그리고 약함의 실천을 통해서 보다 효과적인 선교사역을 수행할 것을 강조하고 있다. 여기서 우리는 적어도 다음 세 가지의 선교학적 주제를 성찰할 수 있다. 첫째로, 봉크의 경제관은 2001년도 출판된 김동호의 「깨끗한 부자」[308]를 통해 촉발된 소위 '청부론'과 그에 대한 반론으로서 김영봉의 「바늘귀를 통과한 부자」,[309] 소위 '청빈론' 사이에서 어디쯤 위치해 있는가를 따져 볼 수 있다. 둘째

---

305) 참조하라, *ibid.*, 122~124.
306) 참조하라, *ibid.*, 125~131.
307) *Ibid.*, 132. 여기에서 봉크는 그리스 신화의 오디세이와 이야손의 이야기를 예로 들면서 오디세이가 말하자면 규율에 묶인 채로 살아남을 수 있었지만, 그것이 그렇게 유쾌한 방법은 아니었으며, 오르페우스의 수금이 사이렌을 잠재웠듯이 그렇게 성령의 노래로 사이렌의 유혹, 즉 맘몬의 유혹을 이겨내야 한다고 주장한다.
308) 참조하라, 김동호, 「깨끗한 부자」(서울: 규장, 2001).
309) 참조하라, 김영봉, 「바늘귀를 통과한 부자」(서울: IVP, 2003).

는, 선교사들이 가난함을 실천해야 한다고 할 때, 그 반대로 부의 올바른 사용에 대한 선교사의 태도는 어떠해야 하는지 여기에 대한 해명이 필요하다. 가난한 나라들이 발전하기 위해서는 당연히 돈이 필요한데, 이때 선교기관들과 선교사들의 사역이 여기에 기여할 수 있다면, 선교사의 '자발적 가난'이 가질 수 있는 한계를 지적해 볼 수 있을 것이다.310) 셋째로, 선교사의 자발적 가난에 대한 봉크의 논지가 가지는 선교학적 가치를 평가해 볼 필요가 있다. 자발적 가난이란 선교사가 아니더라도 모든 기독교인의 깊은 영성적 차원이다. 그렇기 때문에 모든 기독교인이 할 수 없는, 실천하기 어려운 부분이기도 하다. 이것이 비단 선교사들에게만 국한되어야 하는 이유를 발견하기 어려운 것이 바로 그 점 때문이다. 이에 비해서 선교학적 가치가 선교행위에 대한 평가를 말한다고 할 때, 선교행위에는 복음을 전한다는 선교사의 사역이 여기에 해당한다. 그러니까 선교행위를 수행한다는 것과 선교행위대로 살아간다는 것 사이의 괴리 또는 양 차원 사이의 가치 차이를 과연 어떻게 설정할 수 있는지에 대한 성찰이 필요한 것이다.

우선, 봉크의 경제관은 '청부론'과 '청빈론'이라는 두 상반된 입장을 놓고 볼 때 어디에 위치하는가? 청부론은 말하자면 "돈이 복이 아니고", "깨끗하고 바르게 돈을 벌어야 하며", "돈에 대해 책임을 지는 삶을 강조"하고, "일하는 부자"를 일컫는다. 이에 반해서 청빈론은 "자발적 가난" 또는 "영성적 가난"이란 용어로 불리며, "깨끗한 부자가 과연 이 자본주의 시대에 가능한 일인가?"를 묻고, "하나님 앞에서 스스로 낮아지며 비우려는 영적 과정을 통해 물질에 대한 일정한 태도를 갖게 되는 것"을 말한다.311) 이렇게 양자를 이해한다면 봉크

---

310) 자발적 가난에 대해서 다음을 참조하라. A. Pieris, *Theologie der Befreiung in Asien. Christentum im Kontext der Armut und der Religionen* (TDW 9), (Freiburg/Basel/Wien: Herder, 1986), 60. 여기서 피어리스는 자발적 가난(Freiwillige Armut)과 강제적 가난(Aufgezwungene Armut)을 구분한다.

311) 이와 관련하여 다음을 참조하라. 김영봉, "청부론인가, 청빈론인가,"「기독교사상」527(2002/11), 232~244; 김영봉, "누림의 권리인가, 나눔의 책임인가,"「기독교사상」528(2002/12), 234~245; 김영봉, "어떤 복, 어떤 행복인가,"「기독교사상」529(2003/1), 252~266; 김영봉, "'비전'이라는 탐욕,"「기독교사상」530(2003/2), 220~234; 김영봉, "적선을 넘어 제도 개혁으로,"「기독교사상」531(2003/3), 254~266; 김영봉, "청부론은 다만 시작일 뿐입니다─김동호 목사에게 보내는 공개서한,"「기독교사상」535(2003/7), 22~42; 한종호, "청부와 훌륭한 거부 곁에서 서성대는 예수,"「기독교사상」535(2003/7),

의 경제관은 표면적으로 청빈론에 해당한다고 볼 수 있다. 그 이유는 봉크의 견해 속에서 선교사들이 현지인들의 가난한 수준과 동일한 위치를 갖는 것이 바로 성육신의 의미이고, 십자가의 길, 바로 선교사의 길, 예수 그리스도의 제자의 길이라는 것을 볼 수 있기 때문이다.

그러나 봉크에게서 청빈론과 또 다른 점은 이 청빈론이 가지고 있는 상대적 가난의 문제나, 상대적 부에 관한 논의가 활발하다는 점이다. 청빈론이 어떤 의미에서 절대적 가난의 경지에 이르기 위한 영성을 강조한다면, 봉크의 선교현장에서 선교사의 동일화(identification)는 상대적 가난과 깊이 연관되어 있다. 이것은 달리 말해서 선교현장이 부자 국가라면 선교사는 부자일 필요가 있다는 말로도 해석될 수 있다. 다만 선교현장이 역사적으로 지금까지 대부분 가난한 제3세계에서 이루어졌기 때문에 선교사와 현지인의 관련성 속에서 가난을 말하는 상황이라는 점이 생략되어 있는 것으로 이해될 수도 있다. 그렇게 본다면, 내용적으로 봉크의 경제관은 청부론도 어느 정도 허용하고 있다고 볼 수 있다. 그의 표현 가운데 "의로운 부자"에 대한 언급이 바로 그것이다. 또한 여기에는 자신의 고국으로 돌아갔을 때에는 또 그 수준에 맞추어서 살아도 되는가의 문제에 대하여 역시 언급이 없다는 점도 그 이유로서 작용한다. 선교현장에서는 상대적 가난의 문제 때문에 자발적으로 가난하게 살아야 한다고 말하지만, 본국으로 돌아갔을 때에는 고비용의 생활방식을 유지해도 되는지에 대한 뚜렷한 입장이 없다는 것이다. 봉크는 결론부분에서 보다 검소한 삶을 추구하는 모임에 대하여 언급하지만, 이것도 선교현장에서의 사례일 뿐이지, 여기에 대한 구체적인 삶의 방식은 세심하게 설명하지 않고 있다.

이런 점에서 봉크의 논의 속에는 선교사가 과연 부유한 고국과 가난한 현지 사이의 양극화된 경제적 차이를 넘나들며 경제적 충격(economic shock) 없이 지내는 것이 가능하며, 거기에는 갈등이 있을 수 없는지에 대한 성찰이 부

44~59; 박명철, "내 인생의 목사님들, 그들은 '가난의 힘'을 가르쳐 주시지 않았다." 「기독교사상」 535(2003/7), 60~68.

족하다고 할 것이다.[312] 그의 견해가 전체적으로 청빈론에 80퍼센트, 청부론에 20퍼센트 가깝다고 본다면, 선교사들이 청부론에 대하여 좀더 포괄적이고 실천적으로 접근할 수 있는 정보와 근거, 모델이 제시되어야 할 것이다.

이 지점에서 우리는 두 번째 성찰의 주제인 부에 대한 올바른 사용과 관련된 선교학적 성찰로 넘어갈 필요가 있다. 사실 선교사역을 수행하는 데에서 돈은 필수적이다. 복음을 전달하는 매체를 비롯해서 선교사 자신의 이동 및 거주 비용 등 모든 것이 돈과 관련되어 있다. 문제는 그러면 돈이 투입되는 것만큼 선교적 효과가 있느냐이다.

일찍이 이 문제와 관련하여 교회성장학의 아버지 도널드 맥가브란(D. McGavran)은 왜스컴 피켓 감독의 영향을 받아 중부 인도의 교회성장을 연구하였다. 동일한 선교자원을 투입했는데 왜 어떤 교회는 성장하고, 또 다른 교회는 조금밖에 성장을 하지 못했는지에 대한 연구에서 그의 결론은 돈의 투입량과 교회성장과는 그렇게 밀접한 관계가 없었다는 것이다. "커다란 보수적인 선교회의 한 간사는 최근에 이렇게 말한 적이 있다. '우리는 지난 30년 동안 일본에서 300만 달러를 썼다. 그러나 거기서 우리 선교회를 통해 세례받은 교인의 수는 현재 500명도 채 안 된다.' 내가 처음으로 교회성장에 대해 관심을 갖게 된 것은 내가 선교사로 일하고 있던 인도 중부지역에 있는 134개의 선교지부들이 10년 간 평균 12% 정도, 다시 말해서 1년에 1% 정도의 교회성장률밖에 보이지 못하고 있다는 피케트의 조사 보고서를 통해서였다. …아내와 내가 다른 여섯 명의 선교사들과 함께 1924년부터 1930년까지 함께 일한 적이 있는 하르다 마을에서는 1918년에서 1954년까지 36년 동안 그 교회 밖에서는 한 건의 세례도 행해지지 않았다."[313] 이것은 앞서 봉크의 논지와도 같은 맥락이라고 볼 수 있다. 선교에서 많은 돈과 자원이 투입되고, 또 필요하지만, 선교적 효과는 기대한 것만큼 크지 않다는 것이다. 그러면 선교자원의 투입은

---

312) 여기에서 경제적 충격이란 문화적 충격(cultural shock)에 대한 비유표현이다. 선교사가 문화차이를 경험하면서 문화적응 내지는 문화재적응의 문제를 가지듯이, 당연히 경제적 충격 또한 선교사가 적응하고 재적응해야 할 과제이다.

313) 도널드 A. 맥가브란, 전재옥·이요한·김종일 옮김, 『교회성장이해』(서울: 한국장로교출판사, 1987), 88.

중단되어야 하는가?

오늘날에도 여전히 제3세계는 경제발전과 과학기술의 개발 등 시급하게 촉진되어야 할 수많은 과제를 가지고 있다. 세계는 경제적 양극화 속에서 교육의 기회를 통해 상승하려는 욕구를 가진 수많은 가난한 사람들이 대기하고 있다. 국가적 차원에서든, 개인적 차원에서든 현지인들은 교육의 혜택을 통해서 장래의 보다 나은 삶을 기대한다. 이것은 육체적 질병과 관련해서도 마찬가지다. 최신의 의료혜택을 통해 질병으로부터 해방되고 싶은 가난한 나라들의 기대 역시 무시할 수 없다. 현대 과학기술의 발전도 빼놓을 수 없는, 가난한 사람들 또는 나라들의 기대사항이다. 스스로가 이러한 과제를 해결하기 어려운 처지에 있는 사람들에게 선교사들의 선교적 사회참여가 요청되고, 이러한 일들에는 당연히 엄청난 비용이 지출되어야 한다.

이 일에는 복음주의와 에큐메니컬 진영 모두 해당된다. 특히 최근 복음주의 진영에서는 성령운동 차원에서 과거 복음 전도만의 방식을 탈피한 기독교적 사회참여의 모델을 세워 가는 중인데, 이때에도 수많은 전인적 사역 프로그램의 진행을 위해서 막대한 자금이 소요된다. "1. 긍휼 사역(음식과 옷과 주거지를 제공하는 것), 2. 긴급비상 사역(홍수와 기근과 지진에 대처하는 것), 3. 교육 사역(아이들을 돌보고, 학교를 설립하고, 학비를 보조하는 것), 4. 상담 사역(중독자와 이혼자, 낙심자 들을 돕는 것), 5. 의료지원 사역(진료소와 치과를 세우고, 심리적 지지를 제공하는 것), 6. 경제개발 사역(소규모 사업 대부와 직업 교육을 시키고, 주택을 제공하는 것), 7. 예술 사역(음악, 춤, 드라마 등을 교육하는 것), 8. 사회 정책 변화 사역(부패를 막고, 부정선거를 감시하며, 최저임금제를 지지하는 것)."[314] 이러한 상황인데도 우리가 선교사는 물론이고 제3세계 그리스도인들을 향해 그리스도의 제자도라는 성육신적 자세를 요구하고, 십자가적 자기부인과 부정을 통해서 더욱 가난하게 살아야 하며, 강함에 맞서 싸울 수 있는 것은 약함뿐이니 권력을 멀리하고, 자신을 끊임없이 낮추어야 한다고 말할 때,

---

314) 도날드 밀러·테쓰나오 야마모리, 김성건·정종현 옮김, 「왜 섬기는 교회에 세계가 열광하는가?—기독교적 사회참여의 새로운 모델, 성령운동」(서울: 교회성장연구소, 2008), 58.

이것이 과연 논리적으로 타당성을 얻을 수 있는 것인가?

여기에서 우리는 가난한 제3세계에 선교사를 통해 서구의 부를 어떻게 환원시킬 수 있는지에 관한 문제를 검토해야만 한다. 그것이 바로 선교사들을 통한 교육 사역과 의료 사역을 포함한 통전적인 선교 사역이 아니겠는가? 서구의 부는 그런 식으로라도 가난한 제3세계에 환원되어야 한다. 그것도 많으면 많을수록 좋다. 그것을 통해서 제3세계는 최소한의 인간으로서의 존엄성과 가치를 점차 발견할 수 있기 때문이다.

마찬가지로 경제적인 양극화를 통해서 삶의 질 역시 양극화하고 있는 상황에서 현지 그리스도인들의 삶이 선교사의 삶을 모델로 가난을 추구한다고 할 때, 그때에도 여전히 선교적 효과가 있을 것인지에 대한 문제제기가 필요하다. 물론 선교사 자신의 영성이 가난을 추구하고 그것을 실천함으로써 그리스도의 제자직을 감당해야 한다는 점에는 이론의 여지가 있을 수 없다. 문제는 그러면 현지 그리스도인의 삶은 어떠해야 하느냐에 대하여 대답을 주어야 한다는 것이다. 물질에 대한 태도와 균형이 중요할 수 있다.[315] 선교사들이 가난해짐을 통해서 현지인들이 부하게 될 수 있다면, 이제부터는 서구가 가난해짐을 경험함으로써 지금까지 가난했던 국가들이나 개인들이 좀더 윤택하고 안정된 삶을 느낄 수 있다면, 그것이야말로 예수 그리스도의 삶의 실천이 아닌가 하는 점이다. 그것이 진정한 의미에서 십자가 정신이고, 성육신의 의미가 아니겠는가 하는 점이다. 예수가 십자가에 달리심으로 인류가 구원을 얻었듯이, 선교사를 통한 부의 환원을 통해서 가난한 현지인들이 좀더 나은 삶을 누릴 수 있어야 한다는 말이다.

이런 점에서 선교사들은 서구의 부를 가난한 나라들로 옮기는 데 최선을 다해야 하고, 이것이 중요한 선교 사역으로서 우선적으로 설정되어야 할 것이다. 여기에 대한 다양한 근거와 방법 그리고 프로젝트가 전략적으로 구사되어

---

315) 래리 버케트(Larry Burkett)는 누가복음 22:35~36을 예로 들면서 이렇게 말한다. "물질의 소유나 부재가 그리스도를 섬기는 데에서 문제가 되는 것은 아니다. 문제는 그 물질에 대한 태도이다." 래리 버케트, 정득실 옮김, 「돈 잘 쓰는 그리스도인」(서울: 생명의말씀사, 1994), 40.

야 할 것이다. 따라서 선교사들은 더욱 가난한 오지에 들어가면 갈수록 좋은 것이, 그런 곳이야말로 상대적 가난의 효과가 극대화되는 지역이기 때문이다. 도시에서 선교사가 가지고 있는 부의 가치는 상대적으로 미미할 수밖에 없다. 서구와 비서구 대도시 간의 생활비가 크게 차이가 나지 않기 때문이다. 그러나 조금이라도 지방으로 내려가면, 그 차이는 점차 극대화하는 것을 볼 수 있다. 바로 여기에서 선교사의 문화적응과 자발적 가난이 지니는 선교적 가치를 논의할 수 있다. 이것은 우리를 세 번째 성찰로 인도한다.

세 번째로, 선교사의 자발적 가난이 지니는 선교적 가치는 무엇일까? 선교사의 자발적 가난의 실천은 그 자체로서 거룩하고 숭고한 그리스도 가르침에 대한 실천이다. 그것 자체로서 상당한 의미를 가진다. 그러나 그것에만 그친다면, 가난 때문에 고통 받는 사람들의 문제는 사라지고 만다. 바로 그 점에서 앞서 언급한 것처럼 부의 환원 문제를 제기하였다.

그러면 이때 선교사를 통하여 부가 가난한 나라들로 환원되는 것과 자발적 가난을 실천해야 하는 것 사이의 괴리는 없는가? 앞서 잠깐 언급하였지만, 선교사가 가난해짐을 통해서 현지인들이 부유해진다는 것이야말로 예수 그리스도의 삶에 대한 현실적 재현임을 강조하였다. 말하자면 예수의 삶 그 자체인 것이다. "근심하는 자 같으나 항상 기뻐하고 가난한 자 같으나 많은 사람을 부요하게 하고 아무 것도 없는 자 같으나 모든 것을 가진 자로다"(고후 6:10). "우리 주 예수 그리스도의 은혜를 너희가 알거니와 부요하신 이로서 너희를 위하여 가난하게 되심은 그의 가난함으로 말미암아 너희를 부요하게 하려 하심이라"(고후 8:9).

이제 이것을 우리는 복음적 가난이라고 칭할 수 있겠다. 가난과 복음의 통전, 다시 말해서 가난의 편에서 고통 받던 이들이 복음으로 극복되고, 그것을 전하는 지금까지 부의 편에 속하였던 선교사들은 스스로 가난해지는 과정을 통해서 상호 이해와 균형을 되찾는 선교적 구조를 만들어가는 것이야말로 복음적 가난의 내용이 되는 것이다.

자발적 가난은 그 자체로서 일정한 한계를 지닐 수밖에 없는데, 그것은 자칫 자기만족에 빠질 수 있다는 것이다. 부의 환원 또한 한 가지 약점을 가질 수 있는데, 그것은 자칫 부의 편중을 가져올 수 있다는 것이다. 베드로를 비롯한 초대교회 사도들도 최초의 복음 공동체에서 히브리 그리스도인들과 헬라파 그리스도인들 사이의 균형 잡힌 분배에 실패하였다는 점이 이것을 반증한다 (행 6:1). 이처럼 각각이 가지고 있는 한계를 극복하기 위해서는 새로운 콘셉트가 필요한데, 그것을 우리는 복음적 가난이라는 용어로써 이러한 이중적 역할을 설명해야 하는 것이다.

우리는 봉크의 글에서 다행스러운 한편으로, 아쉽게도 이 부분에 대해서 지나칠 정도로 간단하고 소극적으로 취급하는 것을 발견하게 된다. 그는 서론 부분에서 이와 관련하여 이렇게 말한다. "한때 서아프리카 지역의 선교사이기도 했던 유명한 한 대학교수는 자신의 부요함이 어떤 문제도 일으키지 않았는데, 그것은 아프리카 이웃들이 자신보다 더 좋은 컬러텔레비전을 가지고 있었기 때문이라고 내게 말해 주었다! 내가 첫 세 장(chapter)에서 보여주고 싶은 것은 서구 선교사들이 외국에 나갔을 때 확실히 경험하게 되는 상대적인 경제적·물질적 이득(advantage)을 거의 의식했다는 것이다. 더 나아가 많은 이들은 자기 자신보다 덜 가진 사람들을 위해서 자신은 물론이고 자신의 재물을 아낌없이 바쳤다. 많지는 않을지라도, 어떤 사람들은 다른 이들을 위하여 자기 자신을 가난하게 만들면서 하나님의 은혜로운 정신을 아주 놀라울 정도로 실천하였고, 그들의 가난함을 통해서 다른 이들이 오히려 부요하게 되었다."[316] 여기서 보듯이 가난한 사람들의 문제를 단지 부유한 선교사들의 호주머니를 터는 것으로써 위로받는 정도이다. 이렇게 자신의 부를 나누어 주는 선교사가 훌륭한 선교사임을 암시하는 것으로 가난의 문제에 대해 소극적으로 접근한다. 경제적 부를 나누어 줄 수 없는 가난한 선교사들 또한 수적으로 적지 않기 때문이다. 이것은 선교사들의 삶 자체가 거의 대부분 선교 후원에 의존하고 있기 때문이기도 하다. 예컨대, 미국 풀타임 선교사 수는 211개 나

---

316) Jonathan Bonk, *Missions and Money*(1986), xviii.

라에서 1998년 11만 4,216명에서 2001년 10만 7,659명으로 줄었지만, 미국의 선교비 지원액은 1998년 31억 9,924만 9,115달러에서 2001년 37억 5,230만 6,193달러로 증가하였다. 이 모든 금액은 2주 이상의 단기선교를 포함한 선교사들의 생활비와 선교사역 비용이다.[317]

　그러나 앞서의 복음적 가난이란 보다 적극적인 개념이다. 자신의 부를 나누어 주는 것을 넘어서 구조적으로 서구의 부를 어떻게 가난한 나라들로 환원시킬 것인지를 고민한다. 부유한 서구와 가난한 제3세계 사이의 경제적 양극화를 해소하기 위해, 가난한 나라들에서의 경제적 차이를 최소화시키기 위해 선교사들의 사역이 집중될 때, 복음적 가난이 실현되는 것이다. 물론 이때 선교사의 영성은 자발적 가난의 실천이 전제되어야 하고, 가난한 이들에 대한 충분한 이해가 선행되어야 한다. 이런 점에서 봉크의「선교와 돈」은 복음적 실천을 위한 중요한 기준점을 제시했다는 놀라운 선교적 통찰력이 있다고 할 수 있다.

　복음적 가난이라는 통찰과 관련하여 봉크의 논의에서 중요한 또 한 가지 선교학적 가치가 빠져 있는 것을 부인할 수 없는데, 그것은 부활에 관한 논의이다. 봉크가 제시하는 대안으로서 십자가와 성육신 그리고 약함은 예수의 상징적 가치를 잘 보여주지만, 이는 예수의 선교적 사역 일부를 표현할 뿐이다. 왜냐하면 복음은 분명히 예수의 십자가와 부활의 양면성을 가지고 있기 때문이다. 그런데 여기서 성육신과 십자가 그리고 약함이 가지는 가치는 예수 선교 사역의 십자가 사건에 국한되어 있다고 볼 수 있다. 복음적 가난의 완성은 부활의 측면을 무시해서는 안 된다.

　이런 점에서 부활의 측면은 가난으로 고통 받는 이들과 경제적 가난 때문에 올바른 치료를 받지 못하거나 인간적인 대우를 받지 못하는 사람들의 회복을 의미한다. 이것이 바로 복음적 가난의 성취이고, 온전한 자발적 가난의 영성이다. 선교사의 가난해짐이 현지인들의 삶과 아무런 관계가 없다면 그것은 더는 우스토프(W. Ustorf)가 말했던 "선교적 하나님 체험(missionarische

---

317) Dotsey Welliver, Minnette Northcutt, ed. *Mission Handbook 2004~2006, U. S. and Canadian Protestant Ministries Overseas* (Emis: Billy Graham Center, 2004), 13.

Gotteserfahrung)"이라고 할 수 없다. [318] 적어도 선교적 영성이란 가난한 이들의 회복과 치유를 통해서 극대화되는 것이다. 따라서 십자가와 부활, 부의 환원과 자발적 가난의 통전 이 모든 것은 복음적 가난 또는 선교적 영성으로서 대치될 수 있는 것들이며, 봉크가 놓치고 있는 중요한 선교적 가치이기도 하다.

4. 복음적 가난의 실천으로서 선교

인류가 물물교환의 단계를 거쳐 화폐교환의 시대에 이르렀지만 남태평양의 멜라네시아에 있는 바누아투(Vanuatu)에서는 화폐교환의 심각한 폐해를 깨닫고는 현대 화폐도 사용하지만 다시 돼지이빨도 화폐로 사용하고 있다. 그런데 그들의 삶에 대한 만족도는 최고이다. "5번째 원소"[319]로서 돈의 소유가 삶의 질을 결정하지 않음을 보여주는 단적인 사례이다. 우리도 모르는 사이에 일어나는 돈의 흐름과 유통은 국제구제금융(IMF) 시기와 최근의 세계적 금융위기를 가져왔다. 이로 인해서 돈의 유통과 무관한 수많은 일반 시민들의 삶은 위기에 봉착했다. 이처럼 돈의 본질은 물론이고, 돈의 흐름은 아무도 쉽게 정의할 수 없다. [320]

이러한 상황에서 지금까지 우리는 조나단 봉크의 「선교와 돈」을 통해 돈의 선교적 가치를 살펴보았다. 여기에서 우리는 세 가지를 숙고하였는데, 그 세 가지는 모두 하나로 귀결된다. 바로 복음적 가난 혹은 복음적 영성의 실천이라는 것이다. 그것을 통해서 우리는 자발적 가난의 실천과 부의 환원이라는 선교의 이중적 과제를 해결할 수 있는 대안을 모색하였다. 또한 이것은 십자가, 성육신, 약함에서 부의 유혹을 자발적 가난으로 극복하려는 봉크의 일면적 해결방식을 극복하고, 그리스도의 부활이라는 유비로써 부의 환원을 통해

---

318) 선교적 영성과 비선교적 영성에 대해서 다음을 참조하라. Werner Ustorf, "Missionswissenschaft," Dietrich Ritschl, Werner Ustorf, *Ökumenische Theologie—Missionswissenschaft* (Stuttgart/Berlin/Köln: Kohlhammer, 1994), 115~118.

319) 잭 웨더포드, 전지현 역, 「돈의 역사와 비밀 그 은밀한 유혹」(서울: 청양, 2001), 80.

320) 참조하라, 니겔 도드, 이택면 역, 「돈의 사회학」(서울: 일신사, 2002), 19.

가난한 사람들이 좀더 나은 삶의 질을 누릴 수 있게 하는 통전적 대안임을 서술하였다. 물론 봉크의 논지가 현재 서구 선교사들의 부유함에 대한 중요한 도전이었고, 우리가 숙고해야 할 성서적 태도를 깊이 있게 제공하였다는 사실은 부인할 수 없다. 그럼에도 불구하고 아시아, 남미, 아프리카 등 가난한 나라들의 입장에서 선교와 돈의 관계성에 대한 성찰이 다소 부족했다는 점을 인정해야 할 것이다.

실례를 들어 통계청의 자료에 의하면, 2007년 한국 종교인 가구당 평균 매월 3만 5,400원을 종교관계비(religious contributions)로 지출한 것으로 나타났다.[321] 2007년도 국내 총 가구수를 약 1,599만 가구라고 했을 때, 대략 6조 8,000억 원을 종교계에서 사용한 셈이다. 여기에서 2005년도 전체 인구 가운데 개신교 인구 비율이 약 18.3%이므로 개신교인들이 2007년도 헌금한 액수는 대략 1조 2,450억 원으로 볼 수 있다. 하지만 기독교인들의 헌금 액수는 다른 종교인들보다 그 규모가 훨씬 클 것으로 추산된다. 따라서 앞서의 통계상의 수치는 최소한의 액수일 뿐이다. 이 1조 원 가운데 해외선교비로 10%를 지출한다고 가정한다면, 한 해 1,000억 원 정도가 될 것이다. 현재 세계에 파송된 한국 선교사들의 수는 한국세계선교협의회(KWMA)의 조사에 따르면 168개국 1만 9,413명에 달한다.[322] 그래서 한 해 한국 선교사들은 평균 약 515만 원을 사역비로 지출한 셈이다.

전체적으로 보면 한국의 선교사들은 자발적 가난이 필요 없는 극빈층에 속한다. 2007년도 한국에서의 상위 10% 가구 평균 소득은 4억 6,928만 원이고, 하위 10% 가구 평균 소득은 5,112만 원이었다.[323] 그런데 문제는 이것이 선교사들 내에서도 양극화되어 있다는 데 있다. 그렇기 때문에 선교비의 균형은 이제 한국 해외선교의 중요한 과제이다. 따라서 이에 대한 극복으로 선교사들은 한층 더 복음적 가난을 실천할 수 있게 될 것이다.

---

321) 참조하라, www.nso.go.kr/
322) 참조하라, www.kwma.org/
323) 참조하라, "2008년도 국정감사 요구 자료집", www.nso.go.kr/

단기선교의 현황과 과제

1. 단기선교는 과연 세계선교에 기여하고 있는가?

한국교회의 단기선교에 대한 열정과 기대가 대단하다. 그 결과 단기선교는 폭발적인 증가세를 보여주고 있다. 처음에는 주로 복음주의 선교단체를 통해 이루어졌으나 교회들이 참여하면서 급격하게 증가하였다. 한 보도에 의하면 최소한으로 잡아서 최근에는 연 10만 명에 달하는 것으로 추정된다.[324] 그 원인에는 여러 가지가 있겠으나 한국의 경우 경제성장과 교회성장 그리고 1989년 1월 1일부터 시행된 해외여행자유화가 그 발판인 것으로 추론할 수 있다.[325] 단기선교가 초기에는 미국을 중심으로 폭발적인 성장세를 보였는데, 이것이 오늘날에는 전 세계적인 선교의 흐름이 되었다.[326]

---

324) http://missionlife.kukinews.com/article/read.asp?page=1&gCode=all&arcid=0004958111&code=30401100; 백신종, 「한 권으로 끝내는 단기선교 퍼스펙티브: 단기선교에 나타난 하나님의 섭리」(서울: 두날개, 2008), 257ff. 백신종은 한 해 평균 25만 명이 1인당 평균 100만 원 이상의 비용으로 단기선교에 나서고 있다고 추산하고 있다(백신종, 「한 권으로 끝내는 단기선교 퍼스펙티브」, 102f).

325) 백신종은 단기선교의 배경으로 도시화현상, 인터넷과 같은 매스미디의 발달, 눈부신 항공교통의 발달, 재외 한인 동포들의 무한한 잠재력, 선교현장의 정부와 정치제도, 현대 사회의 선교전략을 들고 있다(백신종, 「한 권으로 끝내는 단기선교 퍼스펙티브」, 99~126).

326) 김연수, "단기선교사의 유형별 사역과 사역의 기회들," 선교한국대회 조직위원회 편, 「단기선교사 가이드북」(서울: 선교한국, 2005), 22. 한국세계선교협의회(KWMA)의 보고에 따르면, 2012년 12월말 한국 해외선교사 수는 169개국 2만 4천 742명에 이른다(www.kwma.org). 그러나 미국과 달리 단기선교사에 대한 통계조사는 나타나지 않는다.

단기선교에 대한 기대는 크게 두 가지 방향에서 나타난다. 하나는 개체교회 성장과 관련한 프로그램의 일환으로 단기선교에 대한 관심이 증대되고 있다. 여기에는 청소년 및 평신도들의 참여가 주를 이룬다. 다른 하나는 장기선교사(전임선교사)에 대한 비전을 가지고 훈련하기 위해 단기선교에 임하는 경우이다. 여기에는 대체로 평신도보다도 목회자로서 선교사를 지망하는 사람들이 있다. 어떤 경우이든지 단기선교는 순수하게 짧은 시간 안에 복음을 전한다는 목적을 달성하는 것 외에 세계에 한국교회의 성장을 보여주고 더욱 발전시키기 위한 프로그램으로 자리 잡았다고 해도 과언은 아니다.

그러나 이에 대한 교회 내외의 반론도 비등하고 있다. 외적으로는 특히 2007년 7월 19일 아프가니스탄에서 샘물교회 단기선교팀이 인질로 잡히는 사태가 일어난 이후 비판이 고조되었다.[327] 그 후 한국 개신교가 제국주의적 선교양태를 따르는 것에 대하여 활발한 논의가 전개되었는데, 이슬람에 대한 이해가 증진되는 계기로 작용하기도 하였다. 이것은 또한 복음주의권이건, 에큐메니컬 진영이건 선교 현지 문화에 대한 이해가 얼마나 중요한지에 대한 도전이 되기도 하였다. 물론 여전히 단기선교를 '영적 전쟁'으로 이해하는 입장도 있다.[328]

다른 한편으로는 교회 내부의 자기반성 차원에서 단기선교에 대하여 문제의식을 갖게 된 것이다. 이것은 주로 한국교회 성장이 침체된 것과 함께 관광여행인지의 여부와 장기선교에 대한 약화 그리고 선교사역의 본질 등에 대한 문제제기로부터 비롯된 것으로 보인다. 그 결과 현재는 단기선교에 대한 체계적인 훈련과 이론적 신학화가 점차 강화되고 있다.

단기선교는 본래 1년 이상 4년 정도 타문화지역의 선교현장에서 사역하는 것을 말하지만, 현재는 주로 1주일에서 2주일 간 선교지를 방문하는 것을 뜻하며, 그 목적과 동기 그리고 선교단체의 성격에 따라 단기사역, 단기봉사, 선

327) 홍기영, "2007년 아프카니스탄 인질사태와 한국교회의 선교적 과제," 「선교신학」 19(2008), 159~188; 김정한, 도문갑 편저, 「선교사와 지역교회를 위한 위기사례 연구」 (서울: KWMA/KCMS, 2010).
328) 김성은, 「단기선교 매뉴얼」(서울: 예영커뮤니케이션, 2008), 55; 백신종, 「한 권으로 끝내는 단기선교 퍼스펙티브」, 76.

교여행, 비전 트립, 정탐훈련 등으로 불린다.329) 그리고 나중에 밝히겠지만 이러한 단기선교의 유형을 분류하는 것도 입장에 따라서 나뉘기도 하는데 대체로 비슷하다는 점을 발견할 수 있다. 하지만 결국 그 프로그램들의 내용은 대동소이하며, 선교단체의 비전과 일정의 강도에 따라 그 명칭도 바꿔 부를 수 있다. 이에 대한 학문적이거나, 통일된 사용 기준이 있는 것은 아니다.

이런 상황에서 이 글은 선교학적인 차원에서 단기선교가 가지고 있는 문제점을 살펴보고, 이에 대한 대안이 무엇인지를 제시하려는 데 그 목적이 있다. 말하자면 한국교회에 맡겨진 시대적인 사명으로서 세계선교에 대한 비전이 단기에 머물지 않고 어떻게 개교회 차원에서뿐만 아니라, 타문화 현지에서 장기적인 안목을 가지고 선교대명령을 수행할 수 있는지를 따져보자는 것이다. 이것을 위해 먼저 이 글에서는 현재 시중에 나와 있는 단기선교 소개 서적들의 내용을 분석한다. 그 이유는 대체로 단기선교의 운영과 실제가 이 지침서대로 시행되거나, 이미 시행되고 있는 실제적인 사례들을 중심으로 체계적으로 정리해 놓았기 때문이다. 다음으로는 이에 대한 선교학적인 문제점을 성찰하고 대안을 모색하고자 한다.

---

329) 김성은, 「단기선교 매뉴얼」, 63~76; 백신종, 「한 권으로 끝내는 단기선교 퍼스펙티브」, 65f.. "예를 들어 로저스는 단기선교를 '단기봉사(short-term service)'라고 부르고 있으며(Rogers 1985:49), 제프리는 '단기사역(short-term work)'이라고 정의했다(Jeffrey 2001:5). 펄비스는 '단기자원봉사자(short-term volunteer, Purvis 1993:6)'로, 크라우포드는 '날아가는 선교사(a fly-in missionary, Crawford 1977:337)'라는 용어를 사용하고 있으며, 터키의 조용중 선교사는 '어시스트 선교(assistant mission)'라고 부르고 있다(조용중 1998:111). 성남용 박사는 비슷한 맥락에서 단기선교사들을 영문으로 단기 '어시스턴트(short-term assistant)'라고 기술한다(성남용 2006:217). 그 외에도 아웃리치, 선교여행, 비전여행, 전도여행 등 단기선교를 지칭하는 수많은 용어들이 선교단체에 따라서 혹은 사역 목적에 따라서 등장했고, 지금도 사용되고 있다." 이충성은 단기선교를 "반 년에서 3년 정도"로 이해한다(이충성, 「청년단기선교 A to Z」 [서울: 죠이선교회, 2008], 22). 스타일스 부부는 단기선교를 2년 이하의 선교여행으로 이해한다(J. Mack·Leeann Stiles, Guide to Short-Term Missions, 최동수 역, 「위대한 도전, 단기선교」 [서울: 죠이선교회 출판부, 2003], 199). 그러나 복음주의권의 최근 경향은 현지인의 입장을 고려해서 단기선교의 이름들 가운데 전투적인 명칭을 순화시키자는 움직임도 있다. 예컨대 땅밟기와 정탐훈련 같은 용어는 각각 '동행기도'와 '탐사여행', '선교 리서치' 등으로 바꿀 수도 있다는 입장이다(http://news.kukinews.com/article/view.asp?page=1&gCode=kmi&arcid=0005042956&cp=du).

2. 단기선교 지침서들의 내용 분석

현재 한국교회에 소개된 단기선교 관련 서적의 특징은 지침서로서의 역할을 충실하게 보여준다는 것이다. 일종의 단기선교 매뉴얼로서 처음 준비부터 시행 이후의 일까지 그 일정에 따라 자세하게 소개한다. 이렇게 단기선교를 장려하고 안내하는 서적들의 내용은 거의 대부분 대동소이하며 대체로 다음과 같은 차례로 구성되어 있다. 선교에 대한 기본적 이해, 성서에 나타난 단기선교, 단기선교 목적에 대한 이해, 단기사역의 유형, 단기선교 사역과 훈련으로서 문화이해, 단기사역팀 구성과 운영의 실제, 단기사역 후속조치 등이 그것이다. 여기에는 「단기선교 퍼스펙티브」, 「청년 단기선교 A to Z」, 「단기선교 길라잡이」,330) 「단기선교 매뉴얼」, 「단기선교 가이드북」, 「위대한 도전, 단기선교」, 「단기선교 핸드북」 등이 있다.

이 밖에 단기선교에 대한 보충적 소개서로서 허버트 케인이 저술한 「선교사의 생활과 사역」이나 스티브 호크와 빌 테일러가 쓴 「나를 보내소서!」 그리고 한국세계선교협의회가 펴낸 「최후의 개척자들을 위한 선교정탐훈련 표준 강의안」과 같이 타문화 선교현장 이해를 돕기 위한 조사방법을 서술한 것이 있다. 또 닐 피롤로가 선교 후원자들이 할 수 있는 사역의 내용을 여섯 가지로 나누어 잘 제시하고 있는 「보내는 선교사: 후원자, 선교를 완성하는 힘」이 있다. 그런가 하면 한국세계선교협의회와 한국위기관리재단이 공동으로 출판한 「선교사와 지역교회를 위한 위기사례 연구」 또는 한국세계선교협의회와 문화체육관광부가 공동으로 펴낸 「단기봉사팀 위기관리! 이렇게 대처하라」와 같은 서적들도 대단히 유용하다. 특히 「위기사례 연구」처럼 최근 해외 타문화 선교현장에서 빈번하게 발생하는 위기상황의 사례들과 이에 대한 대처방법을 제시하고 있는 서적은 장기선교사뿐만 아니라, 단기선교 사역자에게도 절실한 필수지침서라고 할 수 있다.

---

330) 조호중, 「단기선교 길라잡이」 (서울: 요단출판사, 2004).

먼저, 단기선교의 성서적 근거를 마련하기 위한 시도가 여럿 있는데, 그중에 백신종의 서술이 가장 이론적이고 체계적이다. 그는 '연대기적 구분'과 '목적론적인 구분'이라는 두 가지 기준을 세워서 단기선교와 관련된 성서의 인물을 찾아내서 성서적 근거로 삼는다.[331] 여기서 '연대기적 구분'은 단기사역의 기간과 관계되어 있고, '목적론적인 구분'은 하나님의 구속사적인 비전에 참여, 미전도종족 아웃리치, 전문인 봉사사역, 중장기 선교 프로젝트 참여, 비거주사역 동참과 같은 목적을 가지고 있느냐의 여부와 관계 있다.[332] 그에 의하면 이러한 관점에서 단기선교에 대한 성서적 근거 가운데 가장 대표적인 것은 모세가 여리고 지역을 정탐하기 위해 보낸 12명의 지파 대표자들에 관한 이야기이다.[333] 바로 여기에서 정탐훈련이라는 용어를 널리 사용하는 것으로 보인다.

이 외에도 백신종은 구약에서 느헤미야, 요나, 아모스, 그리고 신약에서는 에바브로디도, 브리스길라, 아굴라, 빌립이 단기선교사의 역할을 수행하였다고 주장한다. 이들은 모두 단기간의 시간 동안 특정한 지역에 머물렀고, 사역의 목적이 분명했으며, 타문화권으로 파송받았기 때문이라는 것이다. 그는 이상의 것들을 종합하여 신구약 인물에 따라 구체적으로 다섯 유형으로 분류하고, 그에 따른 단기사역의 명칭을 부여하였다(아래 백신종의 표에서 STM은 short-term mission의 약자이다).[334]

단기선교의 유형 (목적)	구약의 단기선교	신약의 단기선교
비전여행(STM1)	열두 명의 정탐꾼 (민 13:17~33)	고넬료 가정의 베드로 (행 10:1~48)
아웃리치(STM2)	선지자 요나(욘 1:1~4:11)	열두 제자(마 10:5~11:1)
(전문인) 단기봉사(STM3)	느헤미야	에바브로디도(빌 2:25~30)
단기사역(STM4)	바로에게 간 모세	빌립 집사(행 8:4~17)
비거주 단기선교(STM5)	선지자 아모스	사도 베드로

331) 백신종, 「한 권으로 끝내는 단기선교 퍼스펙티브」, 175.
332) 백신종, 「한 권으로 끝내는 단기선교 퍼스펙티브」, 67~87.
333) 백신종, 「한 권으로 끝내는 단기선교 퍼스펙티브」, 172ff.
334) 백신종, 「한 권으로 끝내는 단기선교 퍼스펙티브」, 176.

그런가 하면 스타일스 부부는 백신종이 단기선교사의 근거로 언급하고 있지 않은 바울이야말로 "감옥에 갇힌 시기를 제외하면 오직 단기선교만 하였다."라고 주장한다.[335] 그에 따르면 바울은 안디옥 교회가 처음 선교사로 바울과 바나바를 파송하였을 때, 구브로에 8주간, 이고니온에서 4~5달 정도, 루스드라와 더베에서 14주간 머물렀다는 것이다. 이것은 2차 선교여행 때도 마찬가지였는데, 도시 방문 기간이 "평균 세 달 정도"였고, "한 도시에 5개월 이상" 머문 적이 드물었다는 것이다. 가장 오래 머물던 곳이 고린도인데 1년 반이었다고 주장한다.[336]

다음으로, 단기선교의 목적에 대해서도 다양한 입장이 있다. 조호중은 단기선교의 목적을 복음 제시와 현지 선교사역에 대한 격려와 도전, 그리고 선교적 사명을 고취시키기 위한 것이라고 주장한다.[337] 그런가 하면 김성은은 단기사역에 임하는 교회의 목적, 선교단체의 목적, 선교사나 현지 교회의 목적, 단기선교 사역을 향한 하나님의 목적이 있음을, 지금까지 단기선교에 임했던 각 개인이나 선교단체들의 다양한 동기를 여러 가지로 나누어 제시하면서 선교현장의 영혼 구원이 목적이 되어야 함을 강조하고 있다.[338] 이 밖에 아래에서 언급하게 될 유형들 자체를 각각의 단기선교 목적으로 이해하는 경우도 있다. 대표적인 것이 백신종의 유형과 목적의 통합적 이해이다.

셋째로, 단기선교 지침서들은 단기선교의 목적이나 단체의 성격에 따라 단기선교의 유형을 구분한다. 이것은 「한 권으로 끝내는 단기선교 퍼스펙티브: 단기선교에 나타난 하나님의 섭리」, 「단기선교 매뉴얼」, 「단기선교 가이드북」, 「단기선교 핸드북」에 공통적이다. 「한 권으로 끝내는 단기선교 퍼스펙티브: 단기선교에 나타난 하나님의 섭리」는 단기선교의 목적에 따라 앞서 표로 언급한 다섯 가지 유형으로 분류하고, 「단기선교 매뉴얼」은 단체의 성격에 따라 세 가지 유형으로서 선교 여행 사역, 선교 정탐 훈련, 선교 사역 여행으로 제시

335) J. Mack · Leeann Stiles, 최동수 역, 「위대한 도전, 단기선교」, 44.
336) J. Mack · Leeann Stiles, 최동수 역, 「위대한 도전, 단기선교」, 43f.
337) 조호중, 「단기선교 길라잡이」, 23~26.
338) 김성은, 「단기선교 매뉴얼」, 40~45.

한다.339) 그리고 선교한국에서 펴낸 「단기선교 핸드북」도 단기선교의 유형을 단체의 성격에 따라 SM-0(단기선교), SM-1(선교여행), SM-2(단기선교훈련), SM-3(단기선교사역)로 구분하여 진행한다고 서술한다.340) 특히 김연수는 전문성의 유무에 따라, 현지 선교사와의 연계 유무에 따라, 현지 교회나 단체와의 연계 유무에 따라, 직접적인 복음 전파 유무에 따라, 목적에 따라 단기선교의 유형이 있음을 의미 있게 분석하고 있다.341)

여기에서 가장 의미 있는 단기선교 유형에 따른 분류 체계는 백신종의 콘셉트이다. 그는 앞서 언급했던 것처럼 단기선교의 목적에 따라 다섯 유형으로 나누는데, 참가자의 자기정체성을 전략적으로 발전시켰다는 것이다. 그래서 참가자가 단회적 단기선교를 거쳐 단계별로 반복적 단기선교에 참여함으로써 결국 다섯 번째 단계에 이르러 "본국에서 선교사적인 삶을 살면서 반복적으로 단기선교 참여함. 혹은 보다 장기적으로 3년 미만의 기간을 선교지에서 사역"하는 "하나님의 선교사(God's Missionary People)"가 되는 것이 효과적이라는 것이다. 이때 선교 참가자의 자기정체성은 선교 관심자(STM 1단계)에서 선교 참여자(STM 2단계)로, 다시 선교 봉사자(STM 3단계)와 협력 선교사(선교 파트너/ STM 4단계)를 거쳐 하나님의 선교사(STM 5단계)가 될 수 있다는 것이다.342)

넷째로 중요하게 다루어지고 있는 것이 단기사역 프로그램이다. 단기사역 프로그램은 사역지에 따라 다르지만, 대체로 요구되는 것들이 있다. 백재현은 "컴퓨터, 음악, 행정, 재정관리, 선교관 운영, 주방, 미디어, 문서, 의료, 교육, 기술, 사회 구제 계발, 선교선, 교회개척 등"을 제시한다.343) 이충성은 "(1) 직접 교회개척 사역, (2) 기존 교회를 돕는 사역(지도자 사역 또는 신학교 사역 등), (3) 특수 사역(사람이나 교회를 대상으로 하지 않고, 번역, 활동 등의 프로그램

339) 김성은, 「단기선교 매뉴얼」, 63~69.
340) 선교한국조직위원회 편, 「단기선교 핸드북」(서울: 선교한국조직위원회, 2004), 5.
341) 김연수, "단기선교사의 유형별 사역과 사역의 기회들," 22~26.
342) 백신종, 「한 권으로 끝내는 단기선교 퍼스펙티브」, 313f.
343) 백재현, "단기선교사가 되기 위한 준비," 선교한국대회 조직위원회 편, 「단기선교사 가이드북」(서울: 선교한국, 2005), 20.

사역)"으로 나누고 있으며, "적은 경험과 낮은 수준의 언어로, 의미 있는 열매를 낼 수 있는 사역"으로서 노방전도, 모임의 전도, 한국 여행 팀의 인도, 청년 사역, MK 사역, 찬양 사역, 사진, 영상 사역, 외국어 가르치기 등이 있음을 제시한다.[344] 또 조호중은 여름성경학교, 건축, 의료, 컴퓨터 및 기술, 신학생/현지 목회자 교육, 영어 교육을 예로 든다.[345] 이에 비하여 김성은의 프로그램 제시는 훨씬 체계적이고 논리적이다. 그는 복음을 자유롭게 전할 수 있는 지역과 그렇지 못한 지역에서의 프로그램을 달리 소개하고 있다. 복음을 자유롭게 전할 수 있는 지역에서의 프로그램으로는 지역교회 방문과 지역 주민들을 위한 대규모 전도집회, 찬양 사역, 노방전도, 개인전도, 대중전도, 중보기도 사역, 어린이 사역이 있고, 중국과 같은 부자유한 지역에서의 단기사역으로는 정보 수집, 지도자 훈련, 전문인 사역, 선교사 자녀 교육, 중보기도 사역, 배달 사역, 위로 사역 및 수련회가 있음을 세분한다.[346]

다섯째로 많은 양을 할당하여 서술하는 것이 단기선교팀의 운영에 관한 것이다. 여러 교재들 가운데 「단기선교 길라잡이」가 단기선교팀의 운영과 실제를 다루는 항목에서 단기선교와 위원회, 파송 전 단기선교팀 운영, 현지 선교에서의 팀 운영, 귀국 후 단기선교팀 운영에 관한 것들을 제일 자세하게 다루고 있다. 단기선교와 위원회에서는 위원회의 구성(자격과 임무), 선교교육(전교인, 단기선교 참가자), 전략선교(장기선교사들과의 관계, 사역지 결정), 팀장 모집(팀장 훈련), 인력관리, 재정 정책(사역경비 조달방법, 모금 등), 특별행사, 파송예배를 소개하고 있다. 파송 전 단기선교팀 운영에서는 팀장과 현지 선교사, 팀원 모집, 팀원 훈련, 후원자 확보, 재정 확보, 출국 준비를 다루고 있고, 선교 현지에서의 팀 운영은 사역 태도, 영적 모임, 사역 기록, 안전과 건강, 사역 진행, 재정 지출, 현지 선교사와 단기팀, 팀원들이 주의할 점, 예상치 못한 일에 대한 대처, 예기치 않은 경험 사례들, 사역 마무리를 세세하게 다루고 있

---

344) 이충성, 「청년 단기선교 A to Z」, 106ff.
345) 조호중, 「단기선교 길라잡이」, 147~153.
346) 김성은, 「단기선교 매뉴얼」, 69~76.

다. 그리고 귀국 후 단기선교팀 운영에서는 단기선교 보고회, 단기선교위원회에 보고, 귀국 후 건강관리, 팀 해체에 이르기까지를 잘 제시하고 있다.[347] 특히 단기선교 헌신자들을 교육하고 훈련하기 위한 프로그램이 세세하게 짜여 있다. 이러한 사전 교육내용을 「단기선교 매뉴얼」이나, 「청년 단기선교 A to Z」와 비교하면 다음과 같다.

	단기선교 길라잡이[348]	단기선교 매뉴얼[349]	청년 단기선교 A to Z[350]
1	복음 제시 훈련	선교의 당위성	선교의 성서적 기초
2	경건의 시간과 기도 모임을 통한 영성 훈련	개인 경건 훈련	현대 선교 이해
3	파송 예정 나라에 대한 연구 발표	선교의 기초 및 선교의 중요성	TJTA 검사 및 자기 이해와 내적 치유
4	선교지 문화 교육	선교와 기도 및 기도후원자 발굴	선교 역사의 이슈들
5	단기선교사 파송예배 준비 및 시행	단기선교와 영적 전쟁	영적 전쟁과 중보기도
6	교재에 의한 선교교육	단기선교를 위한 재정 확보	선교 동향과 전략
7	단기선교 사례 발표회	선교는 누가 하는가?	단기선교사론
8	팀워크 교육과 팀 운영지침 제시	단기선교 사역의 목적	선교지에서의 영성/자기관리
9	보내는 선교사들의 역할과 협력 방안	구체적인 복음 제시 훈련	건강한 팀 사역
10	세계선교 동향과 통계 제시	단기선교 사역과 문화 적응	기도편지와 후원자 연결
11	헌신자들을 위한 선교수련회 개최	단기선교 사역 생활규칙	타문화 이해와 적응

---

347) 조호중, 「단기선교 길라잡이」, 37~207.
348) 조호중, 「단기선교 길라잡이」, 43.
349) 김성은, 「단기선교 매뉴얼」, 97f.
350) 이충성, 「청년 단기선교 A to Z」, 54f.

12	본국 내에 있는 타문화권 장소를 방문	단기선교 사역지 소개 및 현장 체험	
13	선교주일에 일일 주일학교 교사로 봉사	자료 수집 및 정리 방법	
14	셀, 구역, 각 기관 등에 선교 헌신자들을 파송하여 선교 간증집회 인도		
15	기타		

　여섯째로 다루고 있는 것이 단기선교가 참가자 및 교회 그리고 선교현장에 주는 유익과 문제점에 관한 것들이다. 이것은 단기선교의 목적과도 밀접한 관련이 있다.[351] 백신종은 그 장점으로서 사회 문화적이고 지정학적인 장애물을 극복할 수 있고, 팀 및 협력 사역의 기회를 제공한다고 본다. 또한 이 시간은 하나님의 음성을 듣는 기회, 교회의 영적 부흥과 각성, '긍휼'과 '드림'의 영성개발을 할 수 있는 유익이 있음을 주장한다.[352] 조호중이 비교적 그 유익성에 대한 내용을 잘 정리하고 있다. 그는 김성은의 목적에 따른 구분이나, 한철호처럼 단기선교사가 갖는 유익으로 개인의 신앙성장 기회 제공, 선교에 대한 자신의 소명의식 점검 기회, 타문화권 경험, 현지 선교사와의 교류 및 사역 이해, 기도와 후원자 확보를, 그리고 교회가 얻는 유익으로 지역교회를 선교 중심적인 교회로의 전환, 선교 동원 기회, 선교 정보 획득, 장기선교 후보자 발굴, 선교에 대한 이론과 실천을 비교할 수 있는 계기를 제시한다. 또한 선교지가 갖는 유익으로 현지인 복음 전달 기회, 10/40창 지역 접근, 현지 선교사 사역 단기간 도움, 본국과의 정보교류, 타문화 접촉 기회를, 그리고 현지 선교사가 얻는 유익으로 본국 교회와 성도들과의 접촉, 현지 선교사들의 필요를 제공받음, 영적인 격려와 도전, 후속 양육을 통한 사역의 결과를 가질 수 있다고 본다.[353]

---

351) 김성은, 「단기선교 매뉴얼」, 40~45.
352) 백신종, 「한 권으로 끝내는 단기선교 퍼스펙티브」, 131~151.
353) 조호중, 「단기선교 길라잡이」, 28f.

한철호는 대체로 다른 이들에게서도 공통적인 단기선교의 장점과 문제점을 다음과 같은 표로 잘 정리하였다.[354]

	장점	문제점
참가자	삶의 현장에 대한 경험 선교적 삶 맛보기 다른 나라의 교회 경험 영적 성장과 성숙 사역적 경험 공동체 훈련 전임선교사의 가능성 성육신적 삶을 통한 배움	잘못된 동기 선교사에 대한 왜곡된 경험 현지 교회에 대한 나쁜 경험 엉성한 프로그램으로 낭비 준비 부족 참가자들 사이의 갈등으로 대가를 치름 장기선교에 대한 부정적 인상 문화적 패권주의
선교단체	선교사 동원 인력적 공백 보충 좋은 대외적 관계 새로운 후원 재원 잠재적 평생 동역자 확보	사후양육의 실패 일회성 사역에 대한 과도한 기대 나쁜 평판을 얻음 후원 확보 실패 참가자들의 필요를 채우지 못함
선교지 교회와 선교사	사역이 이뤄짐 전도 폭발 사역을 나누어 짐 파송교회와의 관계 형성 장기선교사로 돌아옴	선교 팀을 돕느라고 시간 낭비 참가자의 문화적 실수로 곤란에 직면 시간과 자원의 낭비 현지인의 왜곡된 생각을 교회로 가져감 장기선교사에 대한 부정적 인상

3. 단기선교에 대한 선교학적 성찰

1) 단기선교 이론과 실천의 질적 발전과 현장의 반응

지금까지 살펴본 대로 한국에서의 단기선교는 해를 거듭할수록 그 이론적인 측면과 실천적인 측면에서 다양한 모습으로 질적인 발전을 보여주고 있다.

---

354) 한철호, "단기선교, 새 술은 새 부대에," 선교한국조직위원회 편, 「단기선교 핸드북」(서울: 선교한국조직위원회, 2004), 8.

이것은 용어의 사용뿐만 아니라, 그 용어에 해당하는 단기선교의 프로그램 그리고 장점과 문제점에 이르기까지 체계적인 내용을 구성하고 있다. 여기에는 성서적 근거를 마련하려는 시도도 있다. 특히 단기선교팀의 준비과정부터 현장에서의 실제적인 운영, 귀국 이후의 뒷마무리에 이르기까지 상세한 지침은 단기선교를 위한 유용한 매뉴얼로 손색이 없다. 뿐만 아니라 단기선교의 장점과 문제점에 대한 분석은 참가자와 선교단체 그리고 선교지 교회와 선교사에게 무엇이 좋고 나쁜지에 대한 일목요연한 분석을 담고 있다. 이러한 장단점에 대한 비교분석을 참조함으로써 참가자들 및 현장 그리고 주선하는 단체들은 보다 나은 단기선교팀을 꾸리고 준비하며 현장에서 더 의미 있는 사역을 진행할 수 있을 것이다. 그래서 이러한 지침서들이 앞으로도 더욱 상황에 맞게 수정되면서 질적인 발전을 이루리라는 것은 의심의 여지가 없다.

그런데 문제는 단기선교 프로그램과 운영에 관한 지침이 아무리 그 의도와 내용이 훌륭하다고 할지라도 이러한 단기선교가 과연 세계선교 현장에 얼마나 도움이 되고 또 현지인들 자신이 이것을 어떻게 수용하느냐에 대한 선교학적 평가가 과연 고려되고 있는지 하는 것이다. 우선 분명한 것은 선교현장의 선교사들에게는 단기선교가 상당한 도움이 되는 것은 사실이고, 그렇기 때문에 단기선교가 증대되고 있다는 사실이다. 예컨대 몽골에서 사역하는 감리교 김종진 선교사의 어린양교회는 단기선교를 통해 현지인 교회를 성장시킨 좋은 모델이다.[355] 그는 현지인 300여 명의 교회로 성장시킬 수 있었던 선교전략으로 단기선교를 주장하고 있다. 이 외에도 세계선교 현장의 수많은 선교사들이 단기선교를 요청하고 있고, 단기선교 프로그램을 유용하게 선교현장에 활용하고 있다.

이것은 단기선교 참가자들도 마찬가지다. 그들은 현장에서의 감동을 기억하고, 자신의 역할에 대한 깊은 인상을 가지고 돌아온다. 거의 대부분의 참가자들은 이러한 사역의 경험을 자신의 교회에서 나누고, 더욱 열심히 보답하려

---

355) http://www.mongol91.com/dangi.htm#2

고 애를 쓴다. 여기에 대한 긍정적인 수많은 증언을 발견할 수 있다. 결국 이러한 증언들 때문에 단기선교가 탄력을 받아 증대되고 있는 것이 사실이다. 심지어 청년층에서 이제는 소년층으로까지 옮겨가고 있고, 나아가 장년층으로까지 확대되고 있는 상황이다.

이와 관련하여 다른 또 하나의 논점은 아웃리치, 비전 트립, 단기봉사 등과 같이 단계별 단기선교로 과연 세밀하게 구별되느냐의 문제이다. 필자가 참여한 바에 의하면 실제로 현장에서의 단기선교는 프로그램 진행의 강도와 시간에 따른 차이가 있을 뿐이지, 내용상으로 크게 차이가 없었다. 말하자면 단기선교의 강도가 세면 오히려 참가자들의 반응이 감동적이고, 강도가 약하면 그 감동의 세기가 약한 것을 확인할 수 있었다. 그렇기 때문에 단기선교의 명칭에 따른 세밀한 유형의 분류는 결국 단기선교 프로그램 진행의 강도에 따른 차이라고 말할 수 있겠다.

어쨌든 이런 논점들에 대해서 우리는 장기선교와 비교되는 단기선교를 접하는 현지인들의 반응에 관한 자료를 가지고 있지 않다. 장기선교의 경우는 그 사역의 성과를 평가할 수 있는 근거가 있다. 선교센터의 운용과 현지인 사역과의 관계, 프로그램의 진행 유무, 개척교회 수와 현지인 교회의 경우에는 교인 수에 따른 성과 등 여러 가지 판단의 기준이 존재한다. 그렇지만 단기선교의 경우에는 그것이 현지의 경우 고스란히 장기선교사의 성과로 돌아갈 여지가 많다. 왜냐하면 단기선교팀을 유치하는 것 자체가 장기선교사 사역의 일부를 구성하기 때문이다. 그렇기 때문에 단기선교팀 자체의 선교적 효율성을 따질 수 있는 근거가 부족할 수밖에 없다. 이처럼 단기선교가 단지 장기선교사 사역의 일부를 구성한다면, 다시 말해서 단기선교가 장기선교와 같은 사역의 동등성을 갖지 못한다면, 단기선교팀 자체가 갖는 선교동원의 유효성은 어디에서 찾을 수 있겠는가? 단기선교는 단지 장기선교에 나서지 못하는 소위 '보내는 선교사'로서의 자기만족에 불과한 것인가? 단기선교는 여기에 대한 어떤 해명이 필요하다고 본다.

이러한 문제를 해결하기 위해서 우리에게 필요한 것이 바로 현지인과의 대화이다. 현지인과의 대화에는 반드시 현지인들의 반응이 포함되어야 한다. 이런 점에서 단기선교 매뉴얼에는 각각의 프로그램에 대한 현지인들의 반응과 그에 대처하는 구체적인 행동방식이 제시되어야 할 것이다. 잠깐 왔다 자신들에게 필요한 것을 극히 일부 채워 주고, 정들 만하면 금방 떠나 버리는 손님들에 대하여 현지인들이 느끼는 정서와 그것이 해마다 일상적인 반복처럼 비쳐질 때 이것들이 복음 전달에 어떻게 반영될지에 대한 면밀한 사후 보고가 필요하다는 말이다. 한 지역에 여러 단기선교팀이 시기를 달리하여 들어가기도 하지만, 대체로는 한 선교사의 사역지를 여름방학이나 겨울방학을 이용하여 이루어지는 경우 집중적으로 매주 방문하게 되는데, 이때 현지인들이 낯설지만 선한 이방인들을 어떻게 이해하는지 그들의 감정에 대한 이해교육도 중요한 지침이 될 수 있다. 그들은 그들 나름 매주 들어오는 단기선교팀들을 비교하는 것은 아닌지에 대한 세심한 관찰이 제시되어야 한다. 현지인 아이들의 경우 매주 진행되는 이별의 느낌을 어떻게 관리할 것이며, 이것이 선교의 본질이나 복음의 이해와 어떻게 연결될 수 있는지도 제시되어야 단기선교가 훨씬 질적인 발전을 가져올 수 있다는 것이다.

이것들이 가능하기 위해서는 단기선교팀을 운용할 때 비전 트립이나 아웃리치 등과 같이 매번 명칭을 달리하며 다른 차원에서 방문할 것이 아니라, 한 지역에 대한 지속적인 심화의 만남과 교류가 필요하다. 왜냐하면 선교사 중심의 단기선교는 자칫하면 선교사가 떠날 경우 현지인에 대한 관심과 방문도 중단되는 경우가 많기 때문이다. 그렇기 때문에 처음에 선교사를 통해서 현지인과 접촉이 되었지만, 단기선교를 통한 지속적인 만남을 심화시키기 위해서는 새로운 형태의 단기선교 프로그램이 필요하다. 이것이 마련될 때, 단기선교는 장기선교와 같은 사역의 동등성을 가질 수 있고, 더 나아가 현지인에 대한 세심한 복음적 만남과 증언이 이루어질 수 있을 것이다. 그럴 때 비로소 단기선교는 단지 장기선교의 일부를 구성하는 사역이 아닌, 짧게 머무는 시간은 숫자에 불과한 그 자체로서의 유효성을 획득하게 될 것이다.

이에 대하여 개체교회 차원에서 진행할 수 있는 구체적인 단기선교 프로그램으로 미국 세계선교센터(US Center for World Mission)의 미전도종족 입양(Adopt-A-People)을 하나의 예로 들 수 있다.[356] 미전도종족(Unreached People)이란 1974년 로잔대회에서 랄프 윈터(Ralph D. Winter)가 처음 주장한 개념으로서 "복음을 전혀 들어본 적이 없는 집단, 복음에 응답한 적이 없는 집단, 교회가 없는 집단, 그들의 언어로 된 성서가 없는 집단, 스스로가 복음화될 수 없는 집단"을 말한다. 여기서 입양이란 온정주의적 간섭이 아니라 동반자로서, 우월함이 아니라 섬김의 자세로, 지배하려는 것이 아니라 사랑함으로 "교회나 선교회가 미전도종족 가운데 자립교회가 세워질 때까지 책임지고 섬기는 것을 의미한다."[357]

이것이 앞서 말한 대로의 단기선교 프로그램에 대한 하나의 대안이 될 수 있는 것은 처음 선교사를 통해 입양이 이루어지면, 선교사가 재배치되더라도 단기선교팀의 지속적인 방문이 가능하게 되기 때문이다. 물론 여기서 현지인이 반드시 미전도종족이어야만 하는 것은 아니다. 중요한 것은 이 AAP 프로그램이 교회와 미전도종족 현장 그리고 선교사를 잇는 선교 동역자 전략이라는 점이다. 그 방법은 다음과 같다. (1) 미전도종족에 대한 이해 및 기도 그리고 이 운동에 대한 비전과 정보교환, (2) 개체교회 목회자 및 선교기관의 평신도 지도자들로 참여 위원회 구성, (3) 입양기관이나 입양대상들에 대한 정보를 가지고 있는 교단 해외선교국이나 선교회와의 접촉, (4) 입양 대상자 고르기와 기도 및 전문가와 경험자로부터 자문 듣기, (5) 입양을 결정하고, 그것을 선교기관에 통보하며, 교회에서 공식적인 입양식을 거행하여, 그 증서를 공공장소에 게시하여 항상 기억하기, (6) 입양대상 종족에 해당하는 위원회 및 기도 모임을 꾸려내고, 그들에게 무엇이 필요한지 등 그에 대한 모든 정보를 공적으로 함께 나누고, 필요하면 단기선교도 계획해 볼 수 있으며, 이것이 장기선교사로 발전될 수도 있다. (7) 그 결과로서 개체교회는 교인들을 선교 동원하여

356) 참조하라, www.adopt-a-people.org; U. S. Center for World Mission, *Vision for the Nations: Participant's Reader* (Pasadena: William Carey Library, 1995), 230ff. 한국지부에서는 한글로 된 자료를 구할 수 있다 (참조하라, www.aap.or.kr).
357) http://upma21.com/home/main/sub_unreachedpeople_1.html

기도하게 되고 선교적 자원으로 발전시켜 나갈 수 있게 된다.[358]

2) 단기선교의 질적 발전을 위한 과제

한국에서의 단기선교는 그 성과와 발전, 좋은 모델을 시도하려는 노력에도 불구하고 여전히 해결해야 할 과제들이 있다. 그 첫 번째 문제로 장기선교사는 줄고 있는 것에 비하여 단기선교사는 폭발적으로 증가하는 현상을 어떻게 이해할 것인가 하는 문제이다. 세계기도정보(Operation World) 2005년판 통계에 따르면, 미국의 경우 장기선교사가 1998년 11만 4,216명에서 2001년 10만 7,659명으로 줄었다가, 최근에는 다시 증가하고 있지만, 2주 정도 단기선교사의 경우는 1996년 6만 3,995명에서 1998년에는 9만 7,272명으로, 2001년에는 34만 6,270명으로 폭발적으로 증가하고 있는 것을 볼 수 있다.[359] 물론 한국의 경우에는 장기선교사가 꾸준히 증가해서 2011년 현재 1만 8,566명을 기록하고 있으며 단기선교사 역시 폭발적으로 증가하는 추세에 있다.[360]

이처럼 장기선교보다 단기선교가 폭발적으로 증가하는 이유는 어디에 기인하는 것인지에 대한 연구 결과는 아직 나타나 있지 않다. 문제는 앞으로도 계속해서 이러한 추세가 지속된다면, 장기선교사가 단기선교팀을 받기 위해 준비하고 동행해야 하는 시간과 수고로 말미암아 장기선교사의 원래 목적과 사역은 어떻게 되는지에 대한 염려이다. 이와 동시에 수십만 명에 달하는 단기선교사를 어떻게 효율적으로 연결하고 성과를 낼 수 있는지에 대한 시스템도 아직 부재하다. 또한 여기에는 명망 있는 선교사에게만 몰려 여러 팀이 한 곳에만 집중적으로 방문한다면, 정작 필요한 단기사역은 또 어떻게 배치할 것인지 등의 문제가 제기될 수 있다.

두 번째로 단기선교는 타문화에 대한 피상적 이해를 통해 잘못된 정보를

---

358) http://upma21.com/home/main/sub_unreachedpeople_1_2.html; 한국세계선교협의회 미전도종족입양운동본부, 「최후의 개척자들을 위한 선교정탐훈련 표준강의안」 (서울: AAP, 2000), 236ff.

359) Dotsey Welliver·Minnette Northcutt (ed.), *Mission Handbook 2004-2006* (Wheaton, IL: EMISS, 2004), 13.

360) http://www.cwmonitor.com/news/articleView.html?idxno=33944

유포시킬 수 있다. 물론 단지 2주간의 단기선교로도 선교에 대한 열정을 확인하고, 영적 도약을 체험하며, 세계에 대한 새로운 통찰력을 주는 계기로 작용하기도 하지만, 랄프 윈터에 의하면 이것은 10%에 불과하다.361) 이런 점에서 단기선교는 매우 민감하고 미묘하며 전문적인 과제로서의 선교에 대한 단순화와, 현지 문화의 복잡성에 대한 피상적인 접근으로 우월감을 갖거나 부러움의 대상으로 삼는 경우가 있다는 것이다. 그 결과 선교를 쉽게 생각하거나, 현지 문화를 오해하는 경우가 발생할 수 있다. 그래서 단기선교에 한 번 참여하고 나서 선교의 사역을 다 이루었다고 하는 자기만족에 빠지기 쉬우므로 이런 점들이 어떻게 극복될 수 있는지에 대한 대안이 요구되는 것이다.

세 번째로 현지 선교사에 대한 오해를 할 수 있다. 단기선교를 위해 현장을 방문할 시 장기선교사와 단기선교사 사이에 상대적인 긴장이 있을 수 있다. 가장 중요한 것은 단기선교사가 본국의 교단의 신앙전통과 자신의 신앙형태를 잣대로 하여 선교를 평가하고 판단한다는 것이다. 이로 인해서 장기선교사는 실제적인 선교 효과보다는 보여주기 위한 선교에 치중하는 경우도 발생한다. 그런가 하면 장기선교사의 입장에서 후원교회의 잦은 방문 때문에 관광여행 안내에 시간을 낭비한다고 불평하기도 한다. 그러한 비용으로 차라리 동료 장기선교사나 자비량 선교사를 지원해야 한다고 주장하는 이들도 있다. 실제로 해외선교사들의 사역 내용을 살펴보면 대단히 복잡하고 다양하다. 이것을 단순화시켜서 장기선교사를 단지 단기선교를 위한 안내나 하는 사람으로 평가하는 것은 옳지 못하다.

다음의 2001년도 장기선교사 사역의 내용은 이것을 잘 보여준다.362)

---

361) Ralph D. Winter, "Who's Going to do Mission—the Mission Agency or the Local Church?" *Latin America Evangelis* 86(2006), 10f.

362) Dotsey Welliver·Minnette Northcutt (ed.), *Mission Handbook 2004~2006*, 21f. 이 외에도 선교사의 생활에 대해서 다음을 참조하라. Steve Hoke·Bill Taylor, *Send Me! Your Journey to the Nations*, 김진선 역, 「나를 보내소서」(서울: IVP, 2002); Herbert Kane, *Life and Work on the Mission Field*, 백인숙 역, 「선교사의 생활과 사역」(서울: 두란노서원, 1986).

복음전도와 제자화 사역 61.5%
교회설립 및 개척 20%
복음전도(개인/소그룹) 8%
리더십 훈련 5.1%
현지인 교회 양육 및 지원 4.9%
복음전도(대중) 4.2%
현지인 사역자 지원 3.5%
방송(라디오와/혹은 TV) 2.8%
문서배포 2.2%
복음전도(학생) 1.6%
어린이프로그램 1.5%
문서제작 0.9%
번역(성서) 0.9%
비디오/영화 제작/배포 0.9%
오디오 녹음/배포 0.6%
교회공사 0.6%
청년 프로그램 0.6%
번역(여타) 0.4%
문헌자료 0.3%
자비량사역 0.3%
전도지 0.1%
캠핑 프로그램 0.1%
제자화 0.1%

교육/훈련 사역들 8.3%
교육(신학) 3.0%
훈련(기타) 2.8%
교육(Ch/Schl gen Christian) 1.2%
교육(TEE) 0.6%
통신과정 0.4%
교육, 연장(기타) 0.1%
교육, 선교사(자격증/학위) 0.1%

선교기관 후원활동 14.8%
훈련/오리엔테이션, 선교사 2.9%
단기 프로그램 협력 2.8%
리쿠르이팅/모빌라이징 2.0%
정보서비스 1.0%
동역화 개발 1.0%
항공 서비스 0.9%
기술적 지원 0.9%
타기관 서비스 0.7%
선교사 휴가지원 0.6%
교인상담 0.6%
선교협회 0.4%
경영자문/훈련 0.4%
정신상담 0.3%
구매 서비스 0.3%

구호와 개발활동 11.8%
의약, 치과와 공중보건 포함 2.9%
개발, 공동체 2.5%
탁아/고아원 2.3%
구호와/혹은 재활 1.9%
보조장비 0.6%
장애인 지원 프로그램 0.4%
의료보조 0.4%
농업 프로그램 0.3%
정의사역 0.3%
입양 0.1%

기타활동 3.8%
기금 전달 1.6%
기타 1.3%
조사 0.7%
TOSOL 0.14%
(총 56사역)

단기선교의 질적 발전을 위한 네 번째 과제는 그 정체성에 대한 성찰이다. 단기선교에 참여하는 자의 가장 두드러진 정체성은 후원자로서의 역할인지, 장차 장기선교사로 준비하기 위한 과정인지에 대한 것이다. 장기선교사를 위한 준비과정으로서 단기선교는 크게 염려할 것이 없다. 이미 수많은 교육과정이 존재하기 때문이다. 문제는 후원자로서 단기선교에 참여하는 자의 자기 정체성에 대한 성찰의 과정이다. 왜냐하면 확고한 선교철학을 가진 그 몇 십 배의 평신도 후원세력을 양육하고 조직하는 것이 더 중요한 측면도 있기 때문이다.[363]

이때 단기선교는 선교사와 후원자의 관계를 어떻게 정립할 것인지에 대한 중요한 근거를 마련해 준다. 왜냐하면 항상 선교에는 돈이 뒷받침되어야 하고, 그에 따른 정직한 보고가 필수적이며, 선교적 차원에서 이루어지는 후원자와의 조율이 필요하기 때문이다. 대체로 선교사와 후원자의 관계를 규정하는 데에는 다섯 가지가 있다. (1) 독립선교사(the independent Missionary), (2) 인준받은 선교사(the endorsed Missionary), (3) 동등한 관계(the Partner), (4) 지도받는 선교사(the supervised Missionary), (5) 지배받는 선교사(the controlled Missionary).[364] 이것은 후원자와 선교사 간의 책임과 자유의 정도에 따라 분류한 것이다. 독립선교사는 사역의 내용과 방향 등 모든 것을 자신의 판단대로 한다. 이에 비해서 지배받는 선교사는 모든 사역의 내용을 교단 본부나 후원자의 의도대로 진행한다. 동등한 관계는 선교사의 사역 방향과 후원자의 의도가 협의를 통해 진행된다. 그 사이에 있는 인준받은 선교사는 독립선교사의 경향성이 75%이고 후원자의 의도가 25% 반영되는 경우이고, 지도받는 선교사는 그 반대로 보면 된다. 이런 관계성 아래 후원자는 단기선교를 통해서 선교현장 및 선교사의 사역을 이해하게 됨으로써 후원자이기 때문에 일방적인 자신의 의도를 지양할 수는 계기가 마련되는 것이다. 가장 바람직한 선교사와 후원자의 관계는 동반자 관계를 형성하는 것이다.

결국 이런 과정을 통해서 격려 후원, 사역물자 후원, 재정 후원, 기도 후원, 연락 후원, 귀환 후원과 같은 일을 하는 '보내는 선교사'의 단계를 넘어서는 후원자의 신학이 다음과 같이 제시되어야 할 것이다.[365] (1) 개체교회를 건강하

---

363) 선교사의 업적과 과오에 평가에 대해서 다음을 참조하라. Stephen Neill, *Call to Mission* (Philadelphia: Fortress Press, 1970).

364) 참조하라, Daniel C. Hardin, *Mission: A Practical Approach to Church Sponsored Mission Work* (Pasadena, CA: William Carey Library, 1978), 160~179.

365) Neal Pirolo, *Serving as Senders*, 예수전도단 역, 「보내는 선교사: 후원자, 선교를 완성하는 힘」 (서울: 예수전도단, 2007).

게 만드는 전체 프로그램의 한 부분으로서 후원되어야 한다. (2) 그리스도에 대한 증언과 사회적 참여가 균형 있게 후원되어야 한다. (3) 신뢰할 수 있는 선교기관을 통하여 후원되어야 한다. (4) 선교사가 후원을 요청할 시 관대함으로 해야 한다.366) (5) 물질만이 아니라 기도하고, 선교사와 교제를 나누며, 선교지를 이해하는 것과 같은 그리스도인의 온전한 삶으로 후원해야 한다.367) (6) 궁극적으로는 현지 교회의 자립을 목표로 해야 한다

4. 단기선교를 제대로만 활용한다면

지금까지 우리는 한국교회의 단기선교에 관한 지침서들인 「단기선교 퍼스펙티브」, 「청년 단기선교 A to Z」, 「단기선교 길라잡이」, 「단기선교 매뉴얼」, 「단기선교 가이드북」, 「위대한 도전, 단기선교」, 「단기선교 핸드북」 등과 같은 서적들을 살펴보았다. 여기서 우리는 이 매뉴얼들이 가지고 있는 특징으로 성서적 근거를 마련하려고 애쓰는 것 외에 용어상의 문제와 차이점 그리고 사역 프로그램에 대한 내용 등 이론적이고도 실제적인 단기선교 안내서라는 것을 발견하였다. 특히 단기선교 준비에서부터 귀국 이후까지의 세심한 내용은 단기선교 참가자들 및 현지 선교사들에게도 유용한 참고서가 될 것이다.

그러나 이러한 충실한 지침에도 불구하고 여전히 남는 문제는 이러한 단기선교가 현장에서 과연 얼마나 환영받고, 선교적 본질에 합당한 역할을 수행하고 있느냐 하는 것이다. 물론 단기선교가 현지 선교에 기여하는 성과가 있기 때문에 폭발적인 증가세를 보이는 것은 사실이지만, 복음 전달과 관련하여 이것이 현지인들의 눈에 어떻게 현실적으로 비쳐지는지에 대해서는 보다 깊이 있는 연구가 이루어져야 할 것이다.

---

366) 선교사들이 후원자들을 얻기 위한 전략은 치밀하다. 이에 대한 다음의 문헌들을 참조하라. William P. Dillon, *People Raising, A Practical Guide to Raising Support* (Chicago: Moody Press, 1993); Pete Sommer, *Getting Sent, A Relational Approach the Support Raising* (Downers Grove, IL: Intervarsity Press, 1999); Betty J. Barnett, *Friend Raising: Building a Missionary Support Team That Lasts* (Seattle, MA: YWAM Publishing, 2003).

367) Lew A. Davis, *The Laymen Views World Missions* (St. Louis: The Bethany Press, 1964), 71ff.

뿐만 아니라 앞으로 단기선교를 질적으로 발전시키기 위해서는 단기선교의 자원을 장기선교사의 선교 동원에 어떻게 활용할 것인지의 문제와 단기선교 참가자들이 선교사의 사역에 대하여 오해하거나, 타문화에 대한 피상적인 이해와 귀국 후 이에 대한 잘못된 정보를 유출함으로써 발생하게 될 선교적 손실도 함께 고려되어야 한다. 더 나아가서 단기선교는 후원자로서 자리매김을 하는 데 있어서 선교현장은 물론이고 선교사와의 관계설정을 어떻게 해야 하는지에 대해서도 보다 세심하게 배려해야 할 것이다. 이 셋의 유기적인 관계설정을 통해서 한국에서의 단기선교는 참가자와 선교사 그리고 현장에서의 선교정책과 선교목적 그리고 선교방법에 있어서 가장 선교적인 본질을 회복하고, 복음 전달의 성과를 볼 수 있을 것이다.

8장

'하나님의 여행'의 동행자: 스크랜튼 모자(母子)

1. 어떤 선교사가 되려는가?

정동병원, 상동병원, 이화학당, 아현교회, 상동교회, 동대문교회 등을 설립한 스크랜튼 모자는 목회자 가정에서 태어나 미국 감리교의 평신도 여성 선교사로 파송받은 메리 플레처 스크랜튼(Mary Fletcher Scranton, 1832~1909)과 그의 외아들 목사인 의료선교사 윌리엄 벤튼 스크랜튼(William Benton Scranton, 1856~1922)을 동시에 일컫는 말이다.

이들 모자의 선교사역 영역이 분명히 다르지만 함께 묶어서 평가하려는 데는 두 가지 중요한 이유가 있다. 첫 번째는, 이들이 각각 미북감리교 선교부와 여성해외선교회(The Woman's Foreign Missionary Society)의 파송으로 아펜젤러 선교사 부부와 함께 1885년 2월 3일 한국을 향해 동시에 출발한 모자 선교사였기 때문이다.[368] 어머니 스크랜튼

---

368) 아펜젤러 부부가 1885년 4월 5일 인천에 첫발을 내디뎠던 것에 비해, 아들 스크랜튼은 일본에 2월 27일 도착한 이후 갑신정변(1884년 12월 3일)이라는 한국 정치의 불안정 때문에 가족의 안전 등을 이유로 상황을 예의주시하면서 당시 일본에 망명해 있던 박영효로부터 직접 한국어를 배우면서 선교사역을 준비하다 맥클레이의 권고로 4월 23일 요코하마를 출발한다. 한국으로 오는 도중 나가사키를 들렀는데, 마침 한국에서 일주일 만에 귀환하여 그곳에 머무르고 있던 아펜젤러 부부를 만나 그들의 부정적인 평가에도 불구하고 직접 확인해야겠다는 생각으로 4월 28일 출발해서 부산을 거쳐, 5월 3일 주일 "조용한 아침의 나라" 한국 제물포에 첫발을 내딛는다. 스크랜튼 기념사업회 엮음, 「윌리엄 B. 스크랜튼 서신 자료집(Letters of William B. Scranton, 1885~1907)」 (서울: 한국기독교역사연구소, 2010), 20. 어머니 스크랜튼은 6월 20일에 첫발을 내디뎠다.

은 남편과 사별한 후 그의 아들이 공부를 끝마치고, 결혼하며, 병원을 운영하는 동안에도 늘 함께 이사를 다니며, 심지어 병중에도 그 곁을 떠나지 않고 보살펴 주었던 것으로 보인다. 그리고 결국 3대가 동시에 한국을 향했던 것이다. 이런 이유로 처음부터 아들 스크랜튼은 어머니를 비롯한 가족들이 자신의 선교사역을 도와줄 것이고, 함께할 것이라 생각했다.[369] 그는 여기에 상응하는 자신의 책임과 역할로 한국에 입국할 때부터 가족의 안전을 위해 먼저 한국에 들어가서 정착할 준비를 하고 가족을 불러들였다.[370] 심지어 이들 모자는 안식년 휴가도 함께 했다. 게다가 아들 스크랜튼이 1907년 선교사직을 사임한 2년 후인 1909년에 어머니가 별세함으로써 이들의 한국 선교사역 기간도 거의 같았다는 점이다. 이런 점에서 이들 모자의 사역은 그 긴밀한 가족관계처럼 뗄 수 없는 관계에 있다.[371]

두 번째는, 이들의 선교사역 영역이 이미 미감리회 선교부로부터 규정되었는데, 아들은 의료와 복음 전파, 어머니는 교육과 보건 그리고 여성 복음화를 위해 파송받았다는 것이다. 이러한 해외선교사역의 다양성이 어머니와의 동반자적인 선교사역을 통해서 어떻게 그대로 이루어졌는지 살펴보고 평가할 수 있기 때문이다. 실제로 어머니 스크랜튼은 아들 스크랜튼이 감리사로서 지방 순회를 할 시에 종종 동행하기도 하였다.[372] 특히 당시 여성차별이 심하던 상황에서 이들의 선교사역 영역은 가족 간의 역할분담을 통해서 상호 보충하는 과정을 거쳐 결국에는 복음화와 교회개척은 물론이고 병원 및 교육시설과 사회복지 사역에 이르기까지 확대될 수 있었던 것이다.[373]

---

369) *Ibid.*, 23.

370) 아들 스크랜튼은 가족의 안전을 위해 적어도 가을까지는 일본에 더 머무르려고 하였다(*Ibid.*, 16).

371) 아들 스크랜튼은 선교사역을 위한 그의 지방순회에도 늘 어머니와 동행했던 것으로 보인다. 1896년과 1898년 수원·공주지역 감리사 보고서에서 모친과 동행하였음을 밝히고 있다(홍석창 편저, 「수원지방 교회사 자료집 1893~1930. 죠션 그리스도인 회보·신학세계·감리회보 찾아보기」(서울: 감리교본부 교육국, 1987), 23, 29. 또한 그는 부인과 어머니 선교사역의 성과에 대해서도 보고하는 것을 볼 수 있다. 스크랜튼 기념사업회 엮음, 「윌리엄 B. 스크랜튼 서신 자료집」, 202. 나중에는 어머니가 상동으로 아예 거처를 옮기기도 하였다. 이덕주, "메리 F. 스크랜튼의 선교사역," 이경숙·이덕주·엘렌 스완슨, 「한국을 사랑한 메리 스크랜튼」(서울: 이화여자대학교 출판부, 2010), 116.

372) *Ibid.*, 130.

373) 윤춘병, 「한국감리교 교회성장사」(서울: 감리교출판사, 1997), 101.

물론 여기에 문제점이 없는 것은 아니다. 이들 모자 각자의 선교사역에 대한 보다 객관적인 성과가 서술되어야 하고, 그 선교적 성과들이 평가되어야 하기 때문이다. 그럼에도 불구하고 이들 모자를 묶어서 사역의 내용을 동시에 서술하고 평가하려는 데에는 앞서의 두 가지 중요한 이유 외에도 부차적인 이유가 있다. 그것은 이들의 사역을 평가하는 데에서 그들 모자의 선교사역이 대부분 겹칠 뿐만 아니라, 그들이 남긴 자료조차도 상대적으로 부족하기 때문이다. 또한 여기에 하나의 기대효과도 있기 때문인데, 그것은 무엇보다 이러한 가족의 선교사역을 전체적으로 정리함으로써 선교현장에서 가족이 함께 선교사역을 수행한다는 것이 어떤 평가를 받을 수 있는지 살펴보는 좋은 기회라는 점이다. 왜냐하면 오늘날 현지에서 부부와 가족 간의 불화와 갈등 그리고 준비 부족으로 선교사직을 포기하는 경우도 있기 때문이다.

이런 점을 고려하면서 우리는 이 글에서 첫째, 스크랜튼 모자는 선교사로서 자신들의 정체성을 어떻게 이해하였는가? 당시 선교사들의 지원 동기와 선교사역의 방향을 중심으로 살펴본다. 둘째, 그들의 선교사역 동기와 방법 그리고 목적은 무엇인가? 그들은 한국에서 어떤 선교활동을 하였는가? 셋째, 그들의 선교사역이 우리에게 남긴 유산은 무엇이며, 오늘날 우리에게 주는 선교적 교훈은 무엇인가? 이에 대한 선교학적 평가를 시도하고자 한다.

2. 스크랜튼 모자의 선교사로서 자기정체성 이해

"솥의 세 발과 같은 존재" 중에 두 발을 차지하는 스크랜튼 모자는 선교사로서 자기정체성을 어떻게 이해하였는가?[374] 이것을 위해서 우리는 스크랜튼 모자가 처음 한국에 입국하기 전과 입국하여 초기 선교사역을 결정해 나가는 과정을 살펴보는 것이 필요하다.

당시 한국의 선교적 상황은 이미 일본 주재 감리교 선교사업 책임자였던

---

374) *Ibid.*, 50. 여기서 "세 발"이란 스크랜튼 두 가정 그리고 아펜젤러 한 가정을 말한다.

맥클레이(R. S. Maclay, 1824~1907)를 통해서 1884년 7월 3일 고종으로부터 단지 '교육과 의료사업'을 윤허받은 터였다. 이때 아들 스크랜튼은 의료 선교사 자격에 아주 잘 부합하였다.[375] 그리고 어머니 스크랜튼은 평소 한국 선교에 관심을 가지고 보내는 선교사로서 그 사역을 감당하고 있었다. 그랬기에 그녀 역시 자연스럽게 한국의 여성교육과 기독교 여성지도력 개발과 같은 사역을 맡게 되었다.

여기에서 먼저 아들 스크랜튼에 대해서 언급하여야 하는데, 그 이유는 그가 어머니보다 먼저 선교사로서 결단하였기 때문이다. 그가 어떤 이유로 선교사가 되려고 하였는지 정확하게 기록된 정보는 없다. 그는 아펜젤러처럼 신학을 공부한 것이 아니라 의학을 공부하였고, 직업이 의사였다. 그의 아버지는 제조업에 종사하였고, 일찍 아버지를 여의고 홀어머니 아래서 자랐다. 이런 이유 때문에 그의 신앙형태는 아무래도 목사의 딸인 어머니의 영향을 크게 받고 자랐을 가능성이 높다. 이런 성장과정 때문에 이덕주는 아들의 선교사 결단이 그가 병중에 있을 때, 어머니 메리 스크랜튼의 "설득과 권유"가 있었을 것이라고 "짐작"하고 있는데, 충분히 타당성 있는 추론이라고 생각된다.[376] 이런 이유에서 어머니 스크랜튼을 "아들의 보조자가 아닌 주체적 선교사"로 보는 데 크게 지장이 없다.[377]

그렇지만 선교사로 지원하게 된 이런 특이한 동기는 그가 교단 파송 선교사로서 정체성을 지켜나가는 데 하나의 약점으로 나타나기도 한다. 이것은 그가 한국에 입국하고 난 뒤 생각하고 행동하는 그의 태도에서 그대로 드러난다. 1885년 5월 3일 한국의 제물포에 첫발을 내디딘 아들 스크랜튼은 그 다음날, 서울에서 의료선교사역을 펼치고 있던 장로교 선교사 알렌박사를 방문하게 된다. 알렌 선교사는 갑신정변 시 수구파였던 민영익을 살려낸 공로로 국

375) 한국기독교사연구회, 「한국기독교의 역사 L」(서울: 기독교문사, 1989), 185.
376) 이덕주, "메리 F. 스크랜튼의 선교사역," 58f.
377) 엘렌 스완슨, 장양미 역, "메리 F. 스크랜튼을 찾아서: 무명의 한 유명인이 남긴 놀라운 유산에 대한 탐구," 이경숙·이덕주·엘렌 스완슨, 「한국을 사랑한 메리 스크랜튼」(서울: 이화여자대학교 출판부, 2010), 231.

립병원 격인 제중원을 설립하고, 왕실의사로서 이미 확고한 위치를 가지고 의료선교를 수행하고 있었다. 여기에 환자들이 넘쳐나자 전문적인 의료진이 절실하게 필요했던 터라 스크랜튼은 더할 나위 없는 협력자의 방문이었다. 그래서 알렌은 아들 스크랜튼에게 잠시라도 함께 일할 것을 요청하였고, 그는 이것을 "하나님의 섭리(Providential)"로 여겨서 그 제안을 받아들일 것을 결단한다.[378]

그러나 짐을 꾸리기 위해 제물포로 되돌아왔을 때, 미국 증기선 트렌튼 (Trenton) 호의 감리교 선목 홀웨이(Holway)의 충고를 듣고 그는 마음을 접게 된다. 그가 마음을 바꾼 결정적인 계기는 감리교 선교부에서 자신들을 파송한 것은 감리교 의료선교를 하라는 것이었지, 단지 의료인으로 정부의 병원에서 일하라고 한 것이 아니었음을 깨달았기 때문이다. 말하자면 이때 비로소 교단 선교사로서 자신의 정체성에 대한 의식이 싹트기 시작한 것이다. 처음에는 순순한 마음으로 의료진이 필요한 알렌을 도우면서 자신의 위치도 동시에 높일 수 있는 기회를 가져다 주는 협력선교가 좋다고 생각하였다. 그러기에 승낙했던 것이다. 그러다가 무엇보다 감리교 선교부의 정신에 따라 자신의 사역내용을 결정해야 한다는 충고, 그리고 처음에 언어를 배우는 것이 중요한데, 그러한 협력사역에 먼저 매달리는 것이 과연 필요한 것인지 장기적인 안목에서 부담이 되었던 것이다. 게다가 당시 한국의 정치적 상황이 아직 불안정한 상태라 안전을 확보한 뒤 가족을 불러들여 그들과 함께 사역을 준비해야 하는 중요한 시기였다. 그래서 그런 제안이 처음에는 기회다 싶었지만, 바로 자신의 사역에 대한 정체성을 자각하였던 것이다. 하지만 결국에는 동등한 협력자로서 잠시라도 알렌을 도와줄 것을 요청하는 주한미국공사 포울크(G. C. Foulk) 의 권유로 그 제안을 받아들이게 된다.[379]

이러한 상황을 볼 때, 아들 스크랜튼은 아직 감리교 선교사로서 자신의 정체성이 뚜렷하지 못했다고 볼 수 있다. 이것은 현재와 같이 자신의 선교지에

378) 스크랜튼 기념사업회 엮음, 「윌리엄 B. 스크랜튼 서신 자료집」, 22.
379) Ibid., 23f.

대한 충분한 이해와 탐구, 심지어 방문을 할 수 있는 시대가 아니라서 그렇다고 이해한다 하더라도, 미감리교 선교사로서의 정체성에 필요한 교육은 없었던 것으로 보인다. 쉽게 말해서 교단 파송 선교사로서 자신의 의료선교사역에 대한 기반을 만들어야 한다는 기본적인 이해가 파송단계에서 인식되지 못했던 것이다. 여기에는 그가 신학을 전문적으로 공부하지 않았기 때문에 교단 파송에 대한 이해가 부족했다는 점을 먼저 들 수 있다. 다음으로 그는 단지 의사였는데, 마침 한국에 선교의 문이 열렸고, 이것이 교육과 의료에 국한되었던바, 여기에 적합한 사람을 물색하는 과정에서 그가 선택되었기 때문이라고 볼 수 있다. 그랬기에 신학을 전혀 공부하지 않았음에도 그는 목사안수를 받을 수 있었다. 말하자면 목사이지만 평신도와 같은 신학적 수준을 가지고 선교사로 부름을 받고 사역을 수행한 것이다.

이것은 결국 아들 스크랜튼이 그의 출중한 의료지식과 믿음 그리고 한국에서 선교사역의 성과 및 열매에도 불구하고 1902년 선교사직을 사임한 후 미국으로 귀국했다가 1904년 다시 돌아오고, 1907년 다시 선교사직을 사임한 후 의료 활동을 하다 중국 대련을 거쳐 1917년 일본으로 들어가 고베에서 성공회로 개종하여 그의 삶을 마친 데서도 잘 드러난다.[380]

하지만 이처럼 아들 스크랜튼의 교단 파송 선교사로서의 부족한 정체성은 상대적으로 에큐메니컬 정신을 가진 선교사로서의 의식이 강했음을 보여주는 것이기도 하다. 1905년 6월 26일 미국의 장로교와 감리교 선교사들이 미감리교 선교사 벙커(Darrell A. Bunker)의 집에 모여서 한국에서의 연합사업을 논의할 때에, 아들 스크랜튼은 "개신교 선교협의회(a Council of Protestant Missions)"를 구성할 것을 제안한다. 그래서 9월 11일 이화학당 예배당에서 모

---

380) 마서 헌트리, 차종순 역, 「한국 개신교 초기의 선교와 교회성장」(서울: 목양사, 1985), 430. 아들 스크랜튼은 다른 동료 선교사들과 갈등이 잦았던 것으로 보인다. 그가 1907년 두 번째 선교사직을 사임했을 때에는 친일적인 감독 해리스와의 알력 관계 때문이었고, 그 이전 1890년에는 후임 선교사 맥길(William G. McGill)이 애오개 시약소를 6월 14일 일방적으로 폐쇄한 데에 따른 마음의 상처도 있었다. 류대영, 「초기 미국 선교사 연구 1884~1910. 선교사들의 중산층적 성격을 중심으로」(서울: 한국기독교역사연구소, 2001), 141; http://ahyun.net/. 1893년 오링거(F. Ohlinger)와의 갈등에 대해서는 다음을 참조하라. 스크랜튼 기념사업회 엮음, 「윌리엄 B. 스크랜튼 서신 자료집」 117~146.

든 개신교 선교사들이 모여 선교협력을 협의하는 자리가 마련되었다.[381] 이후 그는 학교 설립과 찬송가 그리고 신문 같은 교회일치 선교사업에 더욱 열심인 것을 볼 수 있다.[382] 그는 초등교육과 중등과정은 아니더라도, 대학교육과 도서관 박물관 등은 공동으로 하는 것이 옳다고 주장하였다.[383]

이에 비해서 어머니 스크랜튼은 이미 세계선교와 선교사의 역할에 대한 충분한 이해가 있었던 것으로 보인다. 비록 그녀는 대학을 다녀본 적이 없지만,[384] 처음에 WFMS의 서기 활동을 통해서 해외선교 사역에 대한 다양한 정보를 가지고 보내는 선교사로서의 사역을 충실히 수행하고 있었던 것으로 보인다.[385] 예컨대 그녀는 1883년 9월 오하이오 주 레베나 시 지방선교회 모임에서 볼드윈(L. B. Baldwin) 부인이 한국 여성들을 위해 헌금하고 기도해 줄 것과 1884년 이수정이 WFMS에 여자 선교사들이 필요하다는 편지를 통해서 한국 선교 현실에 대한 상황을 이미 알고 있었던 것이다.[386] 그러다가 어머니 스크랜튼은 자신의 권면도 있었겠지만, 아들이 선교사로의 부름에 결단한 이상, 아들이 어디를 가든 늘 동행했던 것처럼 어머니로서의 역할 그리고 평소에 후원하고 기도하던 세계선교의 사명을 감당하기 위해 WFMS의 선교사로서 자신의 역할을 받아들이게 된 것이다. 그랬기에 그녀는 감리교 선교부 정책에 따라 내한 초기 여성과 교육선교 사역의 내용과 방향을 잡아가는 데 있어서 조금도 흔들림 없이 추진할 수 있었던 것으로 보인다.

---

381) *Ibid.*, 100f.

382) 스크랜튼 기념사업회 엮음, 「윌리엄 B. 스크랜튼 서신 자료집」, 370ff.

383) *Ibid.*, 374.

384) William Ziegelbauer, "Sowing the Seeds of Hope: Mary F. B. Scranton's Vision for Korea 1885~1895," *Scientia* (2007), 108.

385) 이덕주, "메리 F. 스크랜튼의 선교사역," 56f.

386) 이배용·이현진, 「스크랜튼. 한국 근대 여성 교육의 등불을 밝히다」(서울: 이화여자대학교 출판부, 2008), 18~23.

3. 스크랜튼 모자의 선교사역

내한 선교사들의 초기 선교사역의 특징은 "선교의 위대한 세기"였던 18세기 다른 해외선교지와 마찬가지로 교회개척과 교육사업 그리고 의료선교로 대변된다. 스크랜튼 모자의 선교사역 역시 이 세 가지 선교사역에 매진하였다는 점이다. 아펜젤러의 경우 의사가 아니었기 때문에 교육과 교회개척 선교 두 가지에 집중하였지만, 이들의 경우에는 아들이 의사이며 목사였기에 세 가지 주요 선교사역을 수행할 수 있었다. 이 의사라는 자격은 1889년도에조차 특히 학교 외의 영역에서 복음을 가르치고 세례를 주는 것과 같은 복음의 직접적 전달 사역이 금지된 상황에서 의료를 통한 각 지방 순회 시에 유용하였다.[387] 여기에다 아들 스크랜튼은 마태복음, 로마서, 주기도문, 십계명, 사도신경과 같은 성서 번역 외에 한영사전과 영한사전 편집장을 맡아 수고하기도 하였다.[388] 어머니 스크랜튼 역시 "성경문답"을 재번역하거나 문서선교에 열심이었다.[389]

이 항에서는 이덕주가 자신의 논문 "메리 F. 스크랜튼의 선교사역"에서 이들의 선교사역과 사역의 진행과정에 대해 토착화 사관을 가지고 연대기적으로 역사학적 관점에 따라 상세하게 정리하였기 때문에, 그리고 이화여자대학교에서 출판된 「한국을 사랑한 메리 스크랜튼」과 「스크랜튼, 한국 근대 여성 교육의 등불을 밝히다」에서 이미 충분히 이들의 선교사역을 다루었기 때문에 그 내용에 대한 소개보다는 그러한 사역들 속에 내포된 그들의 선교 동기와 목적 그리고 방법에 대해서 살펴보도록 하겠다. 여기서 우리는 이것을 분석하고 평가하기 위한 하나의 기준이 필요한데, 베르카일의 선교의 동기와 목적 그리고 방법에 대한 그의 유형분석을 따르고자 한다.[390]

---

387) 스크랜튼 기념사업회 엮음, 「윌리엄 B. 스크랜튼 서신 자료집」, 64f. 1888년 5월 한국 정부는 종교 전파를 금지하는 법령을 공표하였다. 이에 대해서 다음을 참조하라. 이덕주, "메리 F. 스크랜튼의 선교사역," 81f.

388) *Ibid.*, 59.

389) 이덕주, "메리 F. 스크랜튼의 선교사역," 95f.

390) 요하네스 베르카일, 최정만 역, 「현대선교신학개론」(서울: 기독교문서선교회, 1991). 이 책은 유럽

1) 스크랜튼 모자의 선교 동기는 하나님의 영광이다

스크랜튼 모자가 한국에서 이룩한 놀라운 선교적 성과를 가능하게 한 선교의 동기는 무엇이었는가? 선교사의 동기가 어떤 관점에서 출발하느냐에 따라 그 성과에 대한 평가도 달라질 수 있다. 이런 이유에서 그들의 선교 동기를 밝히는 것은 매우 중요하다. 왜냐하면 당시 선교사들의 내한 과정과 사역에 대하여 다양한 평가가 존재하기 때문이다. 내한 선교사들을 둘러싸고 크게 긍정적인 평가와 부정적인 평가가 있다.391)

이러한 평가를 하는 데 있어서 하나의 잣대로 삼을 가치가 있는 선교학적 이론이 있다. 베르카일은 「현대선교신학개론」 제6장 "선교임무수행을 위한 동기들"에서 선교사역의 순수한 동기와 불순한 동기를 구분하고 있다. 그에 의하면 선교의 순수한 동기에는 (1) 순종의 동기, (2) 사랑, 자비 그리고 동정의 동기, (3) 영광의 동기, (4) 종말론적 동기, (5) 긴급함, (6) 개인적 동기가 있다. 그리고 불순한 동기로는 (1) 제국주의적 동기, (2) 문화적 동기, (3) 상업적 동기, (4) 교회 식민주의가 있다.392)

그런데 이처럼 잣대가 엄연히 존재하지만, 스크랜튼 모자의 선교적 동기를 밝혀내는 것은 쉽지 않다. 그들이 남긴 문건들 속에서 이러한 내용을 발견하기가 쉽지 않기 때문이다. 그들이 남겨놓은 자료는 거의 대부분 그들의 선교 방법과 사역에 관한 것들이다. 그렇기 때문에 우리는 역으로 그들 선교사역의 내용을 통해서 선교적 동기를 추론할 수밖에 없다.

내한 초기 1~2년 동안 아들 스크랜튼이 서울에서 느낀 인상은 매력적이

선교학의 교과서로 평가받고 있다. 필자는 이 글 외에 베르카일의 이와 같은 유형분석을 통해 아펜젤러를 평가한 바 있다. 이후천, "초기 내한 감리교 선교사 아펜젤러의 사역과 신학에 대한 선교학적 반성," 김동선 편, 「초기 개신교 선교사들」(서울: 선교신학연구소·한들출판사, 2001), 210~245.

391) 예컨대 마서 헌트리는 「한국 개신교 초기의 선교와 교회성장」에서 서구의 선교사들이 복음전도, 의료, 봉사, 교회 건립을 통해 한국 사회를 어떻게 변혁시켰는지 그 영향을 다루고 있고, 류대영은 「초기 미국 선교사 연구 1884~1910, 선교사들의 중산층적 성격을 중심으로」에서 당시 내한 선교사들의 상업주의에 물든 자본주의적 속성과 미국화라는 일탈을 보여주는 자료를 근거로 부정적으로 접근하고 있다.

392) 요하네스 베르카일, 최정만 역, 「현대선교신학개론」, 253~171.

지 못하고, "더럽다"는 것이며, "외부 세계에 대해 무지"하다는 것이었다. "왕자부터 거지에 이르기까지 그 집들은 더럽기 그지없다."라는 것이다.[393] 그리고 한국의 당시 정정은 불안하기 짝이 없었다. 그럼에도 불구하고 그는 그의 편지 여러 곳에서 이런 현실을 "하나님의 섭리"로 받아들이는 것을 볼 수 있다.[394] 그러면서 그는 현실을 만족스럽게 받아들이며 낙관적으로 미래를 전망하고 있다.[395] 자신이 가지고 있는 모든 능력을 하나님께 바치며 인도자이신 "하나님의 여행(God's trip)"에 순종하며 따라나섰음을 고백한다.[396] 이것은 아들 스크랜튼 역시 당시 세계선교의 분위기였던 "이 세대 안에 모든 민족의 세계 복음화" 운동을 확고하게 인식하고 있었던 것으로 보인다.[397] 그는 모든 것이 때가 있고, 한국도 예외가 아니어서 그리스도가 드러나기까지에는 자신들의 선교 위임(commissioned)을 통해서 시간이 걸리는 것임을 고백하고 있는 것이다.[398]

이에 비해서 어머니 스트랜튼 역시 내한 이후 초기 한국인에 대한 인상은 거의 비슷한 것으로 보이지만, 그 동기는 더 분명한 것을 알 수 있다. 그녀 역시 한국 정정의 불안을 피부로 느끼고 있었고, 의사소통이 거의 불가능한 상황에서도 한국의 학생들이 "미신과 암흑이 지배하던 집안"에서 성장하는 것을 가슴 아파하며 이들에게 기독교 신앙을 고백할 수 있도록 하는 데 최선을 다하는 것을 볼 수 있다.[399] 심지어 그녀는 외부 독판이 보는 앞에서도 "기독교 교리를 외우고 찬송을 부르게 하는 모험"을 하는가 하면,[400] "하나님과 성경에 대해서, 이것이 이 나라와 개인에게 얼마나 중요한 것인지를 설명"할 정도로 직접적인 복음전도 사역에 열심이었다.[401] 이러한 맥락에서 그녀는 이

---

393) 스크랜튼 기념사업회 엮음, 「윌리엄 B. 스크랜튼 서신 자료집」, 21.
394) *Ibid.*, 22, 25, 62.
395) *Ibid.*
396) 스크랜튼 기념사업회 엮음, 「윌리엄 B. 스크랜튼 서신 자료집」, 165.
397) *Ibid.*, 27.
398) *Ibid.*, 62.
399) *ARMEC 1888*, 339, "메리 F. 스크랜튼의 선교사역," 74에서 재인용.
400) *Ibid.*, 76.
401) *WFMS 1886*, 47, "메리 F. 스크랜튼의 선교사역," 76에서 재인용.

렇게 보고한다. "한국에 온 지 겨우 2년 3개월이 된 지금 […] 우리에게는 아름다운 집과 11명의 여학생이 있다. 그들의 기도 모임에서 하나님을 찬양하는 음성과 밝은 얼굴들을 볼 때 한국은 성공적임을 느낄 수 있다."[402] 이것은 그녀의 선교적 동기인 하나님께 영광을 돌리려는 순수한 동기가 성취되어 가고 있음을 고백한 것으로 보인다.

2) 스크랜튼 모자의 선교 목적은 개인 영혼의 구원, 기독교 사회 형성, 교회 설립이다

베르카일에 의하면 선교의 목적과 목표를 논하는 필연적 이유가 있는데, 그것이 "선교전략을 결정하고 선교의 방법과 수단을 선택하는 데 있어서 결정적 역할"을 하기 때문이라는 것이다.[403] 이러한 관점에서 그는 7가지 선교의 목적을 예시하고 있다. (1) 개인 영혼의 구원, (2) 교회 설립, (3) 삼자원리(三自原理), (4) 교회성장, (5) 기독교 사회 형성, (6) 사회복음, (7) 거시적 사회구조의 개선.[404]

이러한 유형에 따르면 스크랜튼 모자의 선교 목적은 개인 영혼의 구원, 교회 설립 그리고 기독교 사회 형성이 다중적으로 포함되어 있다. 먼저 이들은 개인 영혼의 구원에 대한 강렬한 선교 목적이 있다. 특히 어머니 스크랜튼이 단지 '의료와 교육'에 국한된 상황에서 이화학당을 통해 복음적 내용을 가르치고 발표하도록 하였다는 점은 개인 영혼의 구원에 대한 확신과 강렬한 목적이 있었기에 가능한 일이었다. 왜냐하면 이러한 복음 전도 사역을 통해 그들뿐만 아니라, 다른 교단 선교사들에게조차 어떤 해가 끼칠지 모르는 상황에서 이렇게 과감하게 시도한다는 것은 자신들의 선교 목적이 개인 구원에 대한 열망이 뚜렷했음을 보여주는 사역이기 때문이다. 이러한 맥락에서 그녀는 이렇게 고백한다. "처음 몇 달 동안의 경험은 여러 가지 시련을 겪어야 했음에도 불유쾌

---

402) *18th Annual Report of the W. F. M. S. of M. E. C.*, 1887, 51~52. 이배용·이현진, 「스크랜튼. 한국 근대 여성 교육의 등불을 밝히다」, 53에서 재인용.
403) 요하네스 베르카일, 최정만 역, 「현대선교신학개론」, 273.
404) Ibid., 273~304.

한 것은 아니었다. 처음에는 암담하기도 했으나 '한국에 오게 된 것이 기뻤다.'
고 말할 수 있다. 우리가 한국인들의 마음에 들었건 들지 않았건 한국인들이
우리 마음에 든 건 사실이며 그들에게 하나님의 축복을 전하고자 하는 욕망이
점점 커져 갔다."405) 그녀는 실제로 환경이 극도로 열악하기 짝이 없는 시골
전도여행의 현장에서 한국인처럼 자고 먹으며 "죄로부터의 구원"과 "더러움
으로부터의 구원"을 전달하였다.406) 이것은 그녀가 한국의 상황이 열악하지
만, 기쁨으로 받아들이면서 한국인들을 구원의 잔치에 초대하겠다는 강렬한
선교의 목적의식을 드러내고 있는 것이다.

이것은 아들 스크랜튼에게서도 마찬가지인데, 그는 1887년 8월 13일의 서
한에서 복음화 사역이 빠르게 진전되고 있지는 않지만, 한국인들이 "그리스
도를 아는 지식(the Knowledge of Christ)"이 멀지 않다는 점을 보고하고 있
다.407) 여기서 언급되고 있는 "그리스도를 아는 지식"이야말로 한국인들 개개
인 영혼의 구원을 갈망하는 대표적인 표현이라 볼 수 있다. 그는 또한 1892년
12월 21일의 편지에서 의료선교보다 개인의 영혼이 구원받게 되는 상황이 얼
마나 더 소중한지를 다음과 같이 보고하고 있다. "나는 여기 이 도시에서 복음
전도 사역(evangelistic work)과 관련하여 내 모든 시간을 편하고 유익하게 보
낼 수도 있었습니다. 그렇게 일꾼들을 보내달라고 요청했건만, 내가 여기 한
국에 도착한 이래 지금보다 더 용기백배 했던 때가 없습니다. 우리가 가르칠
사람들이 없다면, 우리가 원하는 대로 우리의 개종자들(converts)을 붙잡지도
돕지도 못할 것입니다. 구도자들(seekers)이 우리를 찾아오고, 와서는 가르침
(instruction)을 요청합니다. 우리가 그들을 찾아다닐 필요가 없습니다. 그들이
우리에게 공개적으로 찾아옵니다. 나는 오늘 올해 문답식을 치를 15명의 명단
을 가지고 있습니다. 그들의 출신은 다양합니다. 내가 그중 한 사람에게 왜 세
례와 가르침을 바라느냐고 물었습니다. 그가 대답하기를 '예수의 자비를 통해

405) The Korean Repository III—I, 3~4. 이배용·이현진, 「스크랜튼, 한국 근대 여성 교육의 등불을 밝히다」,
    43에서 재인용.
406) 이덕주, "메리 F. 스크랜튼의 선교사역," 112f.
407) 스크랜튼 기념사업회 엮음, 「윌리엄 B. 스크랜튼 서신 자료집」, 45.

서 생명의 구원을 찾고자' 온다고 하였습니다. 그 15명 중에 특히 두 명이 아주 적극적인 일꾼이 되었습니다. 한 명은 군인인데, 사람들이 말하길 그의 막사 (barracks)를 채플로 바꾸었다는 것입니다. 그도 또한 나에게 말하길 자기 노력의 결과로 언제든지 우리와 함께할 준비가 되어 있는 7~8명의 남자들이 있다는 것입니다. 또 한 사람은 너무나 철저하고 신실해서 그를 잘 가르쳐 다른 이들을 가르치도록 할 계획을 세웠는데, 지금 그가 그 일을 잘 수행하고 있습니다. 어느 날 군인인 또 다른 사람이 와서 말하길 자기 선임이 막사에서 교리 문답을 공부하는 것은 물론 거기에서 읽고 가르치는 것도 금지하였노라고 말했습니다. 그래서 그때 내가 그건 도울 수 없다고 말했습니다. 그랬더니 그가 말하길 '꼭 해야만 한다(I must)'는 것입니다."[408] 이러한 그의 입장은 첫 번째 안식년 휴가 이후 더욱 강화된다. "분명 곤경에 처한 육신을 돕는다는 것은 기쁜 일입니다. 그러나 영혼을 돕는 일은 가장 기쁜 일입니다."[409] 이것은 그가 예배를 통해서 더욱 큰 기쁨을 얻는 것을 일컫는 고백이었다.

두 번째로 그들의 선교 목적은 기독교 사회 형성이라는 것이 아주 확실하다. 1886년 5월 최초의 김씨 부인이라는 유부녀 학생을 시작으로 시작된 이화학당을 창립한 어머니 스크랜튼은 1888년 *The Gospel in All Land for 1888*에서 자신의 교육 철학에 대해 "우리의 목표는 이 여아들로 하여금 우리 외국 사람들의 생활, 의복 및 환경에 맞도록 변하게 하는 데 있지 않다. 우리는 단지 한국인을 보다 나은 한국인으로 만듦으로 만족한다. 우리는 한국인이 한국적인 것에 대하여 긍지를 가지게 되기를 희망한다. 나아가서는 그리스도와 그의 교훈을 통하여 완전무결한 한국인을 만들고자 희망하는 바이다."라고 주장하였다.[410] 여기서 "보다 나은 한국인"이란 다름 아닌 기독교를 통할 때만이 한국 사회의 변화를 가져올 수 있다는 사실을 말하려고 했다는 것이 분명하다.

---

408) *Ibid.*, 106. 이러한 토착민들의 적극적인 복음화 요청은 이미 1887년 어머니 스크랜튼도 경험하였다. 이덕주, "메리 F. 스크랜튼의 선교사역," 77f.
409) *Annual Report of MEC*, 1895, 237. 「한국감리교 교회성장사」, 96에서 재인용.
410) M. E. Scranton, *The Gospel in All Land for 1888*, New York: Hunt & Eaten, 1888, 373. 이경숙, "스크랜튼 선생님의 여성교육정신과 이화여대의 미래 비전," 32에서 재인용.

172 한국 선교학의 이슈

이것은 아들 스크랜튼에게서도 분명하게 발견할 수 있다. 의료선교 사역 자체가 질병으로 고통 받는 한국인들을 치료해 줄 뿐만 아니라, 서구 의료의 기술 전달과 교육을 통해서 서구 기독교적 가치관을 가진 나라를 형성하려고 했다는 점을 뚜렷하게 보여주기 때문이다. 이 같은 분위기는 당시 서구 선교사들의 대체적인 상황이었다. 말하자면 교육과 의료선교 자체가 기독교 사회 형성을 이루는 데 필수적인 기반을 제공했다고 볼 수 있는데, 여기에 서구 선교사들의 선교 목적과 맞물렸다는 것이다. 앞서 있는 기독교 서구의 문명을 가난하고 아직 개발이 덜 된 나라에 이식시키려는 것이 당대 선교사들의 일반적인 의식이었는데, 여기에 아들 스크랜튼도 예외가 아니었던 것이다.

이들 모자의 세 번째 선교 목적은 교회 설립이다. 이들 모자에게 의료와 교육선교는 사실상 교회 설립을 위한 하나의 통로요 수단에 불과했다. 어머니 스크랜튼은 1887년 1월 말 내한이후 얼마 안 된 상황에서 허락받은 "교육과 의료" 영역을 뛰어넘어 그녀가 설립한 학당의 여학생들을 통해 "교리문답을 하고 찬송을 부르는" 것과 같은 복음적인 사역을 김윤식과 같은 외교통상부 최고위 관리들 앞에서 시행하도록 하였다는 점이 이를 잘 뒷받침한다.[411] 당시 정부의 고위 관료들이 여학생들이 시연한 것이 과연 무엇을 의미하는지 알고 있었는지는 알 수 없다. 종교 전파를 금지하기 이전일지라도, 이러한 선교적인 모험을 통해서 그 일 직후 국왕으로부터 이화학당이라는 교명을 하사받았다는 사실은 그들 모자에게 교회 설립과 같은 복음화 사역의 가능성에 대단한 의미를 부여한 것으로 보인다. 그랬기에 이들 모자는 종교 전파 금지 이후에도 의료와 교육과 같은 소위 간접선교와 함께 직접적인 선교사역으로서 교회 설립 사역을 병행하여 추진한다.[412]

---

411) 스크랜튼 기념사업회 엮음, 「윌리엄 B. 스크랜튼 서신 자료집」, 32; 이덕주, "메리 F. 스크랜튼의 선교사역," 71f.
412) 이것이 가능했던 이유 중 하나를 1895/6년경의 한 편지에서 발견할 수 있는데, 아들 스크랜튼은 한국에서의 복음전도 사역이 뉴욕에서 하는 것처럼 아무 방해를 받지 않고 공개적으로 하고 있다고 보고한다. "한 선교사가 한국의 영향력 있는 최고위관리 중의 한 사람에게 찾아가서 기독교인의 자유와 권리에 대해 물었던 바, 그 관리의 말인즉 '우리는 당신들이 여기서 기독교 사역을 하고 있고, 바로 그것 때문에 여기 와 있는 줄도 알고 있습니다. 우리 각자가 이 사실을 몸소 잘 알고 있어서 그것을

어찌 되었든 흥미로운 사실은 "의료와 교육" 두 가지 선교사역에 국한하여 내한이 허락되었고, 선교사들의 종교 전파가 금지된 상황에서도, 그리고 이것을 다른 영국이나 프랑스보다도 더 엄격하게 해석한 미외교부의 요청에도 불구하고 이들 모자의 교회 설립은 더욱 열정적으로 활발하게 이루어졌다.[413] 이것은 바로 그들의 선교 목적이 교회 설립에 있었기 때문이다. 그 결과 어머니 스크랜튼은 1889년 2월부터 여성 교회를 조직하도록 하였고, 성경공부를 시켜서 전도부인을 양육하여 지방 곳곳에 교회를 설립하는 계기를 마련하도록 하였다.[414] 아들 스크랜튼은 1888년 10월 9일 상동교회 대지를 구입하여 오늘날 상동교회의 기반을 닦았으며,[415] 12월 12일에는 아현교회의 첫 예배를 시작하였고,[416] 1893년 상동교회의 초대 담임목사가 되었다. 또한 그는 1887년 정동 보구여관(保救女館)에서 시작한 동대문교회에 1890년 10월 초대 담임목사로 파송받았다.[417] 이처럼 스크랜튼 모자의 교육과 의료선교를 통한 선교사역 종착점은 교회 설립으로 이어졌다.

3) 스크랜튼 모자의 선교 방법은 직접·간접 선교의 동시병행이었다

베르카일에 의하면, 선교의 방법에는 크게 네 가지가 있다. (1) 하나님 나라의 복음을 전하는 방법–신학교육, 성서 번역과 배포, 라디오와 텔레비전 같은 전자매체 이용, 도서 배포, (2) 구제책임을 완성하는 방법–교육, 사회·의료 구제사업, 재해원조, 피난민 돕기, 정치범들과 그들의 가족을 돕는 것, 불공평한 권력구조의 희생양들을 돕는 것, 지방 서민들의 사회적·경제적 수준을 높이기 위한 재정적 지원, 노인들 돕기, 고아, 장애자, 병약자들 돕기, 국가

공식적으로 문제삼지 않는 것입니다.' 기독교 사역이 비밀스럽게 전개되는 상황이 아니라는 것입니다." 말하자면 한국의 고위관리들은 선교사들의 복음화 사역이 법령에 어긋나는 일인 줄 알면서도 묵인해 주었다는 점이다. *Ibid.*, 259.

413) 스크랜튼 기념사업회 엮음, 「윌리엄 B. 스크랜튼 서신 자료집」, 258.
414) 이덕주, "메리 F. 스크랜튼의 선교사역," 89ff.
415) http://www.sangdong.org/ 윤춘병 목사는 정동, 아현, 동대문 교회가 상동교회 보다 앞서 설립되었다고 주장한다. 윤춘병, 「한국감리교 교회성장사」, 98.
416) http://ahyun.net/
417) http://www.ddmch.org/

개발 운동에 교회의 참여, (3) 교제를 통한 복음 전달의 방법—인도의 아쉬람(Ashram) 등과 같은 다른 종교 추종자들과의 교제(Koinonia), 기독교인의 현존에 관한 프로그램, (4) 정의를 이루는 방법—인종차별과 같은 문제에 대한 정치적 참여.[418]

이 네 가지 선교방법 중에 이들 모자가 "교제를 통한 복음 전달"을 했다거나 정의를 이루기 위해 한국 정치에 참여를 했다는 증거는 발견할 수 없다. 그렇기 때문에 우리가 주목하는 것은 "하나님 나라의 복음을 전하는 방법"과 "구제책임을 완성하는 방법"이다. 이것들은 우리가 흔히 말하는 직접선교와 간접선교를 말한다. 스크랜튼 모자는 이 두 가지 선교방법을 거의 동시적으로 병행하며 아주 적극적이고도 충실하게 수행하였다. 이들 모자에게서 이 둘의 차이는 뚜렷하게 구별되지 않을 정도이다. 아들 스크랜튼은 의료선교를 통해 개종자들을 얻게 될 것이라는 분명한 입장을 가지고 병원 설립에 최선을 다하였다.[419] 그리고 모든 한국 사람들이 자신들의 의료 행위를 칭찬하고 이용하고 있음에 대단히 만족하였다.[420] 뿐만 아니라 그는 지방 도시들을 순회할 때에 의약품들을 하나의 "통행증(passport)"으로 간주했다.[421] 어머니 스크랜튼 역시 이화학당이라는 교육선교를 통해 여성교회를 설립하기에 이르렀다. 이러한 모든 선교사역이 미선교부의 선교정책에 의한 것일지라도 그들 모자의 선교현장에서 이루어지는 선교사역의 구체적인 방법은 그들이 발견한 것이고, 다른 선교사들에겐 하나의 모델인 것이다.

특히 이들 모자에게서 직접선교 외에 간접선교로서 구제사업과 관하여 의료를 통한 민중 지향적 선교 방법이 주목할 만하다. 아들 스크랜튼의 경우 이것은 병원 설립의 장소 물색에서부터 그대로 드러난다. 그는 가난한 사람들이 많이 살고 있는 서대문 근처 애오개와 동대문 그리고 남대문 근처 상동과 같이 사대문(四大門) 바깥에 질병과 전염병으로 "버림받은(deserted)" 민중들의

---

418) 요하네스 베르카일, 최정만 역, 「현대선교신학개론」, 317~345.
419) 스크랜튼 기념사업회 엮음, 「윌리엄 B. 스크랜튼 서신 자료집」, 65.
420) *Ibid.*, 63.
421) *Ibid.*, 38.

건강을 위해 "선한 사마리아 병원(Good Samaritan Hospital)"과 약국을 개설했던 것이다.[422] 그가 외국인들이 많이 거주하는 정동을 떠나서 상동으로 옮기려 했던 것은 그의 이러한 생각이 반영된 결과였다.[423] 그러면서도 그는 이러한 모든 병원과 약국의 터를 사들이면서 결국 예배당을 의도하고 있다는 점을 밝히고 있다.[424] 그는 1889년의 11월 3일의 편지에서 자신이 의사이기 때문이기도 하겠지만 내한 이후 의료선교를 통한 성과를 평가함에 있어서 종교전파가 금지된 상황에서는 의료선교가 실질적인 통계상으로 교육선교나 직접선교로서 복음전도 사역보다 훨씬 효과적이라는 점을 주장한다. "학교와 복음전도 사역은 단지 수백 명을 전도할 뿐이다. [...] 수백 대 수천의 차이가 아닌가?"[425] 실제로 그는 상동병원의 경우 치료를 기다리는 환자와 가족들에게 "기독교의 진리를 설명하며 약과 함께 쪽복음을 보급"하였다.[426]

어머니 스크랜튼의 경우 역시 자신의 여성 신분을 통하여 한국 여성들의 차별받고 억눌린 열정과 능력을 끌어올리고 계몽시키는 교육선교에 그녀의 일생을 바친다. 당시 남녀가 휘장을 사이에 두고 함께 예배를 드려야 하는 상황에서 여성으로서 그녀는 다른 어떤 선교사들보다 한국의 여성들에게 접근하기가 훨씬 용이했다. 특히 그녀 역시 좀더 편하게 살 수 있는 정동에서 상동으로 이사하여 아들을 도우며 여성 교인들과 빈곤층 자녀들을 돌봤다는 것은 그녀의 민중 지향적 선교방법을 가장 잘 보여주는 모습이다.[427]

4. 스크랜튼 모자의 선교사역에 대한 선교학적 성찰

우리가 스크랜튼 모자의 선교사역을 선교학적으로 평가하는 데에는 두 가

---

422) *Ibid.*, 38; 67. 아들 스크랜튼에게서 당시 사대문은 동대문, 서대문, 남대문 그리고 서소문을 말한다. 이덕주, "메리 F. 스크랜튼의 선교사역," 115.
423) 윤춘병, 「한국감리교 교회성장사」, 94.
424) 스크랜튼 기념사업회 엮음, 「윌리엄 B. 스크랜튼 서신 자료집」, 62.
425) *Ibid.*, 64.
426) *Annual Report of MEC*, 1891, 276. 「한국감리교 교회성장사」, 95에서 재인용.
427) 이덕주, "메리 F. 스크랜튼의 선교사역," 116~123.

지가 고려되어야 한다. 하나는 선교의 동기와 목적과 방법이 얼마나 선교학적으로 타당성 있게 연결되어 있느냐를 규명하는 것이다. 이것이 중요한 것은 선교의 동기가 아무리 훌륭하더라도 그 방법과 목적이 현지인의 문화와 존엄성을 해치는 일이라면 그것은 마땅히 재고되어야 하기 때문이다. 그 반대도 마찬가지다. 선교의 동기가 불순하더라도 현지에서의 하나님 경험을 통해 새로운 선교방법과 목적이 재구성될 수가 있기 때문이다. 따라서 선교의 동기와 목적 그리고 방법의 상관관계가 선교학적으로 얼마나 타당한 것인지 밝혀야 하는 것이다.

다른 하나는, 선교학과 역사학의 관계 설정이다. 선교학(Missiology)은 필연적으로 역사학과의 관계를 모색해야 한다. 왜냐하면 과거의 한 인물이나 그의 사상을 연구하는 데에서 역사학의 연구 결과는 그와 인접한 학과목에 상당한 영향을 미치기 때문이다. 여기에 대한 근거는 이미 하이델베르크 선교신학 교수였던 한스 베르너 겐지헨(H. -W. Gensichen)에 의해 마련되고 있다. 그에 의하면 선교학은 "다른 신학적 학과들에 의존하고 있음을 알고 그들의 도움을 받음으로써 선교학이 신학의 학과임을 증명한다."[428] 이어서 그는 선교학자는 "다른 학과들과의 긴밀한 협력 안에서만", "무책임하고 어설프게 통하는 지식(Dilettantismus: 얕은 지식)의 혐오로부터 자유롭게 되는 것을 바랄 수 있다."라고 주장한다.[429]

반드시 이런 이유 때문만은 아니더라도 선교학은 역사학의 차원에서 수행한 사관(史觀)의 문제, 선교사와 그의 활동에 대한 자료 발굴, 그 자료들에 대한 사실성 유무 및 적절한 평가와 분석의 결과를 절실하게 필요로 한다. 왜냐하면 이것이 올바르게 충족될 때, 비로소 선교학은 그 성과를 기반으로 하여 선교 모델을 세우고 교회의 선교적 지침 중의 하나로 활용하려는 방향으로 더욱 발전시킬 수 있기 때문이다.

이런 맥락에서 우리는 먼저 스크랜튼 모자의 선교 동기와 목적 그리고 방

---

428) 칼 뮬러, 김영동·김은수·박영환 역, 「현대선교신학」(서울: 한들, 1997), 33.
429) Ibid.

법이 올바로 설정되어 있으며, 또 그것들이 유기적으로 건강한 관계를 맺고 있는가를 살펴보는 것이 필요하다. 우선 그들 모자의 선교 동기와 목적이 대체로 올바르게 설정된 것으로 보인다. 선교학적인 관점에서 선교의 동기는 반드시 하나님의 영광이어야 하는데, 그들 모자의 선교 동기가 하나님께 영광을 돌리려는 태도를 갖고 있기 때문이다. 예컨대 존 영(John M. L. Young)은 그의 저서 「선교의 동기와 목적」(The Motive and Aim of Missions)에서 선교의 동기는 "하나님의 사랑"이고, "하나님의 영광을 위함이 그 일의 목적이 되어야만 한다."라고 주장한다.[430] 왜냐하면 "하나님의 사랑만이 우리가 선교 일을 하는 데에서 우리에게 약동하는 사랑을 공급해 주며, 우리가 순종을 잘하여 질투를 참으며 진정한 신앙심을 갖게 해주기" 때문이라는 것이다.[431] 존 스토트 역시 복음전도의 동기로서 사랑과 순종도 중요하지만, "그 이름을 위하는" 하나님의 영광이 더욱 중요하다고 강조한다.[432]

그렇지만 당시 선교사들의 분위기를 보면, 스크랜튼 모자의 선교 동기를, 베르카일의 잣대로 볼 때, 순수한 동기와 불순한 동기가 혼재되어 있는 것으로 보인다. 문화적 동기의 요소 또한 부인할 수 없기 때문이다. 베르카일이 말하는 불순한 동기로서 문화적 동기란 흔히 '문화개신교주의(Cultural Protestantism)'가 주장하는 바대로 "선교사역을 서구 문화의 가치를 전달하는 근본 수단으로" 이해하는 관점을 말한다.[433] 말하자면 서구식의 문명화와 관련된 선교의 동기는 복음과 타문화의 상호 관계성을 무시하는 발상이라는 것이다. 그래서 베르카일은 이와 같은 문화적 동기를 선교적 동기로 삼아서는 안 된다고 주장한다. 왜냐하면, 예컨대, 바울이 고린도후서 5장 20절에서 "우리가 그리스도를 대신하여 사신"이 되었다고 했을 때, 사신은 문화적 사신이 아니기 때문이라는 것이다.[434] 따라서 그는 선교사들이 순수한 복음전도의

430) 존 M. L. 영, 김진홍 역, 「선교의 동기와 목적」(서울: 개혁주의신행협회, 1972), 24.

431) Ibid., 26.

432) 존 스토트, 김성녀 역, 「존 스토트의 복음전도」(서울: IVP, 2001), 25.

433) 요하네스 베르카일, 최정만 역, 「현대선교신학개론」, 265.

434) Ibid., 266.

활동을 피선교지의 문화적 정체성을 파괴하는 차원과 혼동하려는 자세를 경계해야만 한다고 촉구한다.

따라서 우리는 그들 모자가 하나님의 이름을 알리고, 하나님의 섭리에 따라 사는 것이 바로 선교사 됨의 기본적 가치로 알았고, 이런 맥락에서 자신들에게 닥친 어려움을 있는 그대로 받아들이려는 순종하는 태도를 가졌던 것으로 이해할 수 있다. 그래서 그들은 복음을 통해 한국인들이 하나님을 찬양하고, 그 결과 한국의 상황이 변화되기를 강렬하게 열망했던 것이다. 이와 동시에 그들에게 문화적 동기라는 불순한 동기 또한 있었음을 부인할 수 없다. 설사 어머니 스크랜튼이 교육이념에 있어서 문화적 동기에 부정적이었던 것으로 볼 수도 있는 "한국인을 보다 나은 한국인으로 만드는 데 있다."라고 주장했다 하더라도 말이다.[435] 그들은 당시 다른 서구의 선교사들과 마찬가지로 순수한 복음적 열정으로 더럽고 문명이 미개한 한국을, 기독교를 통한 선진 문명으로 초대하려고 했다는 사실을 부인할 수 없기 때문이다. 다시 말해서 복음을 서구 문명과 동일시하며 우월주의에 가득 찬 서구 기독교의 모습을 그대로 전달하려고 했다는 것이다.[436]

하지만 그렇다고 하더라도 분명한 것은, 그들은 적어도 선교사로서 개인의 이익을 극대화시키려는, 상업적이거나 제국주의적 발상에서 선교사직을 수행하려고 했던 것은 아닌 것으로 보인다. 오히려 하나님께 영광을 돌리려는 순수한 복음적 열정과 사랑하는 마음, 동정의 마음을 가지고 세계선교에 나선 것으로 볼 수 있다. 이와 관련하여 그들이 미감리교 선교부의 선교정책에 따라 복음화뿐만 아니라 교육기관과 의료기관 설립에 성과를 보였지만, 그들의 순수한 동기가 미선교부의 문화적 동기라는 불순한 동기와 어떤 역학관계를 가지는지에 대해서는 또 다른 탐구가 필요하다 할 것이다.

다음으로, 그들 모자의 선교방법이 선교의 동기와 목적에 맞게 관계를 맺

---

435) 이경숙, "스크랜튼 선생님의 여성교육정신과 이화여대의 미래 비전," 이경숙·이덕주·엘렌 스완슨, 「한국을 사랑한 메리 스크랜튼」(서울: 이화여자대학교 출판부, 2010), 32; 33.
436) 조나단 봉크, 이후천 역, 「선교와 돈. 부자 선교사, 가난한 선교사」(서울: 대한기독교서회, 2010), 134ff.

고 있으며, 방법 자체가 올바로 설정되었는지의 여부이다. 그들 모자가 수행한 선교방법은 소위 "선교기지 접근방법"을 통한 직·간접선교였다. 이것은 선교사들이 중심 되는 도시에 선교센터를 설립하고 그곳을 중심으로 직·간접의 선교사역을 펼쳐나가는 방법이다. 이러한 방식은 당시 서구 선교사들의 일반적인 모습이다. 이것은 선교사들이 음식과 숙소 등 지방의 열악한 형편에 적응하기 힘든 경우뿐만 아니라, 선교의 효율성을 위해서 선택할 수 있는 최선의 방법일 수 있다. 그리고 그들 모자는 실제로 이에 대한 엄연한 성과를 가지고 있다.

이런 점에서 교회성장학자들이 이러한 구제책임을 완성하는 방법으로서 "선교기지 접근 방법"이 교회성장을 가져올 수 없다는 비판은 이들에게 해당하지 않는다.[437] 대표적인 교회성장학자 맥가브란에 의하면 선교의 "위대한 세기"인 근대 18~19세기에 구제사역을 수행하기 위해서 선교사들은 땅을 구입하고, 그곳에 거주지를 건설하면서, 학교와 병원, 인쇄소 등을 세워 선교기지를 건설하였다는 것이다. 그래서 선교사들은 이 선교기지를 중심으로 개종자를 모으고 집단거류지를 형성하였다는 것이다. 그는 이러한 선교방식이 당시로서는 필연적이며, 뛰어난 선교전략이었다고 인정한다. 또한 그는 이것이 선교사들의 신변과 생활의 안정적인 유지뿐만 아니라, 이에 힘입어서 지방을 순회하면서 지속적인 관리를 할 수 있는 장점이 있다고 받아들인다. 그러면서도 그는 "개신교의 전형적인 개인주의적 배경"에서 비롯된 이러한 선교방법이 한 마을의 주민들을 분리시키는 부정적인 측면도 있다고 주장한다.[438] 게다가 이러한 선교방법을 통해서 전개된 "의료 사업이 족속들의 그리스도를 향한 어떤 운동도 일으키지 않았던 점을 기억"해야 한다고 그는 주장한다.[439]

맥가브란은 이러한 선교기지 접근 방법이 선교사들이 예수처럼 현지인들과 함께 먹고 거주하며 살아야 하는데, 분리된 지역에서 자신들의 문화를 고

437) 참조하라, 도날드 맥가브란, 이광순 역, 「하나님의 선교전략」(서울: 한국장로교출판사, 1993), 73ff.
438) *Ibid.*, 74.
439) *Ibid.*, 81.

수하며 안락한 생활을 함으로써 선교사와 현지인들의 관계를 격리시키고, 회심도 일으키지 않는다는 문제점을 잘 지적하고 있다. 실제로 그러한 측면이 당시 한국의 선교현장에서도 많이 발생하였다. 당시 한국인들 중에는 배움이 1차적 목적으로서 영어를 잘 배워 출세를 하는 것이었다. 이것 때문에 당시 한 선교사는 다음과 같이 불만을 표현하기도 하였다. "엇더한 사람이 우리 학당에서 공부한 후에 여간 학문이 있는 고로 벼슬을 하엿시나 감사한 마음은 일호도 없고 도로혀 우리를 훼방하여 말하되 나는 배재학당에서 여러해 하엿시되 예수교에는 투입함이 없고 재조만 배왓스니 우리갓치 마음이 단단하고 공부자의 도를 존숭하는 자 드믈리라 하며 자기는 능사로 알되 이러한 사람은 가위 배은망덕하는 자라 예말에 닐으기를 일자 천금이라 하엿거늘 우리의게 수학한 사람이 엇지 우리 도를 비방하느뇨."[440] 이처럼 선교기지 접근 방법을 통한 간접선교는 오히려 현지인의 이익만 충족시킴으로써 선교사들의 본래 목적을 크게 훼손하고 방해하는 경우를 만들기도 하는 것이다.

하지만 맥가브란의 선교기지 접근 방법에 대한 이러한 비판이 그들 모자에게는 적용되지 않았다. 그들 스크랜튼 모자의 선교사역은 그러한 방법을 사용하면서도 오히려 가난한 민중들과 함께함으로써 "민중시험기(time of probation with the people)"를 극복하며 선교사역의 1차적 목적인 복음전도 사역으로 이어지며 교회들을 설립하여 교회성장의 기초를 마련하였다는 점이다.[441] 그들 모자는 민중 속으로 들어갔고 민중들과 함께 살았던 것이다. 그리고 이것은 다시 한국 선교의 특징으로서 토착민 스스로의 적극적인 수용의 과정을 갖도록 한 선교사와 토착민 사이의 신뢰를 쌓았던 것이다. 말하자면 그들 모자가 가난한 민중들의 삶을 함께 삶으로써 현지인들의 마음을 얻고, 현지인들은 그들을 신뢰하게 되어 그들이 전하는 복음의 능력을 통해 그리스도인으로 스스로를 변화시켜 나간 것이다. 따라서 스크랜튼 모자의 선교 방법은

---

440)「조선그리스도인회보」, 1권 23호 (1897/7.7), 이상훈·강돈구·조태연·이진구,「한국 개신교 주요 교파연구 (1)」(서울: 한국정신문화연구원, 1998), 92. 주 38에서 재인용.
441) *ARBF* 1889, 293~294. "메리 F. 스크랜튼의 선교사역," 84에서 재인용.

선교의 동기와 목적을 충분히 실현시킬 수 있는 올바른 방법을 선택하였다고 볼 수 있다. 이처럼 그들 모자의 선교 동기와 방법 그리고 목적이 잘 연결되어 있다고 볼 수 있다. 더 나아가 그들의 선교사역은 그리스도의 모범을 따라 질병과 가난에 시달리는 민중들과 함께 복음을 실천하는 통전적 선교였다고 할 수 있다.

5. 하나님께 영광 돌리는 선교사

우리는 지금까지 세계선교를 "하나님의 여행"으로 이해하며 여기에 순종하며 따라나선 동반자들 스크랜튼 모자, 즉 한국 여성운동의 창시자요, 여성선교사인 메리 스크랜튼과 그의 아들 윌리엄 스크랜튼의 선교사역에 대한 선교학적 성찰을 시도하였다. 이것을 통해 우리는 그들 선교사 모자가 당시 다른 선교사들처럼 단지 한국을 종교적으로 식민지화하려거나, 서구 문명의 이식자로서 내한하였다고 평가할 수 없는 여러 사실을 살펴보았다. 그들 모자는 내한할 당시 죽음의 위협적인 상황을 알면서도 복음에 대한 열정을 가지고 들어와서 다른 건강한 선교사들처럼 교회를 설립하여 한국 복음화의 기반을 닦는 데 절대적으로 기여하였다. 특히 어머니 스크랜튼의 업적으로서 가장 큰 공헌은 여성들을 위한 학교를 세워 당대의 남녀차별을 역설한 유교적 질서에 도전하였을 뿐만 아니라, 후세들에게 여성이 남성의 보조원 정도의 역할을 넘어서 남성과 동등한 사역을 할 수 있다는 정신을 심겨 주었다는 사실에 있다.[442] 아들 스크랜튼 역시 진정 그리스도의 마음으로 약자를 사랑하고 치유하려는 마음으로 병들고 가난한 사람들이 모여 있는 곳을 찾아다니며 병원과 약국을 세우고 진료에 최선을 다하였다. 말하자면 그들 모자는 세계선교라는 그들의 복음적 비전을 실현하기 위해 한국을 선택하였고, 십자군이 아니라 십자가 정신으로 한국의 문화와 역사를 이해하며, 가난한 민중들과 함께 하나님

---

442) 이경숙, "스크랜튼 선생님의 여성교육정신과 이화여대의 미래 비전," 18f.

나라를 지향하는 그리스도의 제자로서의 삶을 성공적으로 살았다는 것이다.

그렇지만 이들 모자의 선교의 동기와 방법 그리고 목적이 아무리 선하고 정당하며 건강하다 하여도 다른 당시 서구의 선교사들처럼 이들 모자의 한계는 처음 교회를 설립하면서 하나님 나라가 이 땅 한국에서 세워지길 바라면서 선교적 교회의 모형을 제시하지 못하였다는 점이다. 단지 서구교회의 이식 수준이 아니라, 한국의 상황에 적합하면서도 세계에 기여할 수 있는 복음적 교회의 설립이 필요했다는 말이다. 이들 모자에게서 한국의 토착문화와 대면하면서 복음적으로 고민하는 흔적을 발견할 수는 없다. 이들 모자가 이런 모습을 보여주지 못한 것은 아무래도 이들이 신학을 전공하지 않은 거의 평신도 수준에서 내한하였기 때문이라는 점을 들 수 있겠다. 말하자면 이들에게는 복음전도에 대한 뜨거운 열정과 행동력 그리고 현실 문제를 돌파해 나가는 의지가 분명히 있었지만, 하나님의 인류 구원에 대한 명확한 의도를 읽어내고 한국의 미래를 생각하며 교회가 어떻게 복음화에 주력해야 할지, 그 교회는 어떤 모습으로 성장해야 하는지 등 커다란 비전을 가진 선교에는 다소 부족하지 않았나 하는 아쉬움이 있다.

9장

성서 번역의 이론

1. 성서 번역은 선교의 출발점

그리스도교 복음의 전달은 최우선적으로 성서의 번역을 통해서 이루어진다. 또 이러한 과정을 거쳐서 교회는 성장한다. 한국에서 1878년 4월 존 로스가 서상륜과 함께 누가복음을 번역한 이래 2011년은 성서 완역 100주년이 되는 해였다. 2010년 현재 전 세계 인구는 69억 명으로 추정되는데,[443] 이들이 사용하는 언어는 6,900개에 달한다.[444] 이들 언어는 모두 독자적인 상징체계와 구조 그리고 의미를 가지고 있다.[445] 미국 성서공회(UBS)의 2009년도 통계에 따르면, 이들 가운데 이미 성서 전체나 일부가 2,508개의 언어로 번역되었고, 아직 3억 5,300만 명이 사용하는 2,252개의 언어로는 성서가 번역되지 않았다.[446] 이것은 세계선교를 향한 선교적 교회와 선교사의 사역이 얼마나 끈질기고 지적이며 문화적

---

443) 참조하라, http://esa.un.org/unpp/p2k0data.asp; http://www.gbt.or.kr/menu2/menu2_2.html

444) 참조하라, http://www.wycliffe.net/ScriptureAccessStatistics/tabid/73/Default.aspx

445) 찰스 H. 크라프트, 박영호 역, 「기독교 커뮤니케이션론」(서울: 기독교문서선교회, 2001), 163f.

446) 2009년 12월 31일의 미국성서공회의 성서번역 현황에 따르면 아래의 표와 같다. 참조하라, http://www.biblesociety.org/index.php?id=22

지역	단편	신약	성경전체	합계
아프리카	223	335	173	731
아시아-태평양	354	516	182	1,052
유럽-중동	109	40	61	210
미주	148	322	42	512
인공어	2	0	1	3
합계	836	1,213	459	2,508

으로 이루어지고 있는지를 보여주는 것이다. 이와 동시에 이러한 번역 사역은 아직도 해결해야 할 과제가 많은 세계선교의 중요한 도전임을 보여준다. 왜냐하면 성서 번역이 이루어지는 과정이 그렇게 단순하지 않기 때문이다.

일반적으로 번역이란, 김욱동에 따르면, "기점언어와 목표언어 사이에서 일어나는 일종의 상호작용"이다.[447] 말하자면 원전의 언어와 번역어 사이에 상호 영향을 주고받는 긴장관계가 존재한다는 것이다. 그는 이런 전제 아래 러시아 형식주의 번역이론가 로만 야콥슨(Roman Jacobson)의 이론을 받아들여 그의 번역 이론을 전개한다. 야콥슨의 이론에 따르면 번역에는 '언어 내 번역'과 '언어 간 번역' 그리고 '기호 간 번역'의 세 가지 유형이 있다.[448] 언어 내 번역은 "기점언어와 목표언어가 동일"한 경우이다. 언어 간 번역은 "서로 다른 두 언어 사이"에서 발생한다. 기호 간 번역은 언어와 그림이나 사진과 같은 다른 커뮤니케이션 수단 사이에서 일어나는 것을 말한다.[449] 번역에 대한 이러한 일반적인 이해는 선교를 위한 성서 번역에도 그대로 적용될 수 있다. 선교대상이 타문화권에만 국한되는 것이 아니라, 동일한 문화권 아래서도 존재하기 때문이다.[450]

하지만 중요한 것은 타문화 선교에서 성서 번역에 관한 문제이다. 왜냐하면 문화와 문화 사이의 관계에서 발생하는 언어 간 번역일 때 더 세심한 배려가 요청되고 심각한 정도의 긴장이 초래되는데, 형식적 일치를 요구하는 축어적 번역을 할 것인지, 역동적 등가성에 의한 번역을 할 것인지, 아니면 그 둘 다를 사용할 것인지, 아니면 좀 더 새로운 번역 이론을 적용할 것인지 상당한

---

447) 김욱동, 「번역과 한국의 근대」(서울: 소명출판, 2010), 67.

448) Roman Jacobson, "On Linguistic Aspects of Translation," Lawrence Venuri, ed. *The Translation Studies Reader* (London: Routledge, 2000), 114. 「번역과 한국의 근대」, 262에서 재인용.

449) *Ibid.*, 262ff. 김병철은 언어 간 번역에 대해 "텍스트를 얼마나 충실하게 옮기느냐에 따라" "번안, 역술, 축역, 선역, 발췌역, 의역, 초역, 연역, 초역술, 의역술, 경개역, 축자역, 중역, 완역, 직역 등"의 유형으로 나눈다 (*Ibid.*, 286). 이 밖에도 다음을 참조하라. 양재훈, "기호 간 번역과 성서 번역–문화 간 산물을 통한 성서 번역의 다양한 방법론 모색," 「성경원문연구」 24 (2009), 180~200.

450) 랄프 윈터는 로잔에서 타문화선교 대상을 문화적 거리에 따라 E-1, E-2, E-3구분하였고, 후에 E-0를 추가하였는데, 여기서 E-0는 동일 문화권에서의 선교를 말한다(Ralph D. Winter, "The Highest Priority: Cross-cultural Evangelism," J. D. Douglas ed., *Let the Earth Hear His Voice*[Minneapolis: World Wide, 1975], 213~125).

합의와 연구가 선행되어야 하기 때문이다. 특히 선교사들의 언어와 경험을 통해서 성서가 번역되는 경우 특정한 문화를 고려하는 번역은 기점언어와 목표언어 사이에 전달자의 언어와 종교체험이 개입되기 때문에 객관적이고 심도 있게 목표언어로 번역을 하는 것이 그렇게 단순한 문제가 아니다.

우리의 경우에도 종교문화사적 차이와 함께 아직도 문제가 제기되는 번역상의 어려움이 존재한다. 그것은 한글과 한자어가 동시에 사용되는 언어 환경에서 헬라어나 히브리어로 된 원어 성서를 한자어나 영어 혹은 독일어를 거쳐 번역하게 되기 때문이다. 실제로 이 문제는 초기 선교사들의 중요한 논쟁거리였다. 김욱동에 의하면, 예컨대 신(神)이라는 단어와 관련하여 언더우드는 천주(天主)를 고집하였고, 게일(James S. Gale, 1863~1937)과 새뮤얼 모펫(Samuel A. Moffett, 1864~1939)은 '하나님'으로 번역할 것을 주장하였다.[451] 여기에다 한글 성서로 번역할 때에는 존칭어와 비속어, 사투리와 띄어쓰기와 같은 문법에 대한 것도 고려되어야 한다.[452]

이 밖에 참고할 것은, 목표언어권에서는 부정적인 의미였으나 그것이 기점언어의 영향을 받아 창조적으로 긍정적인 의미를 획득하고 문화에 영향을 주는 경우이다. 일본의 경우가 여기에 해당하는데, 예컨대 번역어가 성립되는 과정에서 영어 freedom이나 liberty의 번역어 "자유"라는 말의 이중적 의미를 성찰해야 했다. 일본에서 자유는 본래 "제멋대로 한다"는 부정적 의미가 있었지만, 기독교적 의미에서 "속박이나 죽음 그리고 질병으로부터의 자유"와 같은 긍정적 의미를 수용하는 과정이 있었다.[453] 이것이 이른바 "의미론적 재해석"의 과정이다.[454]

---

451) *Ibid.*, 74. 김욱동은 성서의 한글 번역을 통해 "신문화운동의 동력 구실"과 "근대화를 앞당기는 촉매 역할"을 하였다고 주장한다(*Ibid.*, 75). 그는 특히 번역이 한국 근대화운동의 단초를 열었는데, 김병철의 입장과 달리 성서와 찬송가 번역을 한국번역사의 "본격적인 역사시기"로 이해한다(*Ibid.*, 98).

452) 김재성, "공관서 병행 본문 번역에서 형식 일치와 내용 동등성의 조화—「표준새번역」과 「새번역」을 중심으로," 「성경원문연구」 24 (2009), 72~92; 양재훈, "Politeness and Addressee Honorifics in Bible Translation," 「성경원문연구」 27 (2010), 246~262.

453) 야나부 아키라, 서혜영 역, 「번역어 성립 사정」(서울: 도서출판 일빛, 2003), 168~181.

454) 김상근, 「선교학의 구성 요건과 인접학문」(서울: 연세대학교 출판부, 2006), 99.

이처럼 복음을 전달하기 위한 성서 번역에는 기점언와 목표언어 사이의 세 가지 유형에 관한 것뿐만 아니라, 어떻게 번역할 것인지에 대한 다양한 이론이 존재한다. 그렇기 때문에 어떻게 번역할 것인지의 문제는 단지 성서학자들만의 고민이 아니다. 선교학적 관점에서는 그 번역이 얼마나 타문화를 반영하고 있는지, 성서가 목표언어로 번역되었을 때 그 메시지가 효과적으로 의미를 전달하고 있으며, 실제적인 종교체험을 불러일으킬 수 있는지 등이 검증되어야 한다. 이것을 논의하기 위해 우리는 이 글에서 먼저 유진 나이다(Eugene A. Nida)의 번역 이론과 폴 히버트(P. Hiebert)의 문화인류학적 관점에서 정리된 성서 번역의 원리 세 가지를 소개한다. 다음으로 이러한 번역 이론을 가지고 현재 한글 성서의 번역 문제를 분석하고, 여기에 대한 선교학적 성찰을 시도하며, 앞으로 더 나은 한글 성서 번역이 되기 위해서 필요한 선교학적 대안을 제시하려고 한다.

2. 나이다와 히버트의 성서 번역에 관한 이론

먼저 번역에 관한 이론과 실제를 중심으로 유진 나이다의 성서 번역 이론 두 가지, 형식적 상응과 역동적 상응을 살펴보자. 일반 번역 이론가로서만 아니라, 성서 번역 이론가로서도 권위 있는 미국의 나이다는 특히 '인류학적 언어학자'로서 언어를 구성하는 문화, 사회, 종교, 문학, 역사적 맥락을 고려하면서 언어와 문화 그리고 신앙 체계 간의 커뮤니케이션 문제에 집중한다. 그는 이것을 통해 예수 그리스도에 대한 복음이 효율적으로 커뮤니케이션되도록 추구한다. 다시 말하면, 어떤 문화권의 언어든지 예수 그리스도에 대한 복음을 자신의 고유한 언어로 번역해 낼 수 있다는 것이다. 그렇게 하려면 성서 번역자는 수신자 언어와 발신자 언어에 대한 새로운 태도를 가져야 하는데, 먼저 수신자 언어와 관련하여 그는 네 가지 사고의 전환을 주문한다. (1) 모든 언어는 제 나름의 특질을 가지고 있다. (2) 효과적으로 전달하기 위해서는 반드시 각 언어의 특질을 존중해야 한다. (3) 한 언어에서 말해질 수 있는 모든 것은, 그 형태가 메시지의 본질적 요소를 이루지 않는 한, 타언어에서도 다 말해질 수 있다. (4) 메시지의 내용을 보존하기 위해서는 그 양식이 변해야만 한다.455) 또 이것은 발신자 언어에 대한 새로운 생각의 전환을 일으키는데, 그 가치를 깨닫기 위해서는 원어의 세 가지 본질적 측면이 이해되어야 한다고 언급한다. (1) 성서의 언어는 모든 자연언어가 지니고 있는 동일한 제약성을 필연적으로 수반한다. (2)「성서」의 기자들의 언어는 이해되기 위한 것이었다. (3) 번역자는 한 구절의 의미를 재현하는 데에서 원기자에 의하여 이해된 의미를 재현하도록 노력해야 한다.456)

이런 맥락에서 나이다에게 번역이란 "수신자 언어는 원어 메시지에 가장 가까운 메시지를 자연스럽게 재현하는 데 있으며 이때 제일 중시되는 것은 의미이고 다음은 문체이다."457) 그러니까 나이다에게서 번역의 일차적 목적은 "메시지의 재현"에 있다고 할 것이다. 그는 이것을 위해 번역자가 "문법적"이고 "어휘적인 변용"을 감행해야 한다고 주장한다. 이런 점에서 번역자의 제일 중요한 관심은 "언어의 구조"가 아니라, "번역 수용자들에게 기점 원어의 개념을 전달하는 창조적 능력"에 있다.458)

그렇지만 서로의 언어와 문화가 다른 경우 원문과 완전히 일치하는 번역은 있을 수 없음을 인정해야 한다면서 "기능성의 등가" 혹은 "실제 소통에 있어서의 등가만을 기대할 수 있을 것"이라고 강조한다. 여기에서 등가란 "원어 청자나 독자들이 원문 텍스트를 이해하고 받아들이는 방식과 본질적으로 동일하게 목표 언어 청자들이 번역 텍스트를 이해하고 받아들일 정도로 높은 단계에 이른 번역"을 말하는데, 이러한 예는 거의 찾아볼 수 없다는 말이다.459) 예컨

---

455) 나이다 그리고 타버, 김용옥 역, "번역의 이론과 실제," 김용옥·최영애, 「도올논문집」 (서울: 통나무, 1991), 181~186. 김용옥은 이 책에서 나이다와 타버의 공저 *The Theory and Practice of Translation*의 제1장 A New Concept of Translating, 제2장 The Nature of Translating, 제3장 Grammatical Analysis을 번역하였다.

456) *Ibid.*, 187~191.

457) *Ibid.*, 196.

458) Eugene A. Nida, 송태효 역, 「언어간 의사소통의 사회언어학」 (서울: 고려대학교 출판부, 2002), 104.

459) *Ibid.*, 106.

대 마가복음 9장 49절의 "불로 소금 치듯 함을 받으리라"는 누구도 그 의미를 알 수 없다.[460] 그럼에도 불구하고 이것을 구태여 번역해야 하느냐는 문제점도 제기된다. 이 외에도 문화와 언어가 다른 환경에서 번역이 이루어질 때, 형식과 내용의 등가에 적합하지 않거나, 적합할 수 없는 수많은 문제들이 나타난다. 이런 이유에서 그는 최하 수준의 등가와 최고 수준에서의 등가를 몇 단계로 나누는 것이 번역의 분명한 기준을 정하는 것보다 낫다고 주장한다.[461]

이러한 전제 아래서 그는 번역자가 "동일성(identity)보다는 상응성(혹은 등가, 일치, equivalence)을 위하여 노력"해야 할 것을 요청한다.[462] 이때 좋은 번역이 되기 위해서는 자연스러워야 하고, 가장 가깝게 상응이 이루어져야 하며, 의미에 우선권이 주어져야 한다고 주장한다.[463] 나이다는 번역자가 내용이든지 문체든지 "기능적 상응성(functional equivalence)"을 재현해야만 하는데, 이것들을 정리하면 양식보다는 내용, 문체보다는 의미, 동일성보다는 상응성, 아무런 의미 없는 상응보다는 가장 가까운 상응, 양식적 상응보다는 자연스러운 상응을 더 중시하는 것을 볼 수 있다.[464] 그리고 이러한 선택을 의미 있게 하기 위해서 나이다는 "어떠한 근본적인 기준", 즉 "우선의 체계"를 세운다. "(1) 맥락적 일치성이 축어적 일치성에 우선한다. (2) 역동적 상응성이 양식적 상응성에 우선한다. (3) 언어의 청각적 형태가 문어적 형태에 우선한다. (4) 번역이 의도하고 있는 대상에 의하여 받아들여지고 쓰이는 양식이 전통적으로 더 권위 있는 양식에 우선한다."[465] 이 가운데 특히 네 번째 기준인 "언어의 양식에 대한 청중의 요구의 우선"에는 "비기독교가 기독교도에 우선한다."라고 함으로써 성서가 "반드시 비기독교인들에게 이해될 수 있어야" 하고, "25세부터 30세 사이의 청년의 언어의 채택이 나이 많이 먹은 어른이나 어린

---

460) Eugene A. Nida·William D. Reyburn, *Meaning Across Cultures* (Maryknoll, New York: Orbis Books, 1981), 71.
461) *Ibid.*, 106f.
462) *Ibid.*, 197.
463) *Ibid.*, 198~200.
464) *Ibid.*, 202.
465) *Ibid.*, 202f.

아이의 언어에 대하여 우선권"을 가지며, "어떤 특정한 상황에서는 여자의 말이 남자의 말에 우선한다."는 견해를 가지고 있다. 이것은 오늘날 한국에서의 선교와 관련해 성서 번역이 기여할 수 있는 선교적 과제라고 할 수 있다.

나이다는 이러한 맥락에서 번역이 "두 가지 다른 방법적 체계"가 있음을 주장하는데, 하나는 규칙을 세워서 기점언어를 목표언어와 일치시키는 단순한 방식이 있다. 다른 하나는 보다 정교한 과정인데, 의미 대 의미의 번역으로서 분석과 전이 그리고 재구성의 과정을 거친다.[466] 이것이 바로 나이다의 유명한 상응성의 원리이다. 그는 전자를 형식적 상응(formal equivalence) 그리고 후자를 역동적 상응(dynamic equivalence)이라고 불렀고, 그의 성서 번역 이론은 오늘날 성서 번역 학자뿐만 아니라, 선교학적 주목을 끌기에 충분하다.[467]

우리는 특히 역동적 상응성에 대한 아주 구체적인 예를 히버트의 *Meaning Across Cultures*에서 발견할 수 있다.[468] 히버트에 따르면, 사람들은 "forgive의 for와 give라는 말이 용서하는 행동과 관계 있다는 것을 실제로 이해하지는 못할지라도 영어로 God forgives라고 말할 수 있다."는 것이다. 그렇지만 이것이 중부 뉴기니아 베이어(Bayer) 강 근처 지역의 기독교인들에게는 "하나님으로부터 죄의 용서가 God doesn't hang up jawbones(하나님께서 아래턱 뼈를 걸어놓지 않으신다.)로 표현된다."는 것이다. 이것이 이 지역의 문화를 이해하지 못하는 사람들에게는 전혀 엉뚱한 것으로 들리겠지만, 그 이유는 다음과 같다. "이 부족은 수세기 동안 가족이나 같은 부족 사람들이 적으로부터 죽임을 당했을 때, 그 죽은 사람의 신체의 일부를 보관하는 관습이 있었다. 그들은 매장하기 전에 아래턱이 사람의 목소리를 상징한다고 생각해서 그것을 잘랐는데, 그 사람의 특징을 가장 잘 나타내는 것이 바로 목소리라고 믿었기 때문이다. 가족들은 죽임을 당한 사람의 복수를 각각 잊지 말아야 한다는 의미

---

466) *Ibid.*, 235f.

467) Aloo Osotsi Mojola, "Rethinking the Place of Nida's Theory of Translation in the New Millennium. Scripture Translation in the Era of Translation Studies: a Critical assessment," 왕대일 편역, 「좀 쉽게 말해 주시오. 본문비평과 성서비평」(서울: 대한기독교서회, 2000), 281f.

468) Eugene A. Nida·William D. Reyburn, *Meaning Across Cultures*, 1ff. 여기서 언급하고 있는 이하의 구체적인 사례들은 모두 이 책에서 그대로 가져왔다.

에서 그 아래턱을 문설주에 걸어 놓았던 것이다. 이것은 세월이 흘러도 가장 이 적에게 복수한다는 것을 상기시켰다. 그런데 어떤 사람이 기독교인이 되었고, 이 새로운 종교가 그 끝없는 보복의 순환을 금지한다는 사실을 깨닫게 되었다. 그래서 그들은 하나님께서 죄를 용서하셔서 아래턱을 매달지 않으신다면 그들도 그래야 했던 것이다. 결국 그들은 모든 신자들의 집에서 그 아래턱들을 수거해 와서 예배 중에 그 뼈들을 태워버렸다."[469]

히버트는 또 다른 예로 "love with the heart(심장으로 사랑해)"를 드는데, 이것이 서부 아프리카 지역 사람들에게는 "love with the liver(간으로 사랑해)"로 말해진다는 것이다. 또 후두를 "아담의 사과"라고 부르지만, 수단의 우둑(Uduks) 사람들은 그것을 "the thing that loves beer(맥주를 좋아하는 것)"이라고 부른다는 것이다. 그런가 하면 양을 한번도 본 적이 없는 뉴기니아 부족 사람들을 위해 성서 번역자는 양치는 "목자" 대신에 "pig-herder(돼지치는 사람)"이라고 번역할 것을 제안하였다고도 한다. 하지만 이것이 문제를 일으키기도 하는데, 성서에서는 돼지를 불결한 짐승으로 간주하기 때문이라는 것이다. 히버트는 이 점에서 "적합한 번역상의 문제들을 어떻게 해결해야 하는가?"라고 묻는다.

히버트에 의하면, 영어와 독일어처럼 동일 언어군일 때 이러한 차이는 그다지 문제가 되지 않지만, 언어군과 문화 차이가 클수록 그만큼 이해의 곤란함이 증대된다. 이것이 고대 히브리어, 헬라어, 라틴어, 영어, 혹은 중국어, 일본어를 거쳐 현대의 한국말로 번역될 때를 생각해 보라. "문화를 넘어서 의미가 전달될 때에 단어 대 단어의 직역은 그 의미를 왜곡시킬 수 있기 때문에 언제나 그 내용이 정확하고 사실대로 전달될 수 있도록 메시지의 형태 속에 어떤 조정이 필요하다."[470] 그러면 어느 정도로까지 그러한 조정이 가능한 것일까?

또한 히버트는 "문화의 차이는 번역자뿐만 아니라, 그 번역을 읽는 독자들

---

469) Eugene A. Nida, *Fascinated by Languages* (Philadelphia: John Benjamines B. V., 2003), 42.
470) Eugene A. Nida · William D. Reyburn, *Meaning Across Cultures*, 1.

에게도 혼란을 줄 수 있다."고 주장한다. 로마서 14장 7절 "우리 중에 누구든지 자기를 위하여 사는 자가 없고 자기를 위하여 죽는 자도 없도다"라는 말씀이 아프리카 사람들에게는 "흑마술의 효용성을 인정하는 것으로 비칠 수 있다."는 것이다. 그 이유는 그들에게 죽음이란 자연스러운 것이 아니라, 마녀의 강력한 영향력 아래 귀결되는 것으로 이해되기 때문이라는 것이다. 또 서부 아프리카 사람들은 회개의 표시로 세리가 "가슴을 친다"(눅 18:13)라는 말을 이해하지 못하는데, 이것이 그들에게는 업적을 자랑할 때 하는 행위이기 때문이라는 것이다. 그들에게는 자기 머리를 치는 것이 회개의 행동이라는 것이다. 또한 히버트는 화해라는 말도 "성서적 화해와 전혀 다르게 타문화 속에서 오랫동안 이해되었다는 것을 지적"한다. "아프리카 선교사들의 관찰에 따르면, 그 지역문화에서 화해는 주도권을 잡고 화해의 행동을 하는 사람이 관계가 단절되었던 원인을 인정한다는 것을 의미한다. 이것은 하나님께서 자신에게 속한 사람들을 화해시키기 위해 시도하는 것을 오해하도록 한다. 이때 가슴을 친다는 것을, 머리를 때린다는 것으로 번역할 수도 있을 것이다. 그런가 하면 화해와 관련하여 (1) 주도권을 잡은 쪽에서 죄를 인정한다는 것이 포함되지 않은 다른 용어를 발견하거나, (2) 분명한 입장을 가지고 화해의 본질적인 요소들을 서술해 줘야 할 것이다."[471] 히버트는 이와 같은 또 다른 예를 든다. "동양에서 용은 요한계시록에서처럼 위협적인 동물이나 악한 힘의 상징으로 간주되는 것이 아니라, 행운과 복을 나타낸다. 또 한국에서는 하얀색 옷이 순수의 의미가 아니라, 슬픔을 의미하는데, 교회에서는 성자의 색을 상징한다. 이러한 언어 문화권에서 어린 양의 피로 옷을 하얗게 씻는다는 것은 어떻게 이해될 것인가? 이때 사람들은 양의 피가 빨갛지 않은가 하고 의문을 갖게 될 것이다."[472]

오해는 외관상 아주 중요하지 않은 사실에서도 발생한다고 한다. 요한복음 6장 58절 "조상들이 먹고도 죽은 떡"은 빵에 독이 들어서 죽게 하였다는

---

471) *Ibid.*, 2.
472) *Ibid.*

생각을 불러일으킬 수 있다. 요한복음 2장 4절의 마리아를 가리켜 "여자여 (woman)"라고 부르는 것은 어떤 문화권에서는 "부인(wife)"이라는 의미로 들릴 수 있다. 동남아시아의 문화권에서 요한계시록 3장 20절 "문 밖에 서서 두드리노니"라는 말은 여자 친구와의 만남을 고대하는 연인의 표시로 이해될 수 있다. 그렇지만 이것이 또 동부 아프리카의 바자나키(Bazanaki) 부족 사람들에게는 예수께서 도둑일 수 있다고 추측하게 하는데, 도둑만이 집안에 누가 있는지를 확인하기 위해서 문 밖에 서서 문을 두드리기 때문이라고 한다. 정직한 사람들은 문 밖에서 집안 사람들의 이름을 부른다는 것이다. 이런 상황에서 요한복음 2장 4절의 "여자여"는 "어머니"로 번역할 수 있을 것이다(New English Bible). 그리고 요한계시록 3장 20절은 "두드리다" 대신에 "부른다"로 번역하는 것이 좋을 수 있다. 파푸아 뉴기니에서는 감정의 중심이 심장이 아니고 목이라고 생각한다. 이런 상황에서 "예수님, 제 마음에 들어오세요."라고 번역할 수는 없다. "예수님, 저의 목에 들어오세요."라고 해야 한다는 것이다.[473]

그렇지만 이와 같은 사례들처럼 히버트의 역동적 상응성의 원리는 이미 키케로, 호라티우스, 아우구스티누스, 제롬, 루터가 시도하던 거였고, 전자, 즉 형식적 상응성에 의해 비판을 받으면서 "기능적(functional) 상응성"으로 불리게 되는데, 목표언어의 메시지가 왜곡됨으로 인해서 수용자가 원메시지를 오해할 수도 있는 문제점 때문이었다.[474] 하지만 이러한 상응성에 기반한 번역의 원리는 상대방의 문화를 고려한 성서 번역 원리를 제시했다는 선교학적 공헌에도 불구하고 오늘날 번역 이론가들에게서 "더는 가장 중요한 번역 생산 및 평가의 잣대"로 생각되지 않는다는 것이다.[475]

어찌 되었든 단어 대 단어와 문법적 구조를 일치시키려는 형식적 일치에 해당하는 번역 원리는 주로 기점언어 혹은 원본 텍스트를 더 중시하는

---

473) 하마지마 빈, 안중환 역, 「성서 번역 둘러보기」 (대전: 한남대학교 출판부, 2009), 192.
474) *Ibid.*, 283.
475) 곽성희, "현대 번역학의 변화와 발전에 대한 고찰," 「성경원문연구」 24 (2009), 160.

데, 여기에는 다음과 같은 성서 번역본이 있다. King James Version(1611), Young's Literal Translation(1862), Revised Version(1895), American Standard Version(1901), Revised Standard Version(1952), New American Standard Bible(1995), New King James Version(1982), English Standard Version(2001), New Revised Standard Version(1989), Douay—Rheims, Green's Literal Translation(1985).

형식적 일치와 역동적 일치를 균형 있게 고려한 성서 번역에는 다음과 같은 것이 있다. New International Version, Today's New International Version, Holman Christian Standard Bible, New American Bible, New English Translation, Modern Language Bible.

이에 비해서 기점언어권의 독자들이 느꼈던 동일한 감정을 느낄 수 있도록 목표언어의 의사전달의 효율성을 따지는, 역동적 일치에 해당되는 번역 원리는 기점언어보다 목표언어에 더 집중하는데, 여기에는 다음과 같은 성서 번역본이 있다. New Jerusalem Bible, New English Bible, Revised English Bible, Good News Bible(형식적으로 "Today's English Version"), Complete Jewish Bible, New Living Translation, God's Word Translation, The Message, Contemporary English Version.[476]

히버트의 번역 이론은 나이다만큼 이론적이지 않다. 그의 번역에 대한 이론은 단 한 페이지 반에 불과하다. 하지만 그의 번역 이론이 중요한 것은 나이다의 등가성 번역 이론이 가지고 있는 문제점을 극복하기 위한 하나의 새로운 이론을 제시하고 있기 때문이다. 그는 "선교와 타종교들에 대한 관계의 세계화적인 관점의 결과가 무엇"인지를 묻는다.[477] 그는 이에 대한 대답으로 다섯 가지를 제시하는데, 첫째가 선교 역사에 대한 재평가이다. 반식민주의 입장에서 선교사들이 "식민주의의 노예"와 "문화의 파괴자"로 비판받고 있지만, "전

---

476) Robert L. Thomas, "Bible Translations: The Link Between Exegesis and Expository Preaching," *The Master's Seminary Journal* 1 (1990), 53~74.
477) Paul Hiebert, 김영동·안영권 공역, 「인류학적 접근을 통한 선교현장의 문화이해」(서울: 죠이선교회 출판부, 1997), 82.

세계에 교회를 개척했다."는 것도 인정해야 한다는 점을 강조한다. 둘째는 비판적인 상황화가 필요하다는 것이다. 식민주의 시대는 서구화되거나 무비판적인 상황화라는 선택의 시기였다는 것이다. 이런 상황에서 히버트는 타문화와 상황을 지나치게 인정하다 보면 이것이 결국에는 복음의 변형을 가져오기 때문에 비판적 상황화로 가야 한다는 것이다. 셋째가 바로 히버트의 일종의 번역 이론에 해당하는데 그것은 "이중 번역(double translation)"에 관한 것이다. 넷째는, 성육신적인 증거를 해야 하는데, "그리스도에 초점을 맞추"어 "다른 신앙을 가진 사람들과 대화를 하고 비평과 도전으로 겸손하고 민감하게 대응해야" 할 것을 요청한다. 다섯째는 "느끼는 욕구와 본질적인 필요"를 통전시키는 "궁극적인 구원의 필요, 하나님과의 화해, 정의 평화로 인도해야 한다."는 것이다.[478]

그런데 우리가 여기서 주목하는 것은 히버트의 셋째 요청이다. 짧지만 여기에 그의 번역 이론이 담겨 있기 때문이다. 여기에서 그는 말하자면 나이다의 형식적 상응성과 역동적 상응성을 비판한다. 형식적 상응성은 식민주의 시대의 산물로서 "형태를 번역하면 자연히 의미가 뒤따른다."고 생각했지만, 이러한 가정은 실패했다는 것이다.[479] "사람들은 자신들의 문화와 세계관의 개념 속에서 듣는 대로 재번역"하기 때문이라는 것이다. 이 점에서 형태를 바꿈으로써 의미를 간직할 수 있다고 생각하여 의역이라는 모습으로, 말하자면 역동적 상응성의 원리가 출현하였지만, "주관적인 개념으로 그 의미가 축소"되거나, "의미를 증명해 줄 수 있는 객관적인 사실"도 없고, "의미를 간직하고 형태를 바꾸는 것이 다른 형태의 메시지의 변형을 보여준다는 사실을 거의 인식하지"도 못했다는 것이다.[480] 따라서 히버트는 이 세계화 시대에 새로운 형태의 번역 이론이 등장해야 하는데, 그것이 바로 이중 번역이어야 한다는 것이다.

---

478) *Ibid.*, 82~85.
479) *Ibid.*, 83.
480) *Ibid.*, 75, 83.

히버트가 말하는 이중 번역은 말하자면 역주에 관한 것이다. 이중 번역은 본문과 수용자 사이의 소통을 좀더 효과적이게 하려는 문화적 배려이다. 히버트에 따르면 이러한 이중 번역은 기호학의 성과물이다. 그는 파이크의 말을 빌려 번역자가 "번역할 때 의미, 형태와 실재 간의 고리를 간직하고자 애써야 한다."는 것이다. 여기서 "실재 간의 고리"는 맥락(context)을 말하는 것으로서 파이크(Kenneth L. Pike)는 맥락이 "의미를 결정하거나 변화시키는 매우 강한 힘을 지니고 있다."고 주장한다.[481] 이것은 주석의 형식을 빌려서 타문화에 보다 정확하게 의미를 전달하는 것인데, 예컨대 '세겔'을 그대로 번역하되 한국의 화폐가치인 원으로 환산하여 각주를 다는 방식이라는 것이다. 또한 히버트는 퍼스의 기호학 이론을 받아들인다. 퍼스의 기호학에 따르면 기호 혹은 재현체(representamen)는 어떤 사람에게 그에 상응한 기호나 그 이상을 떠오르게 하는데, 이때의 기호를 해석소(interpretant)라고 부르며, 이것은 실재로서 대상(object)과 관계적으로 연결된다.[482] 말하자면 재현체와 해석소 그리고 대상은 삼각형으로 서로 관계되어 있는 것이다. 히버트는 이러한 번역의 가능성을 통해서 송신자와 수신자가 형태와 의미를 동시에 살릴 수 있고 실재에 대해 경험하고 이해할 수 있다고 주장한다.[483]

그러면 이러한 타문화 사람들을 위한 성서 번역의 원리가 한글 성서 번역에 어떻게 적용되었고, 이에 대한 선교학적 문제는 무엇인가?

3. 한글 성서 번역에 적용된 원리와 선교학적 성찰

앞서 언급했던 성서 번역의 원리를 정리하면, 나이다에게는 기본적으로 두 가지 이론이 관철된다. 하나는 형식적 상응이고, 다른 하나는 역동적 상응인데, 후자가 전자에 의해 비판을 받게 되자 기능적 상응으로 바꾼다. 히버트는

---

481) Kenneth L. Pike, 주신자·신현숙 역, 「언어개념」 (서울: 한국문화사, 1994), 161.
482) Justus Buchler (ed.), *Philosophical Writings of Peirce* (New York: Dover, 1955), 99.
483) Paul Hiebert, 김영동·안영권 공역, 「인류학적 접근을 통한 선교현장의 문화이해」, 83f.

세계화 시대에 이러한 상응성의 원리가 가지고 있는 문제점을 극복하기 위해서 기호학의 도움으로 역주를 달음으로써 송신자와 타문화 수신자 사이에 형식과 의미 그리고 실재에 대한 경험을 공유할 수 있도록 제시한다.

한글 성서의 번역은 이러한 원리에 대한 적용 없이 무턱대고 이루어진 것은 아니다. 지금까지 번역된 한글 성서에 적용된 원리는 대체로 두 가지이다. 한신대학교 김재성에 따르면 「개역」은 형식일치의 번역 원리를 따르고 있고, 「공동」은 내용 동등성(역동적 상응)의 원리를 따르고 있다. 그리고 「표준새번역」과 「새번역」은 내용 동등성 원리에 입각해 있으면서도 번역의 원칙으로 앞서 두 가지 원리를 적용하려고 애썼지만 위 성서의 머리말에서처럼 "실제 번역과정에서 부딪치는 문제들"을 "해결하기가 쉽지 않았던" 것으로 파악된다. 물론 여기에다 일부 가미된 신학적 해석도 받아들인다. [484]

이처럼 현재의 중요한 한글 성서 번역본에는 나름 성서학자들의 언어학적인 고민이 반영된 성서 번역의 원리가 적용된 것으로 보인다. 하지만 여기에 과연 타문화와 관련된 선교학적인 고민이 고려되었는지에 대해서는 한 번 들여다볼 필요가 있다. 여기에서 타문화와 관련된 선교학적인 고민이라는 것은 히버트의 제시대로 타문화권에서의 종교 문화적 생활과 이해 그리고 실재에 대한 체험과 관련 용어들의 선택을 어떤 형태로 반영할 것인지 생각할 필요가 있다는 것이다.

이것은 초기 한글 성서 번역 단계에서부터 대두된 문제들이지만, 방치되어 망각되었던 과제이다. 당시 한글 성서의 번역은 번역자들 대부분이 미국인이기 때문에 영어성서의 영향을 받았으리라는 것이 쉽게 짐작된다. [485] 이 당시 한국의 언어가 한자와 한글을 병행하여 사용하였기 때문에 어떤 언어를 더 선호하였는지도 중요한 문제일 수 있다. 물론 게일과 같이 "한국 어풍에 맞는 번

---

484) 김재성, "공관서 병행 본문 번역에서 형식 일치와 내용 동등성의 조화―「표준새번역」과 「새번역」을 중심으로," 72f.

485) 초기 한글 성서번역에 참여한 외국인은 31명, 한국인은 35명으로 알려져 있다. 이에 대해서 다음을 참조하라. 이덕주, "초기 한글성서 번역에 관한 연구―특히 성서번역자들의 활동을 중심으로," 그리스도교와 겨레문화연구회 편, 「한글성서와 겨레문화. 천주교와 개신교의 만남」 (서울: 교문사, 1985), 459ff.

역을 시도"한 적도 있지만, 다른 선교사들의 반대로 좌절되어 개인역에 그치고 말았다.486) 이에 대해 이덕주는 북장로회 선교사들이 번역 사역에서 주축이었기 때문에 보수적이고 축자적인 번역이 이루어졌다고 평가하고 있다.487)

이런 상황에서 우리가 주목할 것은 캐나다 출신의 선교사 게일이다. 비록 게일의 번역이 사역에 그쳐 성서공회의 인정을 받지는 못했지만, 그의 타문화적 관점을 배려한 번역은 상당히 의미 있는 작업이었다. 예컨대 그는 자신의 부인과 공동으로, 또 조사로 도와주던 이창직의 교정으로 번역한 요한복음에서 오늘날 개역개정판 1장 1절에 나타나는 "태초에 말씀"을 "처음에도가이ㅅ · 되"로 번역하였다.488) 말씀을 "도"로 번역하는 시도가 나름 의미 있는 것은 사투리를 사용한 존 로스의 번역이나, 한문을 모르는 사람들에게는 읽기가 불가능한 이수정의 "한문에 토를 단 정도"의 성서 번역을 넘어서 일반 대중의 언어인 한글을 사용하였을 뿐만 아니라, 종교사적 배경도 고려하였다는 점이다.489) 이것은 띄어쓰기가 되어 있지 않은 것으로 보아서 당시 한자로부터 영향을 받은 언문의 형식을 그대로 수용하고 있는 것으로 보인다. 하지만 이것이 읽기 위한 성서를 목표로 한 것인지, 고대 성서 필사자들이 문맹자들에게 들려주기 위한 목적으로 띄어쓰기를 하지 않은 것처럼, 구두 전승과 복음 전도를 위해 그렇게 한 것인지는 명확하지 않다.490) 그럼에도 불구하고 이것을 통해 게일의 한글 사랑과 당시의 일반대중 및 한국의 종교문화사적 배경을 고려한 번역이었다는 점은 강조되어야 한다.

물론 말씀을 "도"라고 번역한 것에는 또 다른 논쟁이 가능하다. 이 점과 관련하여 연세대학교 선교학 교수 김상근의 연구는 의미가 있다. 그는 중국의

---

486) 위의 글, 461.
487) 위의 글, 463.
488) 김욱동, 「번역과 한국의 근대」, 100.
489) *Ibid.*, 105.
490) 양재훈, "예술매체를 통한 성서 메시지 전달과 성서 번역의 과제―Siku의 The Manga Bible, NT-Raw를 중심으로," 「성경원문연구」 23 (2008), 146f. 한글의 띄어쓰기는 대체로 서재필이 주축이 되어 창간한 1896년 「독립신문」부터로 알려져 있다. 이러한 띄어쓰기는 당시 미국 북감리교 선교사였던 헐버트(Homer B. Hulbert, 1863~1949)의 영향 때문인 것으로 알려져 있다.

전례논쟁(Ritenstreit)으로 비화된 중국에서의 신명과 관련된 마테오 리치의 입장을 나이다와 데리다의 번역 이론을 가지고 분석한다. 김상근에 의하면 먼저 나이다의 관점으로 마테오 리치의 입장은 부정된다. 왜냐하면 어떤 특정한 문화권에서 "특수내재적 의미구조(exocentric structure)가 절대신에 대한 매우 특수한 이해를 가지고 있을 경우", "보편내재적 의미구조(endocentric structure)를 통한 기독교 하나님 이름의 수평적 번역에 매우 심각한 장애가 초래된다."491)는 것이다. 여기에 대한 실제적인 예가 바로 마테오 리치가 기독교의 하나님을 "상티[上帝]"로 번역한 것이다. 이것이 매우 중요한 선교신학적 동기에서 비롯되었음에도 불구하고 그 결과는 지극히 부정적이었던 것이다. 하지만 데리다의 관점으로 마테오 리치의 입장은 "차연(Différance)"을 거쳐 "의미론적 재해석(semantic reconfiguration)"을 통해 "상티가 가지고 있는 특수내재적 의미구조에 의해 기독교 하나님의 의미가 더욱 풍성하게 확대"되는 발전을 가져온다. 492)

마찬가지로 게일의 말씀을 "도"로 번역한 것도 같은 맥락에서 이해할 수 있는데, 다행스럽게도 한국에서는 중국에서처럼 신명을 둘러싸고 제의논쟁으로까지 전개되지 않았다. 그렇지만 이러한 성서 번역이 사역에 그쳐 공적으로 인정받지 못했어도 이에 대한 한국 대중들의 반응과, 이러한 번역이 말씀에 대한 이해의 폭을 얼마나 넓힐 수 있느냐의 문제를 둘러싸고 어떠한 선교학적인 성과를 낼 수 있는지에 대한 연구가 없다는 사실은 하나의 과제로 남는다. 여기에서 의미론적 재해석을 거친다면, 예컨대 노자의 「도덕경」에서 도는 설명할 수 없는 그 무엇이다(道可道 非常道). 설명하는 순간 그것은 더 이상 도가 아닌 것으로 이해한다. 이러한 설명할 수 없는 도를 말씀으로 이해함으로써 말씀이 가지고 있는 신비가 강조되면서도 그 내용이 설명되는 풍성함이 발생할 수 있다는 것이다. 그렇지만 이것도 지나친 의역일 수 있고, 기독교 본질에 대한 왜곡을 낳을 수 있다.

---

491) 김상근, 「선교학의 구성 요건과 인접학문」, 88.
492) *Ibid.*, 99.

이런 점에서 이러한 문제를 해결하기 위한 히버트의 역주를 통한 성서 번역 원리는 송신자의 의도를 형식적으로 일치시키면서도 수신자의 타문화적 상황을 고려하는 하나의 대안적 성서 번역 원리로 가능할 수도 있다. "도"로 번역하되, 그에 대한 원래의 용어를 써주면서 그 이유를 설명함으로써 내용을 충분히 이해시킬 수 있기 때문이다. 이것이 비기독교인들이 말씀에 귀를 기울이게 만드는 하나의 선교적인 모델로도 충분하다고 본다. 어떤 단어와 개념에 대한 전이해와 설명이 없을 경우에 그 주제에 낯선 수용자들을 방치해 버릴 수 있기 때문이다. 이와 관련하여 본문과 수용자 사이의 상호 관계성에 대해 로트만이 하나의 중요한 사례를 보여준다. 수학자 P. L. 채비쇼프의 이야기이다. "옷감을 자르는[rasskroika tkani] 수학적 문제"라는 그의 강연에 재단사, 여성복 판매자, 유행에 민감한 여성들과 수학자들이 참석하였다. 여기서 문제는 강연자가 처음에 "간단히 하기 위해 인간의 육체가 둥글다고 가정해 봅시다."라는 말에서 비롯되었다. 수학자들만 남겨 놓은 채 나머지 사람들이 그 자리를 떠났다. 강연 서두에서 말한 강연자의 말을 수학자만이 아무것도 이상하다고 생각하지 않았기 때문에 남아 있었다는 것이다.[493] 그러니까 수용자를 고려하지 않은 강연자의 진술이 수용자를 그 내용과 전혀 관계없는 존재로 만들어 버렸고, 수용자는 그것을 알아채는 즉시 더 이상 들을 필요가 없게 된 것이다. 이것은 움베르토 에코가 주장하는 것처럼 기호로서 본문의 의미 소통 또는 의미 작용이 수용자에게 해석적 작용을 일으키는바, 부정적 해석을 가져왔기 때문이다.[494] 로트만에 의하면 이것이야말로 본문이 수용자를 창조하고 선택하는 좋은 사례라는 것이다. 이것은 동시에 번역이 어떻게 이루어지느냐에 따라서 수용자들을 얼마나 많이 획득하느냐에 대한 사례이기도 하다. 말하자면 수용자의 문화적 이해에 근거한 본문(번역)만이 수용자에게 접근할 수 있다는 것이다. 그리고 이것은 단지 수용미학에서 주장하는 것처럼 해석에 있어

---

493) 유리 M. 로트만, 유재천 역, 「문화 기호학」(서울: 문예출판사, 1998), 107.
494) 움베르토 에코, 서우석 역, 「기호학 이론」(서울: 문학과지성사, 1985), 16. 문화가 기호적 현상으로 연구될 수 있다는 점에 대해서 다음을 참조하라. *Ibid.*, 31.

서 수용자의 관점만을 강조하지 않는다.495) 원저자의 의도도 정확히 반영하려는 시도인 것이다.

바로 이와 같은 번역에 있어서 역자주의 가치에 대해서는 도올 김용옥의 통찰이 빛난다. 그는 수용자를 고려하면서도 원저자의 의도를 충분히 살리는 것이 바로 이 "역자주"라고 주장한다. "원문은 있는 그대로 원저자의 의도를 최대한으로 살리는 방향으로 수정 없이 공개하고, 그 전달되는 의미체계에 대한 역자의 더 자세한 사실적 정보의 제공이나 가치판단을 역자주에서 밝히는 태도야말로 엄밀하고 정직한 학문태도이며 학자적 양심과 양식의 문제이다."496) 이것은 또한 "언어체계가 달라짐에 따라 그 대상 즉 수신자의 반응이 달라짐으로써 다른 문화적 문맥이 성립할 때 생기는 제 문제를 설명·부연할 때" 필요하다는 것이다.497) 그에 의하면 주시의 「사서집주」(四書集注)와 정약용의 「주역사전」(周易四箋)과 같은 동양의 고전들도 사실상 역자주라는 것이다.498)

그러나 이러한 이중 번역의 강점에도 불구하고 여전히 남는 문제가 없는 것은 아니다. 이 이중 번역에는 형식적 상응과 기능적 상응, 즉 의역에 해당하는 역주처리가 있어서 타문화권 선교에 도움이 되는 번역이 이루어진다 하더라도 의미론의 문제는 좀처럼 극복하기 쉽지 않다는 것이다. 즉 수용자 문화권에서 문자적, 도덕적, 알레고리적, 신비주의 해석이라는 다양한 심층적 해석의 문제를 어떻게 할 것이냐는 문제이다.499) 게다가 하나의 의미가 나타내는 고립된 "표현의미", 문맥에서 가지는 "발화의미" 그리고 사회적 상황에서 해석되는 "의사소통적 의미"라는 세 가지 층위의 문제를 어떻게 번역에 담아낼 수 있느냐도 하나의 큰 문제이다.500) 이 외에도 타문화 언어 번역에서 고려되어야 할 역사적 정확성의 문제와 예술적 차원이 어떻게 반영될 수 있는지도

---

495) 차봉희 편저, 「수용미학」(서울: 문학과지성사, 1985), 58ff.
496) 김용옥·최영애, 「도올논문집」, 165.
497) *Ibid.*, 165f.
498) *Ibid.*, 167.
499) 움베르토 에코, 김효정 역, 「예술과 광고」(파주: 열린책들, 2009), 341.
500) Sebastian Löbner, 임지룡·김동환 역, 「의미론의 이해」(서울: 한국문화사, 2010), 4~17.

중요한 선교학적인 관점에서 드러나는 번역 문제이기도 하다.[501]

4. 인간 번역의 한계와 성령 사역의 보충

우리는 지금까지 나이다와 히버트의 이중 번역으로서 역자주의 가치에 대해 탐구하였다. 본문을 있는 그대로 번역하는 형식적 일치 원리와 상황을 반영하는 역동적 동등성의 원리 등을 검토하였다. 그리고 그 문제점에 대해서도 살펴보았다. 그 결과 최근의 기호학에서 발전된 번역 이론조차도 타문화 성서 번역에서 완전할 수 없다는 것을 알았다.

이러한 상황에서 한글 성서 번역은 선교학적으로 어떤 의미를 지니는가? 새로운 번역 이론이 등장할 때마다 거기에 맞추어서 새로운 번역본이 나와야 하는가? 아직도 한국교회가 교단마다 다른 번역본을 사용하는 등 일치되어 있지 않은 상황에서 진정한 일치를 이루기 위해 성서 번역과 관련하여 선교학적 관점에서 기여할 수 있는 것이 무엇이겠는가? 또는 해외 타문화 선교를 할 때에 성서 번역은 선교사들의 관점에서 어떻게 이루어져야 하는가? 이러한 수많은 의문들 앞에서 우리는 성서 번역에 관한 일반론적인 이해밖에는 살펴보지 못했다.

그럼에도 불구하고 이와 관련하여 일찍이 문익환 목사의 언급은 선교학적인 성서 번역에 대하여 여전히 유효하고 중요한 지침을 준다고 할 수 있다. 그는 히브리어를 한글로 번역하는 문제와 관련된 글에서 기독교의 진정한 토착화를 위하여 어떻게 번역하는 것이 올바른 태도인지를 다음과 같이 밝힌 바있다. "히브리어의 굵은 톱니를 핵문장으로 부수어서, 심지어 전치사 하나하나 속에서까지 사건어를 찾아내면서, 우리말의 잘다란 톱니에 맞추어 자연스

---

501) 양재훈, "예술매체를 통한 성서 메시지 전달과 성서 번역의 과제 -Siku의 The Manga Bible, NT-Raw를 중심으로," 148~166; "기호간 번역과 성서 번역-문화 간 산물을 통한 성서 번역의 다양한 방법론 모색," 196. 양재훈이 그의 다섯 가지 번역을 왜 나이다의 두 가지 상응성 이론으로 환원시켰는지 이해할 수 없다. 필자는 그 반대로 나이다의 두 가지 이론과 더불어 역사성과 예술성 등이 번역 이론에 있어서 나이다의 한계를 뛰어넘는 기본 요소로 파악한다.

러운 우리말로 재구성할 때에 비로소 성서의 신앙이 우리의 사고에 물리고 우리의 생을 돌려 기독교적인 새 문화 창조에 이바지하게 되는 것이다."[502]

하지만 이러한 토착화를 향한 의미론적인 재구성에도 불구하고 아무리 잘된 번역일지라도 받아들이는 사람의 마음의 준비가 되어 있지 않다면, 그 모든 선교적 차원에서의 번역을 위한 수고와 노력은 헛될 것이다. 이런 점에서 헤셀그레이브의 다음과 같은 주장은 대단히 설득력 있다. 그는 그리스도를 타문화에 어떻게 전할 수 있는지를 다룬 그의 방대한 저서에서 수용자의 언어와 세계관의 관계를 통해서 드러나는 의미론에 대한 이해가 중요하다고 밝히면서도 결국 복음을 받아들이는 마음이 열려 있어야 한다고 하면서 성령의 역할을 강조하였다. "한 종족이 복음을 받아들이는 데에서 절대적인 요소가 되는 것은 하나님의 성령께서 대상 종족 사람들의 마음을 준비시키도록 맡기느냐의 여부에 달려 있을 것이다."[503]

이상 두 사람의 언급에서처럼 복음을 받아들일 마음의 준비에 대한 성령의 역할과 철저한 상황 속에서의 토착화된 의미론적 해석, 이 두 가지는 선교학적인 관점에 대단히 유용한 번역상의 원리라고 할 수 있다. 이에 대한 통전적 번역상의 원리가 앞으로 규명해야 할 한글 성서 번역의 과제라 하겠다.

---

502) 문익환, "히브리어에서 한국어로성서번역의 문제들," 그리스도교와 겨레문화연구회 편, 「한글성서와 겨레문화. 천주교와 개신교의 만남」(서울: 교문사, 1985), 65.
503) 데이비드 헤셀그레이브, 강승삼 역, 「선교 커뮤니케이션론」(서울: 생명의말씀사, 1999), 398.

제3부

한국 작은 교회들의
착한 교회성장을 향하여

10장

작은 교회를 위한 성서적 접근

1. 작은 교회도 하나님의 선교를 수행하는 도구

2006년 한국컴퓨터선교회에서 제작한 "대한민국 복음화 지도"에 따르면 현재 한국의 전체 교회는 4만 5,700여 교회에 달한다.[504] 이 가운데 현재 미자립교회 수가 60~70%로 추산된다.[505] 그런데 이처럼 재정적으로 열악하고, 교인 수가 소수인 교회들의 수는 더욱 늘어날 것으로 예측된다. 그 이유는 첫째, 무엇보다 현재 한국 사회의 낮은 출산율과 교회 청년층의 감소현상을 들 수 있다.[506] 이에 대한 대안으로 교인들의 출산율 증가 운동이 제시되기도 하지만,[507] 이것이 실제로 이어져서 작은 교회들이 성장할 수 있는지는 미지수이다.

둘째, 한국 주거 형태의 변화와 밀접한 관련이 있다. 고층 아파트로 특징지어지는 신도시화는 기존의 교회구조를 양극화하여 종교부지 위에 세워진 교회와 그렇지 못한 교회 사이의 차별화가 한층 심화될 것이기 때문이다. 물론 교인들의 의식변화도 이러한 현상을 부추긴다고 볼

---

504) 「국민일보」, 2006. 8. 14. ; 참고하라. www.kcm.co.kr
505) CBS 2006년 1월 12일 노컷뉴스의 보도에 따르면, 전체 한국 교회의 70% 이상이 한 해 예산 2,000~3,000만 원이 채 안 되는 미자립교회로 추산되고 있다. 하지만 아쉽게도 이 통계의 근거와 정확성은 확인할 수 없다. 작은 교회의 기준에 대한 학문적인 접근에 대해 다음을 참고하라. 이후천, 「현대선교학의 이슈들」(서울: 대한기독교서회 2008), 243~264.
506) 통계청에 의한 "2007년 출생통계 잠정결과"에 따르면 1.26명이다(참고하라. www.estat.go.kr).
507) 참고하라. 김상근, "출산율 감소가 한국 교회성장에 미친 영향," 「선교신학」제9집 (2004), 9~33.

수 있다. 아무래도 교인들은 작은 교회보다는 잘 짜인 신앙교육 시스템과 건물을 가진 큰 교회를 선호하기 때문이다.

셋째, 작은 교회들이 성장하기 어려운 내적 요인으로 교인을 조금 양육시켜 놓으면 다른 더 큰 교회로 이동한다는 점을 들 수 있다. 이에 대해서는 한국교회성장연구소의 "수평이동 이전과 이후의 교회 규모"에 대한 비교 연구가 도움이 된다. 이 조사에 따르면 수평이동 교인들은 작은 교회에서 중대형교회로, 중대형교회에서 다시 초대형교회로 이동한 것을 볼 수 있다.508)

이 밖에도 작은 교회들이 생존하기 힘든 외적인 악조건 속에는 사회 가치관의 변화로 젊은이들이 교회를 떠나고, 이혼율의 증가와 홀부모 가정의 확대 등 작은 교회를 유지하는 데 중추적 기능을 담당하는 전통적 가족형태의 해체가 포함된다. 여기에서 훨씬 중요한 문제는 이러한 현상이 지속되다 보면 결국에는 작은 교회들이 생존의 문제로 사라져 가리라는 점이다. 앤서니 파파스(Anthony G. Papas)는 결코 이루어지지 않길 바라며 빌 이섬(Bill Easum)의 말을 빌려서 미국교회의 경우 2050년경이 되면 현존하는 교회들 가운데 75~80%가 폐쇄될 것이라고 염려하고 있다.509) 이것은 시간이 문제일 뿐 미국 교회의 현실과 한국교회의 현실이 무관하지 않다. 이미 모든 영역에서 그렇다. 신학교의 학제 시스템부터 목회 전반에 걸친 패러다임과 프로그램의 영역에 이르기까지 한국교회는 이미 깊은 연관성을 가지고 영향을 받고 있다. 이런 맥락에서 한국 초대형교회의 현실과 작은 교회의 현실은 동일한 상황에 놓이게 될 것으로 보인다.

이러한 상황에서 교회성장학조차 그 대상은 주로 중형 이상의 교회성장 시스템에 치중되어 있다. 그 결과 작은 교회에 대한 목회철학과 매뉴얼에 대한 연구가 소홀한 측면이 있다. 이렇게 방치한 결과 작은 교회 목회자들이나 개척을 준비하는 목회자 후보자들은 신학교에서도 충분히 배우지 못한 작은 교

---

508) 교회성장연구소, 「한국교회 교인들이 말하는 교회선택의 조건. 한국교회 교인 수평이동에 대한 연구」 (서울: 교회성장연구소, 2004), 41.
509) Anthony G. Papas, *Entering the World of the Small Church* (Bethesda, Md: Alban Institute, 2000), 137.

회 현장의 성장 노하우를 소위 많이 모이고 유명하다는 세미나로 채우고자 한다. 하지만 대부분의 프로그램이 작은 교회에는 적용하기 힘든 것들이다.

이런 점에서 이제는 꾸준한 자기 변화를 통하여 생존에 성공한 작은 교회의 모델들과 발전의 가능성이 제시되어야 한다. 그리고 비록 소수의 교인들이 모이지만 작은 교회라서 할 수 있는 선교적 과제를 가지고 씨름하는 교회들도 소개되어야 한다. 특히 농촌과 사회선교의 차원에서 진행되어 온 사례와 성과가 제시되어야 한다.

그러나 이러한 실제적인 작업 외에 더 중요한 것은 성서에서 작은 교회의 자기 정체성을 정립하기 위한 자기 기반을 찾는 일이다. 따라서 이 글은 작은 교회 연구에 대한 빈약한 현실을 경험하면서 그 하나의 단초를 제공하기 위한 시도이다. 작은 교회 스스로가 먼저 성서적 자기 정체성을 확인해야 하기 때문이다. 그래서 이 글은 성서적 접근을 시도하기 위해 구약에서 '남은 자' 사상을 추적한다. 그리고 신약에서는 겨자씨 비유를 통해 작은 교회에 대한 성서적 근거를 마련한다. 끝으로 성서는 결국 작은 교회만도, 큰 교회만도 아닌, 더욱이 숫자로 매겨지는 것이 아닌, 하나님의 진실한 백성 공동체로서의 교회가 중요하다는 균형 잡힌 성서의 관점을 제시한다.

2. 작은 교회와 '남은 자' 사상

성서의 중심적 테마와 신학적 맥락은 작고, 힘없으며, 보잘것없는 이들을 향한 하나님의 편애하는 사랑이라는 것을 누구도 부인할 수 없다. 역사서, 예언서, 복음서, 목회서신 어느 곳에서든 성서는 이에 대한 충분한 자료와 근거를 가지고 있다. 특히 성서의 하나님은 병자, 가난한 자, 고아, 망명자, 귀신 들린 자, 장애자, 억압받는 자, 작은 자 등등을 포함하여 작은 공동체에 대한 연민과 사랑을 보여준다.

레이(David R. Ray)는 하나님께서 작은 공동체를 사랑하신 흔적을 창세기에서만 세 곳이나 발견할 수 있다고 주장한다.510) 노아와 그의 가족들에 관한 홍수 이야기, 이스라엘 백성들이 거대한 도시를 건설하기 위해 몰려들었다가 파괴되어 여럿으로 흩어진 바벨탑 이야기, 그리고 야곱이 이스라엘을 더욱 크고 강한 하나의 세력이 아니라 12개의 작은 지파로 나누었을 때가 그렇다고 한다. 레이는 이스라엘 백성이 크고 강성해지면 불순종하게 되어서 하나님으로부터 징계받는 일이 순환적으로 일어났다는 사실에 주목하였다. 그는 이것이 비극적으로 반복되면서 소위 순종하는 '남은 자(remnant)' 사상으로 발전하게 되었다고 말한다.511)

신명기 7장 7~8절에는 하나님께서 왜 적은 수의 이스라엘을 선택하셨는지 그 이유가 언급되어 있다. "여호와께서 너희를 기뻐하시고 너희를 택하심은 너희가 다른 민족보다 수효가 많기 때문이 아니니라 너희는 오히려 모든 민족 중에 가장 적으니라 여호와께서 다만 너희를 사랑하심으로 말미암아, 또는 너희의 조상들에게 하신 맹세를 지키려 하심으로 말미암아 자기의 권능의 손으로 너희를 인도하여 내시되 너희를 그 종 되었던 집에서 애굽 왕 바로의 손에서 속량하셨나니." 이 말씀에 보면 하나님께서는 이스라엘의 백성이 소수였기 때문에 선택하신 것을 알 수 있다.

그러면 왜 하나님께서는 이왕이면 많은 수의 사람들이 하나님을 찬양하고 경배하는 것보다 적은 수의 사람들이 하나님을 예배드리는 것을 원하셨을까? 레이는 이 점에 대해서 작은 수의 크기가 하나님께 순종하기에 질적으로 적합한 구조라는 점을 강조한다. 그래서 그는 적은 수가 "의존과 겸손 그리고 충성의 질(the qualities of dependence, humility, and loyalty)"을 높일 수 있다고 주

---

510) David R. Ray, *The Indispensable Guide for Smaller Churches* (Cleveland: The Pilgrim Press, 2003), 52.
511) 구약학자 하셀은 용어 "남은 자"와 관련된 히브리어 다섯을 발견했는데, רחא, דרש, רתי, טלפ, ראש가 그것들이다. 그리고 그는 "남은 자"에 대한 그의 광범위한 연구를 통해 창세기에서만 홍수이야기, 아브라함과 롯의 대화, 야곱과 에서의 대화, 요셉 이야기를 합쳐 네 개를 찾아낸다. 게다가 그는 히브리 성서 외에도 이 "남은 자" 사상은 당시 고대 근동의 수메르, 아카드, 히타이트, 우가릿, 이집트와 같은 문서들에서도 이 같은 사상이 나타난다고 조사하였다. 또한 그는 엘리야의 갈멜산 사건에서 칠천 명에 대한 언급도(왕상 19:18) "남은 자" 사상과 연관시킨다(참조하라, Gerhard F. Hasel, *The Remnant, The History and Theology of the Remnant Idea from Genesis to Isaiah* [Berrien Springs, Mich.: Andrew University Press, 1972], 386ff.).

장한다.512) 또 대체로 크고 강한 것은 자신이 자기 운명의 주인이라고 생각하거나 그들 스스로가 신격화해 버리고 마는 데 비해서 대체로 작은 것들은 다른 선택의 여지가 없기 때문에 자신의 힘을 과신하기보다는 전적으로 하나님만을 의지할 수밖에 없다는 논리이다.513) 바로 이것이 하나님으로 하여금 이스라엘을 사랑하도록 했으며, 그들의 조상들과 맺은 언약을 지키도록 하였다는 것이다.

이러한 관점은 사무엘하 24장과 역대상 21장에 기록되어 있는 다윗의 인구조사에서도 발견된다. 고대 사회에서 인구조사는 대체로 전쟁 시 동원 가능한 병력을 파악하고, 세금 부과의 근거를 마련하며, 사회적 통제를 강화할 목적으로 시도되었다.514) 그런데 다윗의 인구조사는 책망받을 일로 기록되었는데, 그 이유도 앞서와 마찬가지로 전쟁은 야웨께 속한 것이기 때문에 인간적인 병력에 의존하려는 것은 불신앙이라는 점과 과도한 세금 부과 및 사회적 통제는 백성들에게 심각한 부담을 줄 뿐만 아니라, 하나님의 왕권사상에도 부합하지 않는다는 점 때문이었다.515) 다시 말해서 다윗이 젊었을 때에는 오직

---

512) David R. Ray, *The Indispensable Guide for Smaller Churches*, 52.
513) *Ibid.*, 53. 물론 이와는 다른 견해도 있다. "남은 자" 사상 연구 전문가인 구약학자 뮐러는 그의 책에서 본래 이스라엘에서 전쟁의 원칙은 적을 완전히 진멸(殄滅)하는 것이었다(민 21:35, 삼상 25:22, 25:34, 대하 20:23f). 그처럼 아예 적의 씨를 말리는 것이었다(렘 50:26). 그러나 이러한 진멸사상이 변하게 되어(왕상 9:20f.) "한 민족의 생존담지자(Existenzträger eines Volkes)"로서 "남은 자(der Rest)" 사상으로 발전하게 되었다는 것이다. 그런데 그 이유는 "자발적 포기(freiwilliger Verzicht)"이거나 "강요된 단념(erzwungene Preisgabe)"이었을 것이라는 것이 그의 결론이다(이에 대해서 다음을 참고하라. Werner E. Müller, *Die Vorstellung vom Rest im Alten Testament* [Neukirchen-Vluyn: Neukirchener Verlag, 1973], 35ff).
514) 고대근동에서 인구조사와 세금, 징집과의 연관성에 관한 연구를 위해서는 다음 자료를 참고하라. J. N. Postgate, *Taxation and Conscription in the Assyrian Empire* (Rome: Biblical Institute Press, 1974).
515) 다윗의 인구조사 기록은 사무엘하 24장과 역대상 21장에 기록되어 있는데, 역대상의 기록은 사무엘하의 기록에 바탕을 두고 있다. 사무엘하 24장 1절은 하나님께서 분노하셔서 이스라엘을 치기 위해 다윗으로 하여금 인구조사를 하게 하였다고 기록하고 있다. 하나님이 다윗으로 하여금 인구조사를 하게 하였다는 것은 신명기사가의 전형적인 해석 방식이다. 비록 다윗이 왕으로서 인구조사를 하도록 명령한 것이지만 궁극적으로 역사의 주관자는 하나님이라는 것을 강조하기 위해 하나님이 시키신 것으로 돌리고 있다. 반면, 역대기의 기록은 사탄이 다윗을 부추겨 인구조사를 한 것으로 기록하고 있는데 이것은 다윗과 솔로몬을 예루살렘 성전을 세운 이상적이고도 훌륭한 왕으로 묘사하고 있는 입장에서 그의 실수를 감추고 원인을 사탄에게 돌리려는 의도에서 비롯된 해석이다. 이렇듯 왕으로서 다윗이 행한 인구조사의 원인을 두 역사서는 이렇게 달리 해석하고 있다. 이에 대해서 다음을 참고하라. P. Kyle McCarter, Jr., *II Samuel* (AB 9; New York: Doubleday & Company,

하나님만 의지하며 골리앗을 물리쳤으나, 후대에 왕권이 강화된 뒤에는 세속적 왕권이념을 따르는 경향이 있었기 때문에 신학자들이(신명기 역사가) 경계한 것이라고 볼 수 있다.

이것은 히스기야 왕이 국방을 강화하기 위해 성벽을 개축, 강화했는데 이역시 하나님을 의지하지 않고 인간적인 수단을 쓴 것으로 비쳐서 벌을 받았다는 사실과 같은 맥락이다. 역대하 12장 1절에 "르호보암이 나라가 견고하고 세력이 강하매 여호와의 율법을 버리니 온 이스라엘이 본받은지라"고 했는데, 이것도 크고 강한 것이 자신을 과신함으로써 쉽게 불신앙에 빠져들 수 있다는 사실을 뒷받침해 준다.

이 밖에도 사사기 6장과 7장에는, 기드온과 미디안 사람들의 관계를 통해서 하나님께서 "극히 약하고", "가장 작은 자"를 어떻게 들어 사용하시며, 강함이 얼마나 교만해질 수 있는지를 잘 보여주고 있다(삿 6:15). 우리가 잘 아는 대로 이스라엘은 하나님 앞에서 큰 악을 범했다. 그 결과 이스라엘은 7년 동안 미디안 사람들에게 극심한 피해를 입게 된다. 이스라엘 사람들은 "궁핍함이 심하게 된" 이후에야 하나님께 도와달라고 부르짖었고, 하나님의 사자는 요아스의 아들 기드온을 선택하였다. 기드온이 미디안 사람이 모르도록 밀을 포도주 틀에서 타작할 때에 하나님의 사자가 나타나서 하나님께서 함께하시리라는 것을 선포한다. 이때 기드온은 왜 이런 끔찍한 일이 자신들에게 일어나야 하느냐고 항의한다. 그러자 하나님의 사자는 다시 "너의 힘으로 이스라엘을 미디안의 손에서 구원"할 것을 지시한다(삿 6:14). 바로 이때에 기드온은 "내가 무엇으로 이스라엘을 구원하리이까 보소서 나의 집은 므낫세 중에서 극히 약하고 나는 내 아버지 집에서 가장 작은 자니이다" 하며 물러선다. 하나님께서 보신 작은 자의 강한 힘을 기드온은 모르고 있는 것이다. 이 말에도 하

1984), 516~517. 물론 다른 해석도 가능한데, 출애굽기 30장 11~16절에 의하면, 이스라엘 자손들은 인구조사를 받을 때 "목숨값"(life' ransom=kōper napšô)을 내야 했다. 그래야 재앙(negep)이 임하지 않는다. 이런 입장에서 보면 다윗의 인구조사는 하나님께 드릴 속전을 받지 않고 왕으로서 통치를 위한 목적성 인구조사를 했기 때문에 하나님께서 진노하사 재앙을 내린 것으로 볼 수도 있다. 이와 관련하여 다음을 참고하라. Roddy Braun, *1 Chronicles* (Waco, TX: Word Books, 1986), 216~218.

나님의 사자는 다시 한 번 힘주어 말한다. "내가 반드시 너와 함께 하리니"(삿 6:16a). 여기서 보듯이 작은 것 자체는 아무런 힘이 없다. 그러나 그 작은 것을 선택하고 사랑하시는 하나님이 함께하여 주심으로 큰 힘을 발휘하는 것이다. 이처럼 자신이 가지고 있는 잠재성을 보지 못한 기드온은 확실한 것을 보여주 어야만 직성이 풀리는 도마와도 같이 표징을 보여 달라고 세 번이나 하나님을 시험하였다. 그래도 하나님께서는 왜 믿지 못하느냐고 그를 야단치지 않고 모 두 들어주셨다. 결국 기드온은 미디안과의 대결에 나서게 된다.

그런데 이번에는 싸움에 나선 숫자가 너무 많았다. 3만 2,000명이 모인 것이다. 물론 이 숫자가 현실적으로 보면 미디안을 상대하기에 많은 숫자는 아니다. 적의 수는 "미디안과 아말렉과 동방의 모든 사람들이 골짜기에 누웠는데 메뚜기의 많은 수와 같고 그들의 낙타의 수가 많아 해변의 모래가 많음 같은" 정도로 더 많았기 때문이다(삿 7:12). 그런데도 하나님께서는 오히려 병사들이 너무 많다고 하신다. 그래서 이렇게 말씀하신다. "여호와께서 기드온에게 이르시되 너를 따르는 백성이 너무 많은즉 내가 그들의 손에 미디안 사람을 넘겨주지 아니하리니 이는 이스라엘이 나를 거슬러 스스로 자랑하기를 내 손이 나를 구원하였다 할까 함이니라"(삿 7:2). 그렇다. 하나님께서는 이미 알고 계셨다. 만약에 이스라엘 백성들이 그 많은 숫자를 가지고 미디안을 이긴다면, "내 손이 나를 구원하였다"고 주장할 것이 뻔한 일이었다. 그래서 "두려운 자"는 돌아가라고 해서 일차로 감축한 결과, 그래도 1만 명이 남았다. 이것도 하나님께서 보시기에는 너무 많았다. 그래서 다시 감축을 명령하셨고, 300명으로 축소되었다.

그런데 이때에도 하나님께서는 독특한 방법으로 300명을 고르셨다. 물가로 내려가서 물을 마시게 할 때에 두 종류의 사람을 구별하게 하셨는데, 한 쪽은 "개로 핥는 것 같이 혀로 물을 핥는 자", 그리고 다른 한 쪽은 "무릎을 꿇고 마시는 자"이다(삿 7:5). 문화권마다 이에 대한 해석이 다양할 수 있지만, 이것은 보다 더 낮고 비천한 사람들을 고르기 위한 하나님의 방식이라는 것이 정설이다. 하나님께서 선택하신 바로 이 300명의 남겨진 적은 용사로 기드온은

"메뚜기의 많은 수"와 같고 낙타의 수가 "해변의 모래"처럼 많은 미디안의 군대를 효과적이고도 창조적으로 이겼다는 것이다. 다시 말해서 하나님께서는 불순종하는 다수 대중 가운데서 충성스러운 소수의 남은 자를 선택하여 하나님의 선교를 이루어가신다는 주장이다.

레이는 이러한 맥락에서 작은 교회의 교인들을 위한 설교에도 응용할 수 있는 '남은 자'와 관련된 성서 본문 5곳을 예로 든다.[516] 요셉이 말하길 "하나님이 큰 구원으로 당신들의 생명을 보존하고 당신들의 후손을 세상에 두시려고 나를 당신들보다 먼저 보내셨나니 그런즉 나를 이리로 보낸 이는 당신들이 아니요 하나님이시라"(창 45:7~8a), "유다 족속 중에서 피하고 남은 자는 유다 아래로 뿌리를 내리고 위로 열매를 맺을지라 남은 자는 예루살렘에서부터 나올 것이요 피하는 자는 시온 산에서부터 나오리니 여호와의 열심이 이 일을 이루리라 하셨나이다 하니라"(왕하 19:31~32), "내가 내 양떼의 남은 것을 그 몰려갔던 모든 지방에서 모아 다시 그 우리로 돌아오게 하리니 그들의 생육이 번성할 것이며 내가 그들을 기르는 목자들을 그들 위에 세우리니 그들이 다시는 두려워하거나 놀라거나 잃어버리지 아니하리라 여호와의 말씀이니라"(렘 23:3~4), "여호와께서 이와 같이 말씀하시니 너희는 여러 민족의 앞에 서서 야곱을 위하여 기뻐 외치라 너희는 전파하며 찬양하며 말하라 여호와여 주의 백성 이스라엘의 남은 자를 구원하소서 하라 보라 나는 그들을 북쪽 땅에서 인도하며 땅 끝에서부터 모으리라 그들 중에는 맹인과 다리 저는 사람과 잉태한 여인과 해산하는 여인이 함께 있으며 큰 무리를 이루어 이 곳으로 돌아오리라"(렘 31:7~8), "그런즉 이와 같이 지금도 은혜로 택하심을 따라 남은 자가 있느니라 만일 은혜로 된 것이면 행위로 말미암지 않음이니 그렇지 않으면 은혜가 은혜되지 못하느니라"(롬 11:5~6).

이처럼 구약에서 우리는 남은 자에 대한 하나님의 사랑과 깊은 관심을 발견할 수 있다. 이 밖에도 열왕기하 19장 3~4절, 역대하 30장 6b~7a절, 에스

---

516) David R. Ray, *The Indispensable Guide for Smaller Churches*, 53ff.

라 9장 8절, 이사야 10장 20~22절, 그리고 아모스 5장 15절에 '남은 자'에 대한 기록이 있다. 여기에 언급된 남은 자들은 모두 사랑을 갈망하는 사람들이다. 하나님께서는 이렇게 보잘것없고 작지만, 정의롭고 사랑이 필요한 사람들을 선택하신다. 소돔과 고모라도 의인 10명이 없어서 멸망하였다(창 18:32). 예수는 단지 두세 사람만 모여도 함께하신다고 약속하셨다(마 18:20). 한 가난한 과부는 두 렙돈을 헌금함으로 구원받을 수 있었다(막 12:41~44, 눅 21:1~4). 또 어린이가 가져온 물고기와 떡으로 수천 명이 먹고도 남길 수 있었다(마 14:13~21, 막 6:30~44, 눅 9:10~17, 요 6:1~14). 우리가 다음 항에서 살펴보게 될 겨자씨는 전 우주를 포함하는 구원의 상징이다.

이와 같은 성서의 '남은 자' 사상은 작은 교회의 정체성을 정립하는 데 커다란 도움이 된다. 말하자면 오늘날의 작은 교회들은 하나님의 선교를 수행하는 이 시대의 남은 자들이다. 하나님께서 들어 사용하실 큰 잠재성이 있는 지체들이다. 구약은 비록 외관상으로 평범하고 작아 보이지만, 거기에는 하나님께서 함께하시는 강력한 힘이 있다는 것을 전해 주는 메시지이다.

3. 작은 교회와 겨자씨 비유

이제 우리는 또 다른 성서 본문인 겨자씨 비유 속에서 작은 교회의 본질적 가치를 탐구해 보고자 한다. 이것을 위해 우리는 먼저 겨자씨 비유의 본문들을 비교해 보고, 이 비유를 둘러싼 다양한 통찰을 살펴본 다음, 작은 교회를 위한 선교학적인 성찰을 시도한다.[517] 이 비유 속에서 우리는 수적 성장과 함께 다른 차원에서의 성장에 대한 본질적 가치도 발견할 수 있을 것이다. 그리고 이것은 작은 교회의 성장에 관한 담론이 여러 방향으로 전개될 수 있다는 가능성을 예증할 것이다.

먼저 본문의 구조와 내용을 분석해 보자. 겨자씨 비유는 마태, 마가, 누가

---

517) 성서의 비유를 어떻게 이해할 것이냐는 문제는 중요한 문제이다. 여기서는 문자적, 역사적, 해석학적이라는 세 차원에서 접근한다.

복음에 실려 있는데(도마서 20장에도), 상당히 유사하면서도 전승에 따라 약간씩 강조점의 차이를 보인다. 이 세 본문을 비교하면 다음의 공통점과 차이점을 발견할 수 있다.

마태복음 13장 31~32절	마가복음 4장 30~32절	누가복음 13장 18~19절
또 비유를 들어 이르시되 천국은 마치 사람이 자기 밭에 갖다 심은 겨자씨 한 알 같으니 이는 모든 씨보다 작은 것이로되 자란 후에는 풀보다 커서 나무가 되매 공중의 새들이 와서 그 가지에 깃들이느니라	또 이르시되 우리가 하나님의 나라를 어떻게 비교하며 또 무슨 비유로 나타낼까 겨자씨 한 알과 같으니 땅에 심길 때에는 땅 위의 모든 씨보다 작은 것이로되 심긴 후에는 자라서 모든 풀보다 커지며 큰 가지를 내나니 공중의 새들이 그 그늘에 깃들일 만큼 되느니라	그러므로 예수께서 이르시되 하나님의 나라가 무엇과 같을까 내가 무엇으로 비교할까 마치 사람이 자기 채소밭에 갖다 심은 겨자씨 한 알 같으니 자라 나무가 되어 공중의 새들이 그 가지에 깃들였느니라

차이점으로는 첫째, 겨자씨를 뿌린 토양이 각각 다른데, "밭(field)", "땅(earth)", "채소밭(garden)"으로 나타난다[도마서에는 "경작된 땅(tilled ground)"]. 여기서 겨자씨에 가장 적합한 토양은 마태가 기록하고 있는 밭으로 여겨지며, 이것은 원예학적으로 Q자료에 가장 근접한 것으로 보인다. 또 누가는 헬라 문화를 반영하는 것으로 이해된다.[518] 일반적으로 누가는 Q를 반영하고, 마태는 마가와 Q를 혼합한 것으로 간주된다.[519] 그렇지만 마가가 더 원래적 형태라는 이론(N. Perrin)과 누가가 더 원형이라는 입장(C. H. Dodd) 등으로 논쟁이 있다.[520]

두 번째 차이점으로, 마태복음과 누가복음에는 겨자씨가 자라서 나무가 되고 거기서 가지가 나오지만, 마가복음에서는 풀에서 그늘이 생길 정도로 큰

---

518) 그리스 사람들은 겨자씨를 정원(garden)에 심었다. 이에 대해서 다음을 참조하라. H. K. McArther, "The Parable of the Mustard Seed", *Catholic Biblical Quarterly* 33 (1971), 201.

519) W. Grundmann, *Matthew*, 5th ed., (Berlin: Evangelische Verlagsanstalt, 1981), 343.

520) 참조하라, N. Perrin, *Rediscovering the Teaching of Jesus* (New York: Harper & Row, 1967), 157; C. H. Dodd, *The Parables of the Kingdom*, rev. ed., (London: Nisbet and Co, Ltd., 1961), 152~154.

가지를 낸다. 그런데 여기서 이 겨자씨가 자라봐야 1.2~1.5m밖에 자라지 않는다는 입장과(Coote) 게네사렛 호수가의 겨자 나무가 2.5~3m에 이른다는 견해 등이(Jeremias, Jones) 또 다르다.[521] 이때 겨자씨가 얼마나 크게 자랄 수 있는지 그 보는 관점에 따라 본문에 대한 해석이 다르게 나온다.

셋째로, 마태와 누가는 작은 씨와 나무를 대조하고 작은 씨가 나무로 성장하는 것을 강조하는 것에 비해서, 마가는 대조만으로 만족한다. 마가는 소위 "대조비유(contrast parable)"를 사용한다.[522] 그도 성장을 강조하려고 했더라면, 굉장히 큰 떡갈나무(oak)나 삼나무(cedar) 등으로 표현했을 것이기 때문이다.[523]

공통점으로는 모두 하나님 나라를 비유로 하고 있고, 겨자씨가 자라서 가지를 내면, 공중의 새들이 그 가지에 둥지를 튼다는 것이다. 그리고 겨자씨 비유의 후반부인 '공중의 새가 가지에 깃들인다.'는 내용은 구약의 에스겔과 다니엘에 기록된 것을 인용한 것이다. 그렇기 때문에 겨자씨 비유는 에스겔 17장 22~24절, 31장과 다니엘 4장 12~14절의(특히 31장 6절에 보면, "공중의 모든 새가 그 큰 가지에 깃들이며 들의 모든 짐승이 그 가는 가지 밑에 새끼를 낳으며 모든 큰 나라가 그 그늘 아래에 거주하였느니라") 맥락을 통해서 해석할 수 있다. 말하자면 여기에는 종말론적 관점이 내포되어 있다.

본문에 나오는 "공중의 새들"이 후대에 첨가된 본문이라는 입장도 있지만,[524] 결국 이 겨자씨 비유는 이방인들을 비유하는 것으로, 공통적으로 하나님 나라가 종말에 이르러 이방인들을 포함하는 전 세계적인 구원이 포함되는 선교적인 본문으로 선포된다.[525] 그렇기 때문에 이 씨앗들 중에 크기로 말하면 연필로 찍어 놓은 점에 불과한 제일 작은 겨자씨가 어떻게 하나님 나라로

---

521) Robert B. Coote (ed.), *Mustard-seed Churches: Ministries in Small Churches* (Minneapolis: Fortress Press, 1990), 1; Joachim Jeremias, *The Parables of Jesus* (second revised edition) (Upper Saddle River: Prentice Hall, 1972), 148; P. R. Jones, *Studying the Parables of Jesus* (Macon: Smyth & Helwys, 1999), 87.

522) P. R. Jones, *Studying the Parables of Jesus*, 85.

523) Robert B. Coote (ed.), *Mustard-seed Churches*, 1.

524) P. R. Jones, *Studying the Parables of Jesus*, 85.

525) *Ibid.*, 87.

비유될까 하는 의문은 그렇게 중요하지 않다. 예레미아스의 경우도 겨자씨 비유는 "하나님 나라가 한 알의 겨자씨 같다."는 것에 이 비유의 목적이 있는 것이 아니라, 한 알의 겨자씨가 자라서 큰 가지가 되고 거기에서 가지가 나오면 새들이 와서 깃들이게 된다는 내용이 더 중요하다고 주장한다.[526] 따라서 이 비유에서 보다 의미 있는 사실은 겨자씨라는 작은 씨 자체가 중요한 것이라, 그 씨가 자라고 결국에는 모든 세계가 둥지를 틀 수 있는 상태로서 선교의 목적인 하나님 나라가 강조되어야 한다는 것이다.

본문에 대한 이상의 분석을 기초로 우리가 관심하는 것은 이 겨자씨 비유에 대한 해석들 가운데 성장의 이해에 대한 유익한 선교학적 통찰을 발굴하는 것이다. 이 본문에 대한 주석들은 대체로 작은 겨자씨가 성장에 성장을 거듭하여 큰 나무가 된다는 사실에 강조점을 두고 있고, 설교 역시 그것에 초점을 맞추어 전달된다. 그래서 욥기 8장 7절 "네 시작은 미약하였으나 네 나중은 심히 창대하리라"와 함께 작은 교회들도 희망을 갖도록 하는 근거가 되기도 한다. 사실 예수의 선교사역, 십자가, 부활, 승천 이후 처음 이 땅에 남겨진 제자들은 120명이었다. 이것이 다시 오순절 사건 이후 팔레스타인, 시리아, 소아시아, 그리스를 거쳐 유럽과 미국 그리고 땅 끝에 이르기까지 오늘날에는 전 세계 인류의 3분의 1에 해당하는 20억 명 이상으로 성장하였으니, 그런 해석이 가능하다.[527]

그렇지만 우리는 전 세계를 품는 선교의 관점에서 단지 수적인 성장보다 더 중요한 사실을 이 겨자씨 비유가 함축하고 있음을 발견할 수 있어야 한다. 이 비유에는 우리가 눈으로 보는 것 이상의 작은 교회 성장의 이해에 대한 깊은 뜻이 숨어 있다. 이 점에서 존스(P. R. Jones)는 겨자씨 비유에 대한 상세하고 학문적인 분석의 결과를 통해 "이방의 새들"이 모든 민족을 포함하기 때문에 교회성장의 주제와 연결되어 있다고 보면서도 수적인 토대에 따

---

526) C. H. Dodd, *The Parables of Jesus*, 102, 146f.

527) 참조하라, Herman C. Hanko, *The Mysteries of the Kingdom, An Exposition of the Parables* (Grand Rapids, Michigan: Reformed Free Pub. Association, 1975), 41~50.

라 가치가 평가되어서는 안 된다고 주장한다. 그는 교회성장에 있어서 "수적(numerical)"인 문제는 평신도들의 신학적 이해와 성서적 깊이를 고양시키는 "개념적(conceptual)", 가난한 사람과 정의를 실천하기 위해 사랑과 섬김의 자세를 통해 교회의 선교를 실현하는 "성육신적(incarnational)", 고린도전서 12장과 에베소서, 목회서신 전반에 걸쳐 나타난 대로 제자들에게 선사하신 성령의 은사가 활발하게 작용하는 "조직적(organizational)" 성장 다음의 문제라고 강조한다.[528]

더 나아가 사인(Tom Sine)은 21세기에 교회가 선교를 수행하는 데 있어서 위협적인 요소들로서 지도자들의 미래를 바라보는 예지의 위기, 성서보다는 현대 문화를 추종하는 비전의 위기, 급변하는 세상에서 하나님께서 어떻게 작은 것들을 사용하는지를 볼 수 있는 창조성의 위기를 제기한다. 그는 이러한 상황에 직면해서 겨자씨 비유의 해석을 통해 맥월드(McWorld)와 겨자씨를 비교하며 모든 민족을 구원하고 세상을 변화시키는 "겨자씨운동(mustard seed movement)"을 펼치자고 주장한다. 그 이유는 하나님의 계획이 항상 작고 보잘것없는 것을 통해서 새로운 세계 질서가 세워졌다고 보기 때문이다.[529] 이것을 그는 "겨자씨의 음모(the mustard seed conspiracy)"라는 말로써 이미 표현하기도 하였다. 하나님께서 세계를 새롭게 변화시키는 전략은 언제나 "보잘것없는 것의 음모(the conspiracy of the insignificant)"를 통해서 이루어졌다는 것이다. 하나님께서는 셈족, 기드온을 통해 300명을 선택하셨고, 어린 목동 다윗을 선택하셨으며, 말구유의 아기 예수를 선택하셨다. 이와 더불어 고린도전서 1장 27~29절의 "그러나 하나님께서 세상의 미련한 것을 택하사 지혜 있는 자들을 부끄럽게 하려 하시고 세상의 약한 것들을 택하사 강한 것들을 부끄럽게 하려 하시며 하나님께서 세상의 천한 것들과 없는 것들을 택하사 있는 것들을 폐하려 하시나니 이는 아무 육체도 하나님 앞에서 자랑하지 못하

---

528) P. R. Jones, *Studying the Parables of Jesus*, 93f.
529) 참조하라, Tom Sine, *Mustard Seed versus McWorld: Reinventing Life and Faith for the Future* (Grand Rapids, Michigan: Baker Books, 1999), 22ff.

게 하려 하심이라"는 말씀이 그것을 증명한다는 것이다.[530] 이런 맥락에서 그는 다음과 같이 맥월드와 겨자씨를 대비시키며 겨자씨운동에 참여할 것을 호소한다.[531]

	맥월드	겨자씨
궁극성에 대한 정의 (Defining the Ultimate)	경제성장과 효용성	영적, 사회적 변화
더 나은 미래상 (Image of the better future)	서구의 진보, 아메리칸 드림, 개인의 경제력 상승	하나님의 평화 미래, 한 사람의 구원, 세상의 변화
변화의 동인 (Agent of change)	기술적, 경제적, 정치적 힘을 통한 인간 주도	작은 것, 보잘것없는 것, 겨자씨를 통한 하나님의 주도
기본가치 (Primary values)	개인주의, 소비주의, 물질주의	공동체, 영성, 하나님의 새 질서에 대한 찬양
제자도와 청지기직의 모델 (Models of discipleship and stewardship)	먼저 현대 문화의 목표와 가치에 헌신하고, 다음에는 신앙을 개인적 경건으로 축소하며, 그리고 나머지를 바치는 이원론(dualistic)적 제자도	삶의 모든 영역에서 우선적으로 하나님의 목적대로 어떻게 하면 시간과 돈을 사용할 수 있을지 개혁하는 통전적(whole-life) 제자도와 청지기직
교회의 모델 (Models of the church)	현대 문화의 가치가 어떻게 영향을 끼치며, 그 가치를 어떻게 바람직한 가치로서 수호할지를 반영하는 문화에 순응하는 (accommodated) 교회	하나님 나라의 가치가 어떻게 영향을 끼치며, 현대 문화의 가치가 주는 도전을 어떻게 정복하는 공동체가 되는지를 반영하는 통전적 교회
기독교 선교에 대한 결과 (Consequences for Christian mission)	문화에 순응하는 교회는 3000년대의 점증하는 도전에도 선교 투자를 위한 자원과 수의 지속적인 감소를 보게 될 것이다.	통전적 공동체는 하나님 나라의 가치를 더욱 근본적으로 반영할 뿐만 아니라, 내일의 도전에 대처하기 위한 선교 투자에 있어서 상당한 증가가 있을 것이다.

---

530) 참조하라, Tom Sine, *The Mustard Seed Conspiracy: You can make a Difference in Tomorrow's Troubled World* (Waco, TX: Word Books, 1981), 11ff.
531) Tom Sine, *Mustard Seed versus McWorld*, 23f.

이와는 다소 다른 차원에서 쿠테(Robert B. Coote)의 겨자씨 비유에 대한 신학적 성찰 역시 우리에게 작은 교회의 본질적 가치에 대하여 대단히 유용한 선교학적 지평을 넓혀 주고 인식의 전환을 가져다 주는 관점을 제공해 준다.[532] 그는 미국에서 대부분의 젊은 목회자들이 처음 목회를 시작하면서 겪게 되는 실패와 좌절 그리고 희망의 이야기들을 묶어 한 권의 책으로 펴냈다.

이 책에는 처음엔 그래도 제법 인기가 있었지만 점차 교인들의 욕구를 채우지 못해 자신의 설교에 만족하지 못한 (자신의 생각에) "우둔한 교인(dumb people)"들이 자신을 조롱하며, 급격하게 줄어들어 좌절해야만 했던 이야기,[533] 그러나 작은 교회의 예언자적인 목회를 통해서 교인들이 변화되어 자신의 삶과 세상의 변화를 위해 애쓰는 형제들이 되었다는 이야기,[534] 아주 가난하고 소외된 바닷가 지역의 작은 교회 사역을 통해 어떻게 자신의 인식이 바뀌었고 성공적으로 사역에 몰두할 수 있었는지 한 여성 목회자의 하나님 체험에 대한 이야기 등이 수북하게 담겨 있다.[535] 이 책을 통해서 우리들이 목회 초년병 시절 한 번쯤은 겪었음직한 이야기들이 여기에서도 그대로 일어나고 있음을 본다. 특히 이 이야기들 속에는 작은 교회의 목회자들이 교인들의 일상적인 삶의 문제에 얼마나 자상하지 못했는지에 대한 반성과 함께, 작은 교회의 목회 방향에 대한 솔직한 고백이 담겨 있다. 우리는 여기서 그것을 다 소개할 수는 없고, 쿠테가 그 책의 서문에서 현장의 다양한 형태의 작은 교회들에서 발견한 것으로 오늘날 작은 교회가 어떠한 본질적 가치를 가지고 있는지, 겨자씨 비유를 통해 암시하는 통찰을 반추해 볼 수 있다.

쿠테의 통찰에 따르면, 그는 특별히 마가복음에 나타난 겨자씨 비유의 대칭적 구조를 분석하면서 성장이란 제로섬 게임(zero-sum game)과 같다고 주장한다. 모든 것이 단번에 성장할 수는 없는 노릇이고, 하나가 커지면 다른 반대되는 것은 축소된다. 물론 여기에서 그는 이 겨자씨 비유를 단순히 작은 교

---

532) 참조하라, Tom Sine, *Mustard-seed Churches*, 1.
533) 참조하라, D. R. Ord, "God means Soybeans", in: Mustard-seed Churches, 36~49.
534) 참조하라, C. Stokes, "Shrink to fit", in: Mustard-seed Churches, 16~26.
535) 참조하라, D. P. Kundson, "The Work is God's", in: Mustard-seed Churches, 27~35.

회와 큰 교회를 비교하기 위한 수단으로 사용하지 않는다. 그렇게 하는 것은 "유치한 대조(indelicate contrast)"이며, 성장 이해에 접근하는 데 "덜 좋은(a less benign)" 것이라고 평가한다.[536] 그보다 예수의 이 겨자씨 비유는 하나님 나라를 예비하는 신앙공동체와 당시의 거대한 유대교 회당이라는 두 조직 사이를 대조한다고 본다. 그리고 그는 다니엘서에서 바벨론 느부갓네살 왕을 상징한 큰 나무가 잘려야 했던 것처럼 크다는 것의 덧없음을 지적한다. 이런 맥락에서 마가가 나무라는 표현을 사용하지 않았다는 것은 당연한 것이라고 주장한다. 그래서 쿠테는 마가가 겨자씨 비유를 통해서 무화과나무로 상징되는 당시 유대교 회당과 로마, 바빌론, 초대형교회, 거대 문화 등의 몰락이 곧 하나님 나라의 성장을 은유한다고 논증한다.[537]

이와 같은 맥락에서 쿠테는 겨자 풀과 새가 오히려 농민들에게는 재앙이었다는 사실에 주목하며 그의 논지를 전개한다. 그는 예수가 당시 겨자씨에 대해서는 누구보다도 전문가이지만 그 밖의 일에 대해서는 전혀 무관심했던 농부들에게 추상적인 은유를 통해 앞서의 깊은 뜻을 가진 은유로 전달하려고 했겠느냐고 묻는다. 목가적으로 표현된 이 비유에 나오는 새들은 날아와서 뿌린 씨들을 쪼아 먹기 때문에, 즉 겨자씨는 잡초와 같았기 때문에 농민들에게는 그것들이 "사악한 적들(worst enemies)", "악몽(nightmare)"이고, "파멸의 근원(bane)"이었다는 것이다. 그리고 커다란 겨자 풀은 밭을 황폐화시키기조차 한다.[538] 자, 그러면 도대체 이 비유는 무엇을 말하고자 하는 것인가? 쿠테에 의하면 예수는 마가보다 더 근본적이다. 그래서 예수가 이 비유를 통해 하나님 나라의 성장이 현존하는 전체 거대한 로마 체제의 전복을 의미한다는 것을 보여주려 했다고 해석한다. 결론적으로 쿠테는 작은 교회들이 모두 이러한 예언자적인 목회를 겨냥할 수는 없지만, 그리고 이 책도 그것을 말하려는 것도 아니지만, 적어도 규모가 작을지라도 세상을 변화시키는 목회가 되어야 하지 않

---

536) Tom Sine, *Mustard-seed Churches*, 2.

537) *Ibid.*, 3.

538) *Ibid.*, 4. 이에 대해서 참조하라. Douglas E. Oakman, *Jesus and the Economic Questions of His Day* (Queenston: Edwin Mellen Press, 1986), 123~128.

느냐고 하나의 가능성을 제시한다.539)

지금까지 우리는 겨자씨의 비유를 통해서 작은 것이라도 그 속에 숨겨진 본질적 가치가 구현될 때에는 전 세계를 품든지, 하나님의 창조질서를 파괴하는 정당하지 못한 세력을 파괴할 수도 있는 엄청난 힘이 있다는 사실을 발견하였다. 그러나 여기에서 분명히 짚고 넘어가야 할 두 가지 전제가 있다. 하나는 그렇다고 해서 큰 것을 경시하고, 작은 것에 대하여 무조건적으로 미적 찬양을 하려 해서는 안 된다는 것이다. 크다고 해서 다 추한 것이 아니며, 작다고 해서 모든 것이 아름다울 수는 없는 법이다. 현실적으로 작은 것에는 힘이 없기 때문이다. 중요한 것은 그 작은 것의 요체가 무엇이냐는 점이다. 그 내용성이 성서의 내용과 부합할 때에 성서의 약속이 이루어지는 것이다. 말하자면 작은 교회가 아름답다고 하는 것은 "그 크기와 자원 그리고 환경에 적절하게 예수 그리스도의 선교와 목회를 신실하고 충성스럽게 계승하는 공동체"로서 발전시킬 수 있는 도전과 기회를 유용하게 활용하기 때문인 것이다.540)

그렇기 때문에 다른 하나는, 크든지 작든지 하나님의 뜻에 온전한 믿음과 섬김의 공동체여야 한다는 점이다. 그렇지 않으면, 크더라도 그것은 하루아침에 무너질 것이다. 만약에 작다고 한다면, 그 크기에 위축될 것 없이 이 겨자씨의 비유를 통해서 드러난 작은 교회의 본질적 가치를 실행하면서 이 시대와 상황이 요구하는 보다 전문적인 하나님의 선교 사역에 집중해야 할 것이다.

이 점에서 키워보려고 노력도 해 보았지만, 일정한 시간이 경과했음에도 그 효과가 미진할 때에는 빠르면 빠르게 방향전환을 하는 것도 작은 교회의 본질적 가치를 구현하는 좋은 방법이다. 예컨대 앞서 말한 셋째, 넷째의 입장처럼 작은 교회가 하나의 신앙공동체로서의 기능과 함께 농촌이나 도시 등 각 지역의 사회선교 기관으로 자립할 수도 있고, 또 지역의 청소년 센터나 문화센터로서도 그 역할을 다할 수 있으며, 그 외에도 인식을 달리하면 창조적으

---

539) Tom Sine, *Mustard-seed Churches*, 5.
540) Jackson W. Carroll (ed.), *Small Churches are Beautiful: New Possibilities for Congregations* (San Francisco: Harper & Row, 1977), x.

로 하나님의 선교적 차원에서 그 영역의 지평을 훨씬 넓게 확장해 나갈 수 있는 것이다. 따라서 이 겨자씨 비유는 목회의 새로운 패러다임으로서의 방향 전환도 작은 교회들의 성장이라는 하나의 범주에 포함된다는 것을 가르쳐 준다.

4. 작은 교회를 향한 성서의 균형 잡힌 관점

작은 교회를 다룸에 있어 가장 경계해야 할 관점은 큰 교회에 대한 비판이나, 질투 또는 공격이 아니다. 이미 큰 교회 역시 모두 작은 교회를 거쳐서 된 것이니 만큼, 오히려 그 과정에 대한 배움의 대상이 될 수 있다. 이러한 필연적인 과정의 결과 때문에 큰 교회 역시 작은 교회의 목회자들과 그 교회의 존재를 무시해서는 안 된다.[541] 교회는 외형적 모습만을 보고 절대로 그 내용을 판단할 수 없기 때문이다.

지금까지 살펴보았지만 사실 초대교회의 모습을 기록하고 있는 사도행전 2장 46절 후반절에 "집에서 떡을 떼며 기쁨과 순전한 마음으로 음식을 먹었다"고 기록한 것으로 보아서, 또 12장 12절에 "마가라 하는 요한의 어머니 마리아의 집에 가니 여러 사람이 거기에 모여 기도하고 있더라", 그리고 고린도전서 16장 19절에 "[…] 아굴라와 브리스가와 그 집에 있는 교회가 주 안에서 너희에게 간절히 문안하고"를 보면, 최초의 교회들이 모두 가정에서 소수가 예배드리는 작은 교회로 시작하였음을 알 수 있다. 또 사도행전 19장 8~10절에는 바울이 두란노 서원에서 소수의 사람들을 제자훈련시켰다는 내용이 발견된다. 이로써 성서의 이야기들이 작은 것에 대하여 관심이 있음을 부인할 수 없다.

또한 초대 기독교인들은 대형교회를 지향한 것이 아니라, 선교전략적으로 많은 작은 교회들로 분산 성장하였다. 게다가 모인 구성원들도 바울이 인정하

---

541) 노자의 「도덕경」 64장에 보면 이런 구절이 있다. "한 아름의 큰 나무도 털끝만한 작은 싹에서 시작되고, 구층의 높은 누각도 한줌의 흙을 여러 번 쌓는 데서 시작되며, 천리 길도 한 걸음부터 시작된다."

고 있듯이 "지혜로운 자"나 "능한 자" 혹은 "문벌 좋은 자"들이 아닌 사람들로서(고전 1:26) 이 작은 공동체는 로마의 수적 크기가 지배하는 문화에 맞서 친교와 은사를 나누는 하나의 작은 대안공동체(alternative community)였다. 따라서 큰 교회들의 거대한 첨탑 아래서 외소하고 보잘것없을 수 있는 상가 교회나 시골에 있는 작은 교회들도 그 가치가 재발견되어야 하고 보장되어야 한다. 이와 함께 초대의 작은 공동체 속에도 파벌과 갈등 그리고 차별이나 특권의식 등과 같은 성장의 장애물이 존재하였고(고전 1:10~13, 약 2:1~8), 초대의 작은 교회들은 이러한 문제들을 해결하면서 성장하였다는 사실이다.

　　그러나 성서는 반드시 어느 한 편만을 일방적으로 주장하지는 않는다. 큰 것과 작은 것 사이를 갈등이 아니라 균형 잡힌 눈으로 해석할 수 있는 본문도 우리는 발견할 수 있다. 사실 우리에게는 이러한 통전적인 관점이 더 중요하다. 작은 것도 결국에는 성장하는 경우가 많다. 이런 점에서 한국교회의 현실에서 큰 교회와 작은 교회의 갈등은 전체 교회성장에 바람직하지 못한 모습이다. 이 양자는 함께 협력해야 할 하나님의 귀한 선교 지체들이기 때문이다. 존스톤은 다음과 같이 말한다. "이 모든 것은 '어느 쪽이 더 좋은가?' 하는 질문이 무익하다는 것을 의미한다. 작은 교회와 큰 교회는 각각 다른 쪽보다 더 좋기도 하고 나쁘기도 하다. 그 모든 것은 각자가 마음에 품고 있는 특별한 목표에 달려 있다. 그렇지만 다음과 같은 사항이 강조되어야 한다. 작은 교회와 큰 교회는 양쪽 모두 다른 교회가 갖고 있는 독특한 자신을 인정해야 한다. 또 그들은 서로를 하나님의 다양성 있는 왕국 안에서 동등한 가치를 지닌 존재로 생각해야 한다. 이 같은 사실에 대한 완전한 이해는 상호존중과 참된 협력─구속받은 신자들의 공동체에 유익을 끼치는 식의 협력─이라는 따뜻한 마음을 낳게 될 것이다."[542]

　　신명기 1장 16~17절에 다음의 본문이 있다. "내가 그 때에 너희의 재판장

---

542) 존 존스톤, "골리앗 세상의 다윗", in 존 존스톤 외, 고수철 역, 「대형교회 시대의 작은 교회」 (서울: 수직과수평, 2000), 29. 이와 동일한 관점에 대해서 참조하라, 찰스 게일리, "작은 교회는 진실로 아름다운가?" in:「대형교회 시대의 작은 교회」, 37.

들에게 명하여 이르기를 너희가 너희의 형제 중에서 송사를 들을 때에 쌍방 간에 공정히 판결할 것이며 그들 중에 있는 타국인에게도 그리 할 것이라 재판은 하나님께 속한 것인즉 너희는 재판할 때에 외모를 보지 말고 귀천을 차별 없이 듣고 사람의 낯을 두려워하지 말 것이며 스스로 결단하기 어려운 일이 있거든 내게로 돌리라 내가 들으리라 하였고."[543] 이 성서의 본문을 교회에 적용하여 보면, 적어도 그것이 아름답건 추하건 혹은 크건 작건 그 외형을 가지고 판단하지 않으며, 이를 둘러싸고 논쟁이 있을 시 양자를 공평하게 판단하는 것으로 되어 있다. 다시 말해서 이 본문은 하나님의 백성들이 모이는 교회 공동체로 설립이 되었으면, 그 자체로서 이미 하나님께 영광을 돌리는 조직체로서 큰 선교적 의미를 가지는 것이지, 크다고 해서 기쁨과 은혜를 더 많이 받고, 작다고 해서 기쁨과 감동이 덜한 것이 아니라는 점을 비유하는 것으로 이해할 수 있다. 따라서 현재 한국교회의 현실적 이유로 큰 교회의 목회자이기 때문에 더 큰 영향력을 행사한다거나, 더 많은 대접을 받아야 한다는 생각은 물론이고, 작은 교회의 목회자이기 때문에 스스로를 평가절하하려는 극단적인 태도는 지양되어야 한다. 이것은 교인들에게도 마찬가지로 적용된다. 큰 교회에 다닌다고 해서 자부심으로 빼기며 교만해서도 안 되는 것이고, 작은 교회의 교인이라고 해서 주눅들 필요가 전혀 없는 것이다. 하나님의 손에는 작은 교회와 큰 교회의 무게가 같기 때문이다. 오히려 작은 것을 섬기는 낮아지고 겸손한 신앙을 통해서 교회는 더 건강한, 제대로 된 믿음의 공동체가 될 수 있는 것이다.

우리가 이러한 관점을 유지해야만 하는 그 가장 큰 이유는 하나님께서는 하나님을 의지하고 경배하는 이들이면 어떤 크기의 모임, 어떤 모습, 어떤 신분을 막론하고 동일하게 복을 주시기 때문이다. 시편 115편 9~15절은 이 점을 분명히 한다. "이스라엘아 여호와를 의지하라 그는 너희의 도움이시요 너희의 방패시로다 아론의 집이여 여호와를 의지하라 그는 너희의 도움이시요

---

543) 이 책에서 사용한 모든 성서본문은 개역개정판에서 인용하였다.

너희의 방패시로다 여호와를 경외하는 자들아 너희는 여호와를 의지하여라 그는 너희의 도움이시요 너희의 방패시로다 여호와께서 우리를 생각하사 복을 주시되 이스라엘 집에도 복을 주시고 아론의 집에도 복을 주시며 높은 사람이나 낮은 사람을 막론하고 여호와를 경외하는 자들에게 복을 주시리로다 여호와께서 너희를 곧 너희와 너희의 자손을 더욱 번창하게 하시기를 원하노라 너희는 천지를 지으신 여호와께 복을 받는 자로다.”

이것은 교회의 크기에도 마찬가지로 적용된다. 교회가 크다고 해서 더 많은 복을 받는 것이 아니고, 작다고 해서 받을 복이 적은 것이 아니다. 이와 동시에 작은 교회이기 때문에 많은 문제가 있고, 교회가 크다고 해서 문제가 없는 것이 아니다. 작은 교회의 목회자들이라고 해서 주일 예배시간을 30분으로 줄이고, 설교를 5분만 하며, 새벽기도 시간을 없애거나 하는 것이 아니다. 이처럼 목회자들이 교회의 규모와 상관없이 동일한 하루의 일과와 연중 계획이 있듯이, 하나님의 교회에 대한 관심은 크건, 작건 동일하다. 하나님께서는 하나님을 의지하고 경배하는 모든 이들이 성장하고 발전하기를 원하신다. 이것이 하나님의 뜻이고, 성서의 가르침이다.

하지만 특별히 성서는 작은 것들이 크게 될 것임을 예언한다. 그러므로 작은 교회는 주눅이 들어 좌절하거나 희망을 꺾을 필요가 전혀 없다. 단지 하나님이 개입하시는 때를 차분히 기다리는 인내와 성장하려는 수고가 필요할 뿐이다. 이에 대해서 이사야 60장 18~22a절은 다음과 같이 증언한다. “다시는 강포한 일이 네 땅에 들리지 않을 것이요 황폐와 파멸이 네 국경 안에 다시 없을 것이며 네가 네 성벽을 구원이라, 네 성문을 찬송이라 부를 것이라 다시는 낮에 해가 네 빛이 되지 아니하며 달도 네게 빛을 비추지 않을 것이요 오직 여호와가 네게 영원한 빛이 되며 네 하나님이 네 영광이 되리니 다시는 네 해가 지지 아니하며 네 달이 물러가지 아니할 것은 여호와가 네게 영원한 빛이 되고 네 슬픔의 날이 끝날 것임이라 네 백성이 다 의롭게 되어 영원히 땅을 차지하리니 그들은 내가 심은 가지요 내가 손으로 만든 것으로서 나의 영광을 나타낼 것인즉 그 작은 자가 천 명을 이루겠고 그 약한 자가 강국을 이룰 것이라.”

이 본문은 모든 큰 교회들이 그랬듯이, 작은 교회 자체에 만족하는 교회라면 몰라도, 하나님을 올바로 섬기면 작은 교회도 결국은 성장하게 된다는 강력한 메시지로 해석될 수 있다. 여기서 중요한 것은 처음에는 미자립 상태라서 재정적인 뒷받침이나 선교비를 후원하는 큰 교회들을 낮의 해와 밤의 달처럼 여길 수 있지만, 근본적으로는 하나님만을 영원한 빛으로 생각해야만 하는 태도이다. 이것을 통해서 하나님이 세우신 교회는 현재는 비록 작을지라도 크게 될 것임을 예언하고 있다.

베드로전서 2장 9~10절에 보면, 큰 교회와 작은 교회를 포함해서 모든 교회는 하나님의 특별한 선택받은 백성임을 강조한다. "그러나 너희는 택하신 족속이요 왕 같은 제사장들이요 거룩한 나라요 그의 소유가 된 백성이니 이는 너희를 어두운데서 불러내어 그의 기이한 빛에 들어가게 하신 이의 아름다운 덕을 선포하게 하려 하심이라 너희가 전에는 백성이 아니더니 이제는 하나님의 백성이요 전에는 긍휼을 얻지 못하였더니 이제는 긍휼을 얻은 자니라." 바로 이러한 관점에서 한국의 교회는 큰 교회와 작은 교회가 갈등하지 않고 함께 협력하여 건강하게 성장하는 공동체를 이루어가야 하는 세계선교사적인 과제가 있다.

이렇게 본다면 교회의 양극화 현상은 성서의 이해와 거리가 멀다. 그렇기 때문에 각 교단의 정책과 신학교의 커리큘럼이 이 문제를 균등하고 통전적으로 접근해야 한다. 그래서 한국의 교회들이 전체적으로 성장할 수 있는 발판을 마련해야 한다. 몇몇 소수의 큰 교회들만이 독점적으로 계속 성장하고, 한국교회의 대부분을 차지하는 작은 교회들 가운데 상당수가 문을 닫을 처지에 놓인다면, 그런데 그것이 작은 교회의 책임이고 그래서 당연한 것으로 받아들여지는 풍토라면, 과연 그것이 선교적 교회의 모습인지 재고해 보아야 한다. 바로 이 점에서 작은 교회는 작은 교회로서 세상 속에서 소금과 빛의 선교적 사명을 감당할 수 있고, 큰 교회는 큰 교회로서 하나님께 영광 돌리는 통전적 사역이 모색되는 한편으로, 작은 교회들을 향한 원리와 방법론이 의미 있고 균형 있게 시도될 수 있다.

5. 작은 교회는 착한 교회성장의 겨자씨

이 글은 작은 교회 연구에 대한 하나의 단초를 마련하기 위해 먼저 구약에서 '남은 자' 사상을 추적했다. 우리는 특히 구약에서 남은 자를 통해 하나님의 사랑과 관심이 어떻게 표현되는지를 살펴보았다. 그래서 작은 수의 크기가 하나님께 순종하기에 질적으로 적합한 구조라는 것을 이해할 수 있었다. 다음으로 신약에서는 겨자씨 비유를 통해 작은 교회에 대한 성서적 근거를 시도하였다. 겨자씨의 비유를 통해서는 작은 것이라도 그 속에 숨겨진 본질적 가치가 구현될 때에는 전 세계를 품든지, 하나님의 창조질서를 파괴하는 정당하지 못한 새력을 파괴할 수도 있는 엄청난 힘이 있다는 사실을 발견하였다. 끝으로 성서는 결국 작은 교회만도, 큰 교회만도 아닌, 더욱이 숫자로 매겨지는 것이 아닌, 하나님의 진실한 백성 공동체로서의 교회가 중요하다는 균형 잡힌 성서의 관점을 제시하였다.

따라서 한국의 작은 교회들은 이와 같은 성서적 자기 정체성과 방법의 개발을 통해서 비로소 중대형 교회들의 틈바구니 속에서 특성화된 선교전략을 개발할 수 있을 것이다. 더들리(C. S. Dudley)는 작은 교회만이 가질 수 있는 전망을 다음과 같이 제시한다. "큰 세상에서 작은 교회는 친밀함을 유지한다. 빠른 세상에서 작은 교회에는 꾸준함이 있다. 고비용의 세상에서 작은 교회는 검소함을 유지한다. 복잡한 세상에서 작은 교회는 단순함을 유지한다. 합리성을 추구하는 세상에서 작은 교회는 느낌을 중시한다. 모바일(mobile) 세상에서 작은 교회는 하나의 닻이다. 익명의 세계에서 작은 교회는 별명은 물론이고, 이름도 불러 준다."[544]

---

544) C. S. Dudley, *Effective Small Churches in the Twenty-first Century*, 196.

11장

작은 교회를 위한 실천신학의 과제

1. 작은 교회가 살아야 하는데

오늘날 한국의 상황에서 교회를 개척하는 일은 더욱 어려운 문제가 되었다. 교회개척의 장소에 따른 비용이 증대하고 더 큰 문제는 개척을 해도 성장하기가 쉽지 않기 때문이다. 기존의 교회들과 경쟁해야 하고, 전도해서 잘 양육해 봐야 더 큰 교회로 이동하는 경우도 많다. 교회성장연구소의 한 조사에 의하면 한국의 그리스도인들은 수평이동 (switching)의 경험이 76.2%에 이른다. 그리고 교회이동을 경험한 사람 가운데 40% 정도가 이사와 직장 때문에 교회를 옮긴 것으로 조사되었다. 그런데 이 연구는 수평 이동한 교인들이 소형교회와 미자립교회에서 중소형교회(48.5% → 53.9%)와 중대형교회(4.9% → 19.5%), 초대형교회(6.7% → 13.9%)로 옮겨 감으로써 주로 작은 교회에서 큰 교회로 이동해 양극화 현상이 더욱 뚜렷해짐을 보여준다.[545] 그 이유 중에 가장 분

---

545) 교회성장연구소 편, 「한국교회 교인들이 말하는 교회선택의 조건. 한국교회 교인 수평이동에 대한 연구」(서울: 교회성장연구소, 2004), 41.

변수	특성	빈도	비율(%)
교회 수평이동 횟수	1번	285	34.9
	2번	235	28.8
	3번	182	22.3
	4번	60	7.4
	5번	27	3.3
	6번	10	1.2
	7번	4	0.5
	9번	4	0.5
	10번 이상	9	1.1
	평균: 2.4		

명한 것은 작은 교회보다는 상대적으로 큰 교회가 가지고 있는 인적·물적 자원을 공격적으로 활용하는 프로그램의 우위성과 교회성장론 이후 건강한 교회론의 담론이 형성한 목회 패러다임의 변화에 있다고 할 것이다.[546] 건강한 교회론이 등장한 이후 오히려 교회 크기의 양극화가 더욱 심해졌다고 볼 수 있다.

이 외에도 한국의 상황에서 최근의 재개발 정책은 교회개척의 조건을 더욱 어렵게 할 뿐만 아니라, 그 지역 내에 있는 기존의 교회들에게도 대단히 위협적이다. 「국민일보」 2011년 1월 6일자 인터넷 보도에 따르면, 당일 한국기독교총연합(한기총)과 개발지역목회자연대가 주도하여 목회자와 성도들 1,000여 명이 개발악법을 촉구하며 거리행진을 하였다. 그들의 주장에 의하면, 2011년 현재 전국 1,270여 개 재개발지역 내의 임대교회 1만 1,000교회를 포함하여 1만 3,000여 교회가 있는데, 이는 전체 6만여 한국교회 가운데 20%를 차지한다.[547] 그런데 개발정책으로 인해서 소수의 교회만 종교부지에 들어서고 나머지 대부분의 수많은 교회들이 철거될 수밖에 없다는 것이다.

이러한 상황에서 목회현장에서 작은 교회를 살리기 위한 다양한 시도와 이에 대한 서적들도 출간되고 있지만 아직은 소수에 그치고 있는 형편이다.[548] 필자는 이미 작은 교회에 대한 한 연구 논문을 통해서 작은 교회의 규모에 따른 기준을 통해 정의를 내리려는 시도를 하였고, 또 바로 앞 장(제10장)에서는

---

546) 이후천, "한국적 상황에서 '선교적 교회'가 갖는 의미 연구," 「선교신학」 21 (2009), 97ff.
547) http://missionlife.kukinews.com/article/view.asp?page=1&gCode=kmis&arcid=0004505913&code=23111111.
548) 그동안 작은 교회에 관한 본격적인 서적과 논문으로 다음의 것들이 있다. 윌리엄 H. 윌리몬·로버트 L. 윌슨, 고민영 옮김, 「(작은 교회를 위한) 설교와 예배」 (서울: 대한기독교출판사, 1983); 잭슨 W. 캐롤 편, 정희 옮김, 「작은 교회는 아름답다」 (서울: 신망애출판사, 1992); 존 존스톤 외, 고수철 옮김, 「대형교회 시대의 작은 교회」 (서울: 수직과수평, 2000); 안영혁, 「작은 교회가 더 교회답다」 (서울: 겨자씨, 2001); 루스 A. 터커, 최요한 옮김, 「하나님이 기뻐하시는 작은 교회」 (서울: 스텝스톤, 2008); 데니스 비커스, 조계광 옮김, 「건강한 작은 교회: 작은 교회를 강하게 하는 13가지 조언」 (서울: 생명의말씀사, 2009); 래드 지데로, 박주언·홍선호·진부천 옮김, 「세상을 뒤흔드는 작은 교회」 (서울: 좋은씨앗, 2010); 이후천, "작은 교회의 기준에 대한 선교학적 접근," 「선교신학」 15 (2007); 이후천, "작은 교회를 위한 성서적 접근," 「선교신학」 18 (2008).

작은 교회에 대한 성서적 근거를 깊이 있게 살펴보았다.[549] 따라서 이 글의 목적은 작은 교회에 대한 신학적, 혹은 선교학적 근거 아래서 선교학, 예배학, 설교학, 기독교교육, 목회상담학 등과 같은 실천신학의 다양한 분야들이 공동으로 이러한 문제에 어떠한 관점으로 접근해야 하며, 여기에 대한 어떤 실제적인 도전이 있는지 그리고 그에 대한 대안이 무엇인지를 살펴봄으로써 실천신학의 과제를 제시해 보려는 데 있다. 이를 위해 먼저 그 도전을 분석하고, 다음으로 이에 대한 과제를 제시해 본다.

2. 작은 교회에 대한 도전

1) "그래도 수가 중요하지 않느냐?"라는 도전

교인의 수가 교회의 본질을 평가하는 유일한 기준이 될 수 있는가? 이에 대한 대답은 현실적으로 쉽지 않다. 그러나 이에 대한 신학적인 대답은 명료하다. 교인이 많이 모이는 큰 교회만을 하나님이 사랑하시는 것은 아니기 때문이다. 하나님은 작은 것을 통해서도 일하시기 때문이다. 몸무게를 수로 나타내서 그 수가 크다고 해서 건강하며, 가지고 있는 재산이 수적으로 다른 사람들보다 월등히 크다고 해서 어떻게 소유하게 되었는지의 방법과는 상관없이 부자라고 평가하기에는 큰 무리가 따르는 것과 같다. 그렇기 때문에 교회성장에 있어서 수의 문제가 교회의 목적이나 평가의 기준이 될 수 없다.

이와는 다른 차원이지만, 수를 교회 평가의 기준으로 삼기 어렵게 만드는 다음과 같은 사례도 있다. 그것은 현재 작은 교회들 가운데 우여곡절을 겪으면서 교회성장이라는 변화를 의식적으로 못마땅하게 여기는 경우이다. 이 경우는 처음부터 수의 문제에 대해 부정적이었던 것은 아니다. 교회가 한때는 수적으로 성장하기도 하였지만, 목회자와 평신도, 평신도와 평신도 사이에 분란이 이는 등 내부적인 요인과 재개발 등으로 인한 지역주민의 이주처럼 외부

---

549) 이후천, "작은 교회의 기준에 대한 선교학적 접근," 「선교신학」, 15 (2007); 이후천, "작은 교회를 위한 성서적 접근," 「선교신학」 18 (2008).

적인 요인으로 쇠락을 거듭하면서 교인들의 인식이 수의 문제에 대하여 부정적으로 고착화하였기 때문이다. 사람들이 많이 모여 보니까 갈등이 발생하고, 소속감도 없어지며, 서로를 잘 알 수 없다고 불평한다. 현재는 작아졌지만 교회 건물이 있으며, 교회의 재정 능력이 그래도 목회자 사례를 할 수 있고, 자신들만의 욕구를 충족시키기 위한 프로그램을 운영하는 데에는 지장이 없으므로 수에 대해 큰 문제의식을 가지려고 하지 않는다. 그래서 외부로부터 새로운 교인이 유입되는 것보다는 작은 교회의 상태가 그냥 편안해졌기 때문에 수에 대해 개의치 않는 것이다. 당연히 이런 작은 교회는 형식적인 전도와 선교에 그친다.

이처럼 한때는 지역에서 자신의 정체성을 가지고 수적으로 팽창하였지만, 어떤 이유로 현재의 작은 교회로 축소된 것이 교회의 본질을 상실했기 때문이라고 부정적으로 평가할 수는 없다. 오늘날 유럽과 북미 그리스도인 수가 이전에 비해 줄어들었다고 해서 교회의 본질을 상실했기 때문이라고 성급하게 판단할 수 없는 것과 마찬가지다. 여전히 서구의 교회들은 가난한 나라들을 재정적으로 지원하고, 신학적 깊이를 더해가며, 세계 교회들과의 연대를 강조한다. 단지 그리스도인의 수가 수적으로 북반부보다는 남반부의 국가들이 훨씬 우세하기 때문에 유럽이나 북미의 교회의 역할을 축소해서 평가해서는 안 되는 것이다. 따라서 수라는 것은 역사적인 의미와 과정을 무시할 수가 없으며, 특히 교회의 본질을 평가하는 기준이 될 수 없다. 세속화의 강도가 점점 심해지고, 예배 및 전도와 선교 등 형식적인 교회의 모습으로 흐르는 것 등이 문제가 될 수는 있겠지만, 수가 적다고 해서 더는 교회의 본질을 잃어버린 공동체라고 평가할 수는 없다.

게다가 수적 성장을 중시하는 풍토에서는 그리스도인 각자가 가지고 있는 역할과 사명이 제대로 평가될 수 없는 노릇이다. 수적 성장만을 추구하는 일은 오히려 명목상 그리스도인(nominal Christian)의 증가라는 어두운 그림자도 만들어낸다. 게다가 웨글리(Laurence A. Wagley)가 지적하듯이 그것은 목소리 크고, 값비싸며, 다수가 가치 있는 것으로 평가받는 문화 속에서 작은 교회의 목회자들까지도 "숫자 바이러스(the numbers virus)"에 감염시킨다.[550] 그러므로 수적 성장이 작은 교회의 건강성이나 교회의 본질을 평가하는 유일한 잣대는 아닌 것이다.

그러나 현실적으로 개체 교회를 담임하는 사람들 가운데 어떤 유형의 목회를 하든지 교회가 수적으로 정체되는 것에 만족하는 사람은 없다. 대체로 거의 모든 교회들이 수적 성장을 바라고, 사역의 확장을 꾀한다. 수적 성장은 목회자와 개체 교회의 자랑이기 때문이다. 설사 작은 교회 자체를 지향하는 교회라 할지라도, 어쩔 수 없이 커졌을 경우, 대부분은 그것을 포기하지 않는다. 물론 이 경우 하나만을 크게 성장시키는 것이 아니라, 작은 것이 커지면 그것으로부터 하나의 다른 것을 분가시키는 방식으로 "분가선교"를 실천하는 의미 있는 성장을 하기도 하는데, 이것은 아주 특별한 경우이다.[551]

또한 수는 교회재정과 직결된 문제이기도 하다. 지역마다 다소 차이가 있지만, 대체로 교인 수와 연간 헌금 액수는 일정하게 비례한다. 교인 수가 많으면 많을수록 예산의 액수도 늘어난다. 그만큼 목회자 사례비와 교회의 활동은 커지게 되어 있다. 자본주의 경제 구조 속에서 돈이 없이는 목회자의 사례비는 물론이고, 모임의 공간 확보와 어떠한 교회 프로그램이나 선교활동도 만족스럽게 운영할 수가 없다. 만약에 수와 돈이 필요치 않다면, 그것은 필시 맨몸으로 금욕을 추구하며 개인적 영성의 세계에 빠져 수도를 하는 사람에게나 해당하는 말일 것이다. 그러나 그렇더라도 최소한의 돈은 필요하다. 하물며 교회 공동체를 유지하는 데에서는 필연적으로 돈이 필요하며, 이러한 돈은 모두 교인들에 의해 마련된다. 바로 이 점에서 돈은 수와 같은 것이며, 수는 교회 공동체를 유지하는 데 가장 근간을 이루는 물적 토대이다.

그렇게 본다면 수는 교회를 유지하는 기준으로서 중요한 요소이다. 그래서 수가 중요하긴 중요하다. 그럼에도 불구하고 수는 하나님 나라를 향한 땀과 노력의 결과여야지, 그 자체가 목회의 동기가 되어서는 안 된다. 단순히 물적

---

550) Laurence A. Wagley, *Preaching with the Small Congregation* (Nashville: Abingdon Press, 1989), 14.
551) "대담–'분가선교'의 길 개척하는 들꽃향린교회 김경호 목사," 「종교신문」3 (2005), 23; www.jksm.com

토대로서 수를 생각하는 것은 작은 교회의 건강성을 심각하게 훼손할 수 있다. 수적 성장이 반드시 교회의 건강성을 보장하는 것은 아니기 때문이다. 비록 작은 교회가 큰 교회로 성장하지는 못할지라도 건강하다면, 하나님 나라를 만들어가는 데에 아주 중요한 역할을 할 수 있는 것이다. 모든 야구선수들이 홈런 타자는 아니다. 때로는 번트를 치고 죽을 수 있는 타자들 때문에 승리할 수도 있는 것과 마찬가지 이치이다.[552]

그렇기 때문에 반드시 수는 성서의 내용과 질적으로 합류되어야 하는데, 이것은 진정한 목회의 동기를 발견함으로써 가능하다. 진정한 목회의 동기는 사람들에게 무엇이 필요한지 그에 대한 욕구를 정확히 판단하고, 그것을 들어주면서도 그리스도교적 신앙의 차원에서 하나님의 뜻에 합당하도록 변화시키는 힘이어야 한다.[553] 이러한 교회 건강성의 전제 아래서 작은 교회들이 수적 성장을 위해 노력해야 하는데, 그것이 그렇게 쉬운 문제는 아니다.

2) "합치는(merge) 게 낫지 않느냐?"라는 도전

작은 교회라도 목회자 사례를 할 수 있으면서 자기 건물이 있는 경우를 제외한 소위 지속적인 미자립교회 상황을 지켜보면서 흔히 나누는 이야기 가운데 하나는 "차라리 합치는 것이 어떤가?" 하는 문제이다. 이렇게 오랫동안 작은 교회로 머물 바에야 합쳐서 더 크게 성장시킬 수 있는 동력을 갖추자는 말이다. 그리고 그것이 목회적, 경제적으로도 훨씬 효과적이지 않느냐는 것이다.

작은 교회가 재정적인 문제이든, 내부 분쟁이 이유가 되었든 극한적인 상황까지 다다른 경우 선택할 수 있는 가능성은 대체로 세 가지이다. 하나는, 문을 닫는 경우이다. 두 번째는, 전임 목회자 없이 평신도들만 가정에서 소수로 예배를 드리는 것이다. 세 번째는, 그와 유사한 작은 교회끼리 합치거나 더 큰

---

552) Gene Williams, *In the Shadow of the Steeple: The Vital Role of the Smaller Church in a Megachurch World* (Kansas City: Beacon Hill, 2005), 28.

553) Lyle Schaller, *Small Congregation, Big Potential: Ministry in the Small Membership Church* (Nashville: Abingdon, 2003), 110.

교회로 작은 교회가 합병하는 것이다. 폐교는 지역 자체가 집단적으로 재개발 때문에 해체되는 경우 아니면 좀처럼 보기 힘들지만, 상가에 입주해 있는 작은 교회들에서 자주 볼 수 있는 현상이다. 그리고 평신도들만의 예배는 한국의 상황에서 극히 드문 현상으로 대체로 오래 지속되지 못한다. 또한 교회를 합치는 경우 역시 이에 관한 논의는 많지만 실제로 성공한 사례는 많지 않다.[554]

그럼에도 불구하고 작은 교회끼리 합치는 것이 실용적이지 않느냐는 이야기가 끊이지 않는다. 이것은 아마도 그 결과보다도 동기가 이상적이기 때문이 아닌가 생각된다. 하지만 앞서의 사례에서처럼 그 순수한 동기에도 불구하고 리더십의 분열이나, 좀더 큰 교회로 작은 수의 교회가 합치거나, 혹은 그 반대가 될지라도, 단순히 통합하는 식의 결합은 실패할 수밖에 없다. 거기에는 당연히 있어야 할 새로운 미래에 대한 비전 공유의 문제보다는 재정이나, 리더십을 누가 쥘 것인지, 교회 임원은 누가 맡아야 할 것인지 등 주로 목적에 이르기 위한 수단의 문제에 집중되기 때문이다.

그런데 이러한 작은 교회들 사이의 통합의 문제는 미국의 작은 교회들 사이에서도 주요 관심사 가운데 하나이다. 샬러(Lyle Schaller)는 이 문제를 통합

---

554) 그 이유는 개체 교회들의 리더십과 깊은 연관이 있다고 볼 수 있다. 몇 해 전 경기도 일산에서 일어난 실제 사례를 살펴보자. 하나는 100여 명이 출석하는 교회인데 건물이 없었고, 다른 하나는 건물은 있는데 출석 교인이 30여 명 정도였다. 모두 신도시 개발이라는 호재를 안고 그 지역에 개척을 한 것이었다. 그런데 이 두 교회 모두 어느 정도의 문제점을 안고 있었기 때문에 그것이 실제로 성사되었다. 3년 정도 걸려서 100여 명 된 교회는 말하자면 성공한 케이스이다. 그렇지만 목회자가 지나치게 열심을 내어 몸과 마음이 탈진하였고 이제는 성전을 건축해야 한다는 압박감으로 더 큰 스트레스를 받게 된 것이다. 다른 작은 교회는 서울의 큰 대형교회에서 교회 건물을 지어 주면서 개척이 되었다. 하지만 교회가 마음먹은 대로 성장을 하지 못했다. 역시 목회자가 매우 지쳤다. 이러한 상황에서 같은 교단 내에서 서로 잘 알고 있었기 때문에 합치자는 이야기가 나오자마자 일사천리로 진행되었다. 서로의 전제는 다수 교인의 교회 담임자가 담임을 맡고, 건물이 있는 교회의 담임자는 부목사를 하는 것이었다. 또한 교회가 성장을 하면 다시 분가하는 것이었다. 서로의 필요에 의해서, 그것이 훨씬 선교와 목회에 효과적일 것이라는 생각에서, 그리고 지쳤지만 새로운 비전과 새로운 각오로 다시 힘을 내고자 하는 기회로 삼기 위해서 이루어진 것이었다. 처음에는 이것이 대단한 반향을 일으켰다. 양 교회의 교인들도 매우 기뻐했다. 심지어 주변에는 이것이 모범 사례가 되었다. 그러나 결국 반 년이 못되어 두 교회는 다시 갈라서고야 말았다. 교인들이 각각 자신들의 전 담임자들을 추종하는 결과가 지속되었기 때문이다. 이처럼 한국적 상황에서 리더십에 대한 인식의 변화가 없이는 교회 합병이 쉽지 않다. 시도 자체는 훌륭하지만 합병으로 성공한 사례를 보기 힘들다.

(merge)의 문제가 아니라, 결합(union)의 방향에서 논의를 전개한다. 그에 의하면 미국의 작은 교회들 사이에서 통합이 이루어질 때, 리더십의 역할이나 부동산 처리와 같은 문제들로 갈등을 겪으며 실패하는 경우가 많다는 것이다. 그래서 이러한 문제점을 극복하기 위해서 그는 결합을 이야기한다. 그러면서 성공사례를 든다. 그가 인터뷰한 사람의 나이는 45세였고, 16년 전인 29세에 어떻게 처음 결합한 교회에 부임하게 되었으며, 그 과정에서 배운 것이 무엇인지는 다음과 같다.

그가 부임하게 된 교회는 세 개의 작은 교회가 결합한(united) 교회인데, 그 과정은 이렇다. 본래 각각의 작은 교회들은 모두 담임자를 모시고 있었고, 이 담임자들에 의해서 세 교회 사이에 통합이 추진되었다. 당시 세 교회의 교인 수를 모두 합치면 160명 정도 되었다. 모두 거의 비슷한 지역의 교회로서 역사는 오래되었지만, 미래는 불투명했다. 먼저 목회자들이 오랫동안 이 문제로 토론을 거듭하면서 논의를 진척시켰다. 그런데 이들 가운데 한 목사가 그만 불의의 교통사고로 하나님의 부름을 받았다. 그러더니 다음에는 또 한 명의 목사가 이혼을 하게 되었고, 아예 목사직도 포기하게 되었다. 이렇게 되자 목사들 중심의 통합에 대한 논의는 물 건너가게 되었다. 이러한 상황에서 세 개의 작은 교회들은 평신도들 가운데 각각 세 명씩 대표를 선출하여 기왕의 통합에 대한 논의를 위임하기에 이르렀다. 바로 이들에 의해서 당시 29세의 젊은 목회자가 초빙된 것이다. 그 자신은 통합하려고 한 그 교회에서 멀리 떨어지지 않은 교회의 부목사였는데 부름을 받은 것이다. 그는 현재의 자리를 떠나고 싶지 않았다. 그런데 옮겨가길 원하는 사람보다는 바로 그 점이 세 교회의 초빙 조건을 만족시켰다. 그 외에도 장래 교회 성장에 대한 비전을 가지고 큰 교회의 경험이 있으며, 장기적으로 목회할 수 있는 젊은 목회자라는 조건도 아주 일치했다. 하지만 여기서 가장 중요했던 것은 이 젊은 목회자가 과연 세 교회의 통합과 결합의 차이를 이해하는지의 문제였다.

그러면 이 세 교회의 대표들은 도대체 우리말로도 정확하게 구별하기 힘든 통합과 결합의 차이는 무엇이라고 본 것일까? 인터뷰 당사자에 의하면 통합은 말하자면 큰 교회가 작은 교회를 흡수 통합하는 형식이다. 기존의 목회철학이나 재정적 구조는 거의 바뀌지 않은 채 교회들끼리 합치는 방식이다. 이러한 논의의 과정은 시간을 끌 뿐이고, 그러다가 어느 교회를 처분할 것인지, 한 교회의 목사를 담임자로 세우면 다른 목회자는 어떻게 대우해야 하는지 등의 문제로 갈등만 일으킨다는 것이다. 그러다가 무려 통합논의로 4년을 허비했다는 것이다. 이에 비해서 결합은 세 교회를 합쳐서 완전히 교회를 새롭게 세우는 것이다. 세 교회의 과거는 기억에서 아주 사라져 버리고, 미래를 향한 전진만 남는다. 그래서 교회의 이름도 새로 지어야 했다. 새로운 지역으로 이주도 해야 했다. 그리고 새로운 미래의 청사진도 제시해야 했다. 따라서 당연히 목회자도 기존의 목회자들이 이런저런 이유로 사임하게 된 것을 기회로 아주 새롭게 초빙하게 된 것인데, 거기에 그가 딱 부합하게 된 것이다. 그리고 16년이 지나서 주일낮예배 평균 출석 인원이 615명에 달하게 되었다.[555]

이처럼 교회를 합치는 문제는 단순하지 않다. 서로의 전통과 목회철학이 다른 교회들이 서로 합칠 때에 거기에는 거의 반드시 갈등이 수반된다. 그렇다고 해서 이 미국교회의 성공사례에서처럼 한국의 교회 상황에서 목회자들이 배제된 채 교회를 합친다는 것은 그것이 결합이든 통합이든 불가능한 형편이다. 이러한 관점에서 작은 교회들을 합치는 것이 효과적이지 않느냐는 이야기는 작은 교회들의 성장 논의와 관련하여 큰 도움이 되지 못한다. 그럼에도 불구하고 목회자들을 배려하고 교회도 살리는 방향에서 통합이든 결합이든 교회를 합쳐 성공한 모델을 찾아 발굴하여 분석하고, 연구하여 제시하는 것은 대단히 의미 있는 일이다.

3) 상황의 변화가 주는 도전

한국의 상황에서 작은 교회가 개척되거나 존립하기 어렵게 만드는 상황의 변수는 다양하게 존재한다. 첫째, 신도시를 건설할 때, 주택단지 외에 학교부

---

555) Lyle Schaller, *Small Congregation, Big Potential* (2003), 155~161.

지, 상업부지, 종교부지 등 미리 용도가 결정되고 건설에 들어간다. 이 때문에 기존의 교회들이 이주할 경우 큰 교회만이 종교부지로 들어가게 되고 작은 교회는 자연적으로 상가로 이주하거나 또는 해체된다.

둘째, 주 5일 근무제로 사람들의 오락과 레저에 대한 관심이 증가하고, 전원생활은 더욱 중요한 삶의 가치가 된다. 2004년 7월부터 시행되기 시작한 주 5일제 근무와 2006년 3월부터 시작된 초중고의 격주 5일 수업은 특히 주일성수를 강조하는 그리스도교의 불안을 가중시킨다. 현재는 이로 인한 교회의 피해가 아직 보고되고 있지는 않다. 전원교회의 형태로 적응하려는 교회들도 있지만, 여기에도 일정한 한계가 있다. 도시의 대형교회들이 자체의 전원 주일 예배를 구상하기 때문이다. 도시의 작은 교회들의 경우 숫자가 적기 때문에 함께 이동할 수 있는 기동력이 뛰어나지만, 그렇다고 매주 그럴 수도 없다.

셋째, 사회 전 영역에서 생존을 위한 경쟁이 치열해진다. 생존경쟁은 크게 두 가지 방향에서 전개된다. 하나는, 자기 혁신을 통한 경쟁에 나서는 경우이다. 다른 하나는, 공급 과잉으로 인한 생존경쟁이다. 예컨대 전통적으로 가장 인기 있던 직종인 변호사, 의사 등의 직업에서도 이제는 치열한 경쟁이 벌어지고 있다. 넘쳐나기 때문이다. 목회자 수급문제도 예외가 아니다. 신학생들도 계속해서 그 수가 준다고 하지만 여전히 많이 배출되고 있다. 신학교가 계속해서 목회자 후보생을 배출하는 한, 작은 교회들의 전체 숫자도 늘어나는 것은 어쩌면 당연한 결과이다. 그 때문에 현장이 없는 목회자가 양산될 뿐만 아니라, 작은 교회 바로 옆에 또 하나의 작은 교회가 들어설 가능성이 그만큼 커진 것이다.

넷째, 종교의 가치를 무력화시키는 시도가 빈번해진다. 특히 가상공간에서의 안티 종교에 대한 세력이 기승을 부린다. 단순한 비판적 지지를 넘어서 종교들에 대한 안티운동은 개신교에 특별히 위해하다. 물론 종교로서 본연의 영적 훈련과 책무를 소홀히 함으로써 원인을 제공하는 것도 당연히 문제이지만, 의도적으로 좋지 않은 이야기를 마구잡이로 퍼 나르는 것이 더 큰 문제이다. 게다가 현대 과학 기술의 이름으로 종교들의 권위를 검증하는 시도들도 나타난다. 「워싱턴포스트」(The Washington Post) 지는 2006년 3월 24일자 신문에서 기도의 힘으로 실제로 치유가 가능한지에 관한 보고서가 곧 발표될 것을 앞두고 그 문제를 다루었다. 모든 종교들이 가장 가치 있는 것으로 여기는 기도의 치유 능력을 과학적으로 검증한다고 함으로써 종교의 권위를 떨어뜨릴 수 있다. 종교에 대한 회의론적인 시각들 때문에 종교들의 입지가 축소될 수 있는데, 그 가장 일차적인 피해 당사자들이 바로 작은 교회들이다.

다섯째, 종교인의 자질에 대한 기대치는 높아지면서도, 교회 크기로 사람과 교회를 평가하는 태도는 좀처럼 지양되지 않는다. 평신도들의 교육 수준이 높아짐으로써 당연히 목회자에 대한 기대치도 높아진다. 이전에는 목회자의 권위에 맹종하였지만, 이제는 당당하게 교인으로서 자신의 의무와 권리를 주장하는 민주적 교회 공동체가 늘어난다. 그 결과로 전문적인 종교 사역자에 대한 자질을 선택의 우선순위로 둔다. 그러나 참신하고 훌륭한 목회자를 발굴하고 찾아내려는 시도보다는 자질의 높고 낮음을 단지 교회 사이즈로 평가하는 경향은 사라지지 않고 있다.

여섯째, 다른 종교들의 선교도 강화된다. 사회와 문화의 다양화, 다원화 추세로 종교들에 대한 상호 관용의 문제가 일반화하고 있다. 이에 따라 소수 종교들의 입지도 이전에 비해서 훨씬 유리해졌다. 지금까지는 주로 소위 대종교인 불교와 가톨릭이 개신교 선교와의 경쟁자였다면, 앞으로는 원불교와 이슬람교 등도 종교 간의 선교적 경쟁관계에 포함된다. 이러한 현상 가운데 이슬람의 경우는 다른 동남아 이슬람 국가로부터 이주노동자들이 유입된 결과이다. 그리고 원불교의 경우는 2007년부터 군종장교로의 임관이 가능해진 것이 그 하나의 사례이다. 이처럼 소수 종교들이 본부의 지원 아래 선교를 하는 반면, 개신교의 경우 대체로 개교회 중심의 선교 형태 때문에 작은 교회들의 선교 경쟁력은 당연히 약화된다.

일곱째, 전도와 양육 프로그램의 공통화가 발생한다. 교단의 현장 지배력 약화는 목회현장에서의 초교파적인 프로그램 공유로 나타난다. 교회성장에 도움이 된다고 소문난 프로그램이라면 그 신학적 정당성에 대한 검토보다 우선해서 적용하는 경향이 두드러진다. 이로 인해서 교단 간의 교류는 조직이나 이념이 아닌, 프로그램의 차원에서 활발하게 이루어진다. 특히 거대 프로그램 배급사의 출현으로 프로그램의 소개와 훈련이 대단위로 이루어지므로 공통화가 폭넓게 전개된다. 이로 인해서 인적 자원과 물적 자원을 풍부하게 소유한 교회들의 프로그램 개발과 훈련과 발전 양식은 작은 교회들이 도저히 따라잡을 수 없는 수준으로 전개된다. 작은 교회들이 주는 프로그램에 만족할 수 없기 때문에 종교 선택적 종교인들은 자연히 대형교회로 이동할 수밖에 없는 것이다. 목회와 실천신학의 거의 모든 매뉴얼이 대형교회를 대상으로 하고 있고, 또 추구하기 때문에 작은 교회들은 스스로 이론적이며 실제적인 모델을 발견할 수 없다. 특히 젊은이들이 초대형교회가 제공하는 예배와 양육 프로그램을 선호하는 경향 때문에 교회의 양극화는 더욱 가속된다.

여덟째, 출생률은 저하되고, 노인인구는 상대적으로 증가한다. 통계청의 보고에 의하면 2008년도 한국에서 출생아 숫자는 44만 5,000여 명에 출생률 1.15명이다. 또한 2009년 현재 평균수명은 80.5세이다. 이로 인해 이전에는 교회가 한번 성장하기 시작하면 대체로 지속적인 성장이 가능했으나 앞으로는 내부 분란 외에도 서구교회가 경험하는 것처럼 교인의 고령화로 인한 자연 감소가 예측된다. 이미 지방의 교회들 가운데는 이러한 현상이 보고되고 있다. 여기에 대한 작은 교회들의 대안은 아직 마련되어 있지 않다.

3. 작은 교회를 위한 실천신학의 과제

지금까지 살펴본 작은 교회를 위협하는 도전에 대해 실천신학이 무엇을 할 수 있으며, 그에 대한 과제는 무엇일까? 과연 신학대학에서 가르치고 있는 내용이 이러한 도전으로 가득 찬 목회현장을 충분히 반영하고 이 문제를 극복할 수 있는 실제적인 연구가 진행되고 있는가? 아쉽게도 여기에 대한 대답은 매우 부정적이다. 신학대학의 교육과정은 지난 수십 년 동안의 시대적 변화를 제대로 반영하고 있지 못한 것이 현실이다. 비록 신학대학에서 6~7년을 배우지만, 본인이 특별하게 교회현장에 대한 이해의 폭을 넓히기 전에는 막상 목회를 시작하면, 신학교에서 배우지 못한 더 많은 일들이 기다리고 있는 현실과 부딪히게 된다.[556]

　교단 본부나 목회현장에서도 작은 교회들이 처한 문제들을 극복하려는 시도도 그렇게 많지 않다. 한국교회 대부분이 작은 규모의 교회들로 분류된다는 사실에도 불구하고, 대부분의 교단 지도자들을 지배하는 관점은 큰 교회에 관한 것이다. 왜냐하면 교단 지도자들의 대부분이 큰 교회를 섬기고 있기 때문이다.[557] 최근에서야 각 교단별로 미자립교회 혹은 작은 교회에 대한 목회자 생활비 문제에 대처할 뿐이지, 작은 교회들의 목회 매뉴얼에 대해서는 그렇게 적극적이지 못하다.

　이런 점에서 무엇보다도 실천신학 내의 다양한 과목들은 이 문제에 대한 공동 연구가 필요하다. 그래서 작은 교회들에 대한 실태조사, 전망 그리고 과제에 대한 기초연구에서부터 장기적 계획 아래서 어떻게 자립할 수 있는지에 대한 구체적인 공동의 연구가 진행되어야 한다. 이때 실천신학 내의 각 과목이 각자의 입장에서 연구한 것들을 모을 수도 있겠지만, 작은 교회를 위한 하나의 실천신학 컨소시엄을 구성해서 각 과목의 연구주제를 결정하고 조사해야 한다. 여기에는 앞서 언급한 대로 선교학에서부터 예배학, 설교학, 목회상담학, 목회학 등의 실천신학 제 영역을 망라하여 포함되어야 한다. 그래서 여기서 마련된 매뉴얼은 신학대학과 목회현장에서 적절하게 논의되고, 적용되며, 재구성되어야 한다. 그럴 때 비로소 신학대학교를 졸업하고 개척을 하더라도 작은 교회들이 지나가는 정거장의 구실을 하거나, 더 큰 교회로 가기 위한 훈련장소로밖에 여겨지는 경우가 극복될 수 있다. 이런 교재들이 없기 때문에 목회 초년생들이 현장에서 실수를 하게 되는데, 이런 상황이 자주 반복되다 보면 점점 그나마 있던 교인들도 줄어들게 된다. 결국 대형교회와 질적,

---

556) R. Robert Cueni, *What Ministers can't Learn in Seminary: A Survival Manual for the Parish Ministry* (Nashville: Abingdon Press, 1988).

557) 미국 교단 지도자들의 작은 교회에 대한 인식도 마찬가지였다. 이에 대해서, Lyle E. Schaller, *The Small Church is Different!* (Nashville: Abingdon Press, 1982), 11.

양적으로 격차가 벌어질 수밖에 없는 요인이 되는 것이다. 이런 과정을 통해서 실천신학의 작은 교회를 위한 종합적인 매뉴얼이 제시되어야 한다.[558] 예컨대 레이는 출석 교인 100명 이하인 교회들의 예배의 본질에 대한 기본적인 이해를 돕기 위하여 12가지 원리와 15가지의 실천방법을 제시한다.[559]

다음으로, 실천신학 컨소시엄은 목회현장에서 각 교단 본부는 물론이고 중소형과 대형 교회의 목회자들과 함께 피드백을 나누어야 한다. 왜냐하면 한국 교회가 작은 교회의 성장 가능성에 대한 비전을 함께 공유하며 매뉴얼을 갖지 못했던 이유 가운데 하나는 목회자 자신들에게도 문제가 있다는 사실이기 때문이다. 작은 교회의 수많은 목회자들이 이미 대형교회가 되어 그것을 유지하기 위한 프로그램을 소개하려는 세미나에 열심히 참석한다. 이것이 성장한 교회들을 배우는 좋은 기회이기도 하지만, 동시에 자신의 목회현장과는 상당히 동떨어진 프로그램을 접하게 되는 것이다. 작은 교회들은 처음 개척할 때부터 그 지역에 적합한 교회, 선교적 교회(missional church), 상황화된 교회를 세우는 것이 중요하다.[560] 이와 관련된 또 다른 목회자의 문제는 쉽게 더 큰 교회로 이동하려는 경향이다. 자신의 교회를 질적이든, 양적이든 성장시키는 데 열심을 다하는 것이 아니라, 이미 대형화된 교회로 이동하기 위해 끊임없이 노력한다는 점이다. 그 결과 자신이 담임하는 교회는 성장을 멈추는 경우가 있다. 그렇기 때문에 이미 성장한 교회로의 이동을 가급적 지양하고 자신의

558) David Ray, *The Indispensable Guide for Smaller Churches* (Cleveland: Pilgrim Press, 2003); Shawn McMullen, *Unleashing the Potential of the Smaller Church* (Cincinnati: Standard Publishing, 2006).

559) David Ray, *Wonderful Worship in Smaller Churches* (Cleveland: Pilgrim Press, 2000), 17~140.

560) 마이클 프로스트·앨런 허쉬, 지성근 옮김, 「새로운 교회가 온다」(서울: IVF, 2009); 에드 스테처·데이비드 푸트만, 이후천·황병배 옮김, 「선교암호 해독하기」(서울: 한국교회선교연구소, 2010); Alan J. Roxburgh and M. Scott Boren, *Introducing the Missional Church, What it is, Why Matters, How to Become One* (Grand rapids: Baker Books, 2009). 필자도 미국에서 시카고의 윌로우 크릭 교회를 방문하였지만, 거기서 경험한 예배와 목회 프로그램들이 과연 한국의 작은 교회들을 위하여 얼마나 좋은 방법론을 제공할 수 있는지에 대해서는 회의가 들었다. 큰 교회를 보고 느끼며 자신의 미래의 교회를 꿈꾸는 것은 아주 좋다. 그러나 보다 더 중요한 것은 현재 자신의 작은 교회에 대한 애정을 가지고 작은 교회를 어떻게 하면 더욱 성장시킬 수 있는지, 작은 교회를 통해서도 하나님께 영광을 돌리며 어떻게 근본적인 교회의 참 모습을 회복할 수 있는지 노력하는 것이다.

교회를 성장시키는 데 주력해야 한다는 점이다.

이것을 위해서 작은 교회 목회자들을 위한 배려와 성장한 교회들의 나눔이 절실하게 요청된다. 실천신학은 이러한 관계형성을 위해 중간자 역할도 수행해야 한다. 그래서 실천신학 컨소시엄은 작은 교회 목회자들의 개인적인 혹은 작은 교회 연합체들의 주체적인 자구 노력 외에도, 작은 교회를 살리기 위한 본부와 신학교, 그리고 중형 이상 교회들과의 시스템과 유기적인 네트워크 형성을 마련하는 촉매제가 되어야 한다.

이때 실천신학 컨소시엄은 각 교단의 본부들과 협력하여 작은 교회의 주체들을 포함해서 신학교들과 교단 내 이미 중대형 이상이 된 교회들과의 연대, 협력으로 컨설팅 기구를 설립할 수 있다. 여기서 작은 교회들이 제공하는 경험과 현실 그리고 입장을 수집, 분석하여 각 교단 형편에 맞는 작은 교회의 기준을 세우고, 구체적인 연구과제와 성장 방법을 도출하며, 정책개발에 반영해야 한다. 그리고 본부는 여기서 정리된 자료를 큰 교회들에 제공해 주어 작은 교회들에 대한 기도와 지원을 호소한다. 또한 이 자료는 그대로 작은 교회들에도 제공이 되어 직접 활용되거나 응용될 수 있도록 하고, 그것이 불가능한 경우 그 문제점을 지적할 수 있는 검증의 통로를 마련한다. 마침내는 이 모든 정보와 자료 그리고 연구결과를 신학대학 커리큘럼에 반영해야 하는데, 그 네트워크 내의 논의 구조를 통해 신학대학들과 협의하여 작은 교회의 현실과 경험을 반영하는 커리큘럼을 조정할 수 있어야 한다. 왜냐하면 신학교의 교육과정에서부터 큰 교회에 대해 막연히 동경하기보다는 작은 교회의 현실에 대한 이해를 통해 각오와 결단을 새롭게 하며, 먼저 준비하는 목회자를 배출하는 것이 중요하기 때문이다. 더 나아가 이미 이 문제와 관련하여 일정한 성과를 가지고 있는 교단은 축적한 노하우를 다시 작은 교단과 공유하며, 경쟁이 아니라 함께 성장하는 틀을 조성함으로써 교단 간의 화합과 협력을 증진시킬 수 있는 계기도 될 수 있을 것이다.

세 번째는, 상황의 변화에도 불구하고 전 지구적 차원에서 성공한 사례들을 연구하는 태도가 필요하다. 미국의 경우 작은 교회들을 위한 매뉴얼이 주요 영역별로 제시되어 있는 것을 볼 수 있다. 예컨대 작은 교회에서의 청년 그룹을 어떻게 인도할 것인가?[561] 작은 교회 교인들을 어떻게 상담할 것인가?[562] 작은 교회에서의 재정 관리는 어떻게 할 것인가?[563] 작은 교회에서 영적 지도는 어떻게 할 것인가?[564] 작은 교회에서는 어떻게 예배를 드리고 설교할 것인가?[565] 작은 교회를 어떻게 성장시킬 것인가?[566] 이처럼 수많은 작은 교회들을 위한 전문적인 교재들이 있다.

사실 미국에서도 교회와 사회의 급격한 가치관 변화 때문에 모든 교회가 도전받아야 했지만, 작은 교회들이 그 가장 큰 피해자였다. 예컨대 1945~65년에 태어난 베이비붐 세대는 그 부모세대보다 훨씬 더 교회에 관심을 보이지 않았고, 1965~85년에 태어난 X세대는 더 심했다. 그런가 하면 개인적인 영적 여행을 강조하는 젊은이들도 막상 작은 교회들과는 코드가 맞지 않았다.[567] 바로 이러한 힘겨운 상황에서도 작은 교회들은 생존에 성공하였고, 꾸준한 자기 변화를 통한 발전의 가능성을 보여주고 있다는 것을 매뉴얼화하여 교재로 출판하고 있는 것이다.

더들리는 바로 이러한 맥락에서 작은 교회들이 미국의 상황에서 1977년 이후 25년 동안 장애물을 극복하면서 자신들의 독특한 영역인 관계성을 중시하

---

561) Rick Chromey, *Youth Ministry in Small Churches* (Loveland: Group, 1990); Rich Grassel, *Help! I'm a Small Church Youth Worker! Achieving Big-Time Success in a Non-Mega Ministry* (Grand Rapids: Zondervan, 2002).

562) James L. Killen, Jr., *Pastoral Care in the Small Membership Church* (Nashville: Abingdon Press, 2005).

563) Anthony Pappas, *Money, Motivation, and Mission in the Small Church* (Valley Forge: Judson Press, 1989).

564) David Canada, *Spiritual Leadership in the Small Membership Church* (Nashville: Abingdon Press, 2005).

565) David Ray, *Wonderful Worship in Smaller Churches* (2000).

566) Arlin J. Rothauge, *Sizing Up the Congregation for New Member Ministry* (New York: Seabury Press, for the Education and Ministry Office of the Episcopal Church Center, 1982); R. Crandal, *Turn Around Strategies for the Small Church* (Nashville: Abingdon Press, 1995); Alice Mann, *Raising the Roof, The Pastoral-to-Program Size Transition* (Bethesda, Md: the Alban Institute, 2001).

567) C.S. Dudley, *Effective Small Churches in the Twenty-first Century* (Nashville: Abingdon Press, 2003), 9f.

는 목회 능력을 증대시킬 수 있었던 일곱 가지 요인과 접근방법을 제시한다. 요약 정리하면 다음과 같다.568) 첫째는, 사회적 자본(social capital)의 중요성에 대한 발견이다. 교회가 크기 때문에 사회적 관계망 형성이 오히려 취약할 수 있다. 하지만 작은 교회들은 직접 대화하며 사회적 자본으로서 그 관계망을 만들어갈 수 있다. 물론 때로는 이 관계망을 통해 획득된 정보가 잘 맞지 않는 경우도 있지만, 작은 교회들은 그것들을 잘 활용함으로써 자신의 역량을 강화할 수 있다.

둘째는, 교인들에 대한 인식(congregational awareness)의 증대이다. 작은 교회이기 때문에 작은 교회 교인만이 가질 수 있는 독특한 성격과 문화에 적합한 교회 프로그램이 필요하다. 그런데 최근 교인 각자의 독특한 문화를 이해하는 "회중연구(congregational studies)"의 다양한 연구 결과가 풍부해졌다. 이 덕분으로 작은 교회의 지도자들은 자신이 놓여 있는 사회적 상황, 리더십, 교인들의 정체성을 확립하는 데 필요한 자료를 활용하여 작은 교회 교인들의 소속감, 목적의식, 연합을 강화시킬 수 있다.

셋째는, 종교적 자본(religious capital)에 대한 발견이다. 교회 지도자들이 교인들의 목소리와 예배 행태에 깊은 관심을 갖게 되면서, 교인들은 자연스럽게 자신이 어떻게 살아야 할지, 자신이 누구인지를 체험하는 신앙의 깊이를 맛보게 되었다. 이러한 과정을 통해서 교인들은 일상적인 신앙생활 속에서 신앙의 사회적 지평을 획득하게 되었고, "실천적 신학(practical theology)"을 "신학의 실천(practice of theology)"으로 재정의하게 되었다. 특히 하나님을 찾는 영적 순례의 길을 사유화하는(privatized) 요즘의 젊은 세대들에게 작은 교회는 큰 교회보다 더 영적 여행에 대한 공동체적 나눔을 실천하기에 적합한 장소이다.

넷째는, 작은 교회에 관한 풍부한 자료(small church materials)이다. 예배와 설교, 복음전도 등 목회와 관련된 모든 영역에서 작은 교회가 중요한 대중적

---

568) *Ibid.*, 12ff.

인 주제로 부각되면서 이에 대한 자료가 넘쳐나게 되었다. 작은 교회 지도자들은 다양한 문헌들 가운데서 자신의 교회 형편에 적절한 자료를 접할 수 있게 된 것이다.

다섯째는, 전자 통신수단(electronic communications)의 활용 문제이다. 사회는 그 끝이 보이지 않을 정도로 급속하게 전자 통신수단이 발전하고 있다. 그런데 전화, TV, 팩스, 복사기, 컴퓨터, 이메일, 인터넷 웹사이트들이 사실은 작은 교회에 주는 장단점이 있다. 이런 것들을 다루기 위해서는 물질과 교육적 투자가 있어야 하고, 자연히 이 과정에서 가난한 사람들을 소외시키기도 하기 때문이다. 그러나 작은 교회들은 관계성을 중시하기 때문에 이것들을 때로는 활용해야 하는데, 먼 거리에 살거나, 대화하는 데 제한된 시간을 가진 사람들을 위하여 꼭 필요한 경우가 아니면 조심스럽게 접근해야만 한다.

여섯째, 틈새 마케팅(niche marketing)이다. 더들리의 주장을 한국의 상황에 적용하면, 한국 사회로 망명하는 자들과 이주민들에 대한 관심과 목회에 작은 교회의 역할이 중요하다는 것이다. 한국의 경제적, 정치적 비중이 높아지는 상황에서 아시아, 아프리카, 남미 등지에서 이주민들이 점차 증가하는 가운데 문화적 다양성이 증대하기 때문에 이들에 대한 목회적 차원에서의 대응이 필요한데, 작은 교회가 제격이라는 말이다.

일곱째, 교단의 영향력이 점차 감소하는 상황에서 작은 교회들이 새로운 네트워크를 형성하는 데 보다 유연하다는 것이다. 그래서 사회의 다양한 조직과 관계를 형성함으로써 작은 교회의 역할과 위치를 발견해야 한다는 것이다.

비록 이것이 미국 상황에서 추출된 더들리라는 한 학자의 견해에 불과하지만, 이것이 한국의 작은 교회에 주는 도움은 지대하다. 이처럼 실천신학 컨소시엄 역시 작은 교회에 대한 다양한 성공사례들과 예측 가능한 장애물에 대한 대안을 제시해 줌으로써 작은 교회의 가치와 비전을 조정해 나갈 수 있다.

4. 작은 교회의 문제는 신학교육에서부터 설계되어야

지금까지 우리는 한국교회의 60~70%에 달하는 작은 교회들을 존립하기 어렵게 만드는 숫자에 대한 문제, 작은 교회들끼리 합치는 것이 어떠냐는 문제, 상황의 변화에 따른 위협적인 제 요인을 고려하면서 실천신학의 다양한 영역이 공동으로 이러한 문제에 어떠한 관점을 갖고 접근해야 하며, 여기에 대한 어떤 실제적인 도전이 있는지 그리고 그에 대한 과제와 대안이 무엇인지를 살펴봄으로써 실천신학의 과제를 제시하려고 하였다.

그 과제와 대안으로 우리는 세 가지를 제시하였다. 우선 실천신학 내의 다양한 과목은 이 문제에 대한 공동 연구가 필요하다는 점과 작은 교회들에 대한 실태조사, 전망 그리고 과제에 대한 기초연구에서부터 장기적 계획 아래서 어떻게 자립할 수 있는지에 대한 구체적인 공동의 연구가 진행되어야 한다는 것을 제시하였다. 다음으로 실천신학 컨소시엄을 통해 목회현장에서 각 교단 본부는 물론이고 중소형과 대형 교회의 목회자들과 함께 피드백을 나누어야 한다는 점을 밝혔다. 세 번째로, 상황의 변화에도 불구하고 전 지구적 차원에서 성공한 사례들을 연구하는 태도가 필요하기 때문에 미국의 경우 작은 교회들을 위한 매뉴얼이 주요 영역별로 제시되어 있다는 것을 보여주었다.

그러나 사실 이러한 실천신학의 공동 작업을 통한 종합적 매뉴얼이 제시된다 하여도 훨씬 더 중요한 것은 결국 작은 교회의 사역이 홀로 뛰어야 하는 마라토너처럼 어쩌면 외롭고 고독한 자신과의 싸움일 수도 있다는 사실이다. 실제로 외부로부터의 장·단기간에 걸친 교회성장을 위한 솔루션 프로그램이 크게 성과가 있다는 검증된 결과는 없다. 모든 매뉴얼이 하나의 가능성이고, 이런저런 작은 교회를 벗어나기 위한 대안이 소개되기도 하지만, 정작 수고의 시작과 끝은 작은 교회 사역자 자신에게 있는 것이다. 때로는 탈진이 되고, 가족들을 보살피지 못할 정도로 생활고에 허덕이며, 그래서 전업을 생각할 수밖에 없는 현실과의 치열한 전쟁을 치러야 하는 것이 현재 한국의 상황에서 작은 교회 목회자들이 겪는 현실이다. 이 점에서 작은 교회 사역자들을 격려해

주고 교단이나 동료들이 하나의 버팀목 내지는 비빌 언덕으로서의 역할을 수행하는 영적·물질적 차원에서의 실제적이고 지속적인 지원체계도 필요한데, 이에 대한 적절한 수준을 모색하는 것은 다음의 과제이다.